MARIO HERNÁN RAMÍREZ
EL POETA MOLINA Y SUS TRECE LOCOS

ERANDIQUE
COLECCIÓN

EL POETA MOLINA Y SUS TRECE LOCOS
MARIO HERNÁN RAMÍREZ

PRÓLOGO

A Juan Ramón Molina me lo presentó Froylán Turcios en sus Memorias allá por el mes de abril de 1989. Pero en aquel entonces, me interesé poco o nada por el autor de Pesca de Sirenas, La Calavera del Loco, Una muerta y Salutación a los poetas brasileros.

Veintidós años más tarde volví a leer las Memorias de Turcios y esta vez quedé atrapado por la misteriosa personalidad de Molina. Entonces busqué en mi librero una modesta edición de Tierras, Mares y Cielos y caí bajo el embrujo de su poesía. Y me enamoré de él.

Ocurrió que Tierras, Mares y Cielos me despertó el deseo de saber más de ese alocado poeta nacido el 17 de abril de 1875 en Comayagüela, según se cree, porque hasta la fecha el lugar exacto donde vino al mundo sigue siendo un misterio, hay quienes aseguran que fue en Amapala, Valle o en Aguanqueterique, La Paz o sabrá Dios en que otro lugar, sin embargo, los investigadores e historiadores profesionales siguen inmersos en este asunto, el cual saldrá a luz pública cuando menos lo esperemos.

Fue en el museo de la antigua casa presidencial, cerca de ese río al que Molina le compuso un bellísimo poema, y a cuya orilla se sentara a suspirar abatido por la agonía que provocaba en su alma una ciudad triste y pequeña como Tegucigalpa, donde encontré un libro cuya portada tenía la imagen del poeta esculpido en bronce.

Se trata de Juan Ramón Molina: su obra y vida. En él descubrí dos cosas: anécdotas que me acercaron a su personalidad; y a trece locos que, poseídos por la poesía de aquel hombre de mostachos altaneros –como lo definió Luis Andrés Zúñiga -, se dedicaban a la tarea de dar a conocer el legado de quien fue llamado "alma gemela de Rubén Darío".

Aquellos trece locos, entre los que había una mujer, la periodista Magda Argentina Erazo Galo, se reunían cada sábado en la sede de la Asociación de Prensa de Honduras ubicada en el barrio El Guanacaste de la capital.

Era un grupo disímil integrado por intelectuales a tiempo completo en el que había comunistas, conservadores, ateos, periodistas, artistas… A todos ellos los unía su amor demencial por Juan Ramón Molina. De allí que fueran bautizados como *LOS TRECE LOCOS DEL GUANACASTE.*

Si yo quería crecer en mi conocimiento moliniano, tenía que contactar a esos locos que habían editado el libro que encontré aquella tarde de verano en el museo. Busqué en la lista y encontré con que varios habían fallecido.

Sin embargo, había un nombre que ya conocía: el del periodista, historiador y escritor Mario Hernán Ramírez.

Lo llamé por teléfono y nos pusimos de acuerdo para vernos. Al día siguiente me recibió en su casa, con su poderosa voz –una de las mejores en la historia de la radiodifusión hondureña-, su porte elegante y orgulloso y un conocimiento de todo aquello que tuviera que ver con Juan Ramón Molina que me impresionó.

En su casa vi una fotografía inédita del poeta (la más común es una donde sale con uniforme militar). La que tenía colgada en su cuarto era en blanco y negro, y Molina aparece altivo, con sus ojos claros y sus bigotes espectaculares.

La foto la había enviado desde Washington, ciudad donde vive, doña Gloria Cáceres Molina, nieta del poeta.

Durante varias décadas, Mario Hernán Ramírez, Marco Rolando San Martín y Marcial Cerrato Sandoval, los tres sobrevivientes de *LOS TRECE LOCOS DEL GUANACASTE* han encabezado esta cruzada quijotesca en una lucha desigual en la que empuñan la lanza de la poesía contra los molinos con aspas impulsadas por los vientos de la ignorancia y la indiferencia.

Pero ellos siguen cabalgando con entusiasmo a pesar de todo. Además de la publicación de la obra de Molina, a ellos se debe el monumento del porta lira que está en el parque La Libertad, frente a Bellas Artes, donde yace sentado en una banca, mientras contempla a los borrachitos y prostitutas que pasan a su lado.

La obra la esculpió en bronce Mario Zamora Alcántara, un hondureño aclamado a nivel internacional.

LOS LOCOS también dan conferencias, realizan homenajes y visitan las casas de las culturas regalando fotografías y libros de Molina. Todo esto con sus propios recursos, casi sin apoyo, porque en Honduras, lamentablemente, la cultura no atrae votos ni levanta perfiles ni llena estadios.

Tampoco está en la agenda de los medios de comunicación, para los cuales es noticia de primera plana un asesinato, pero no la exposición de pintura, una obra de teatro o un concierto de música clásica.

UN POETA Y TRECE LOCOS es el más reciente esfuerzo de estos incansables promotores de la cultura, cuyos protagonistas son justamente don Mario Hernán y su distinguida esposa doña Elsa.

En esta recopilación hay discursos, estudios y artículos de periódicos que tratan sobre Juan Ramón Molina. Algunos vuelven a la luz después de décadas de estar perdidos en el olvido.

Este baúl de recuerdos está lleno de joyas preciosas. Uno de esos tesoros es una entrevista que el poeta dio el 21 de noviembre de 1906, dos años antes de morir, al doctor Adolfo Zúniga director del Diario de Honduras.

Es uno de los escasos artículos en los que Molina habla directamente y no a través de sus versos o escritos.

Cuando lo leí por primera vez, se me escaparon las lágrimas. Allí estaba mi amado poeta recordando su viaje a Brasil y la nostalgia que sintió al estar lejos de Honduras. Sentí que Molina me estaba hablando directamente, ciento seis años más tarde de la realización de la entrevista.

"Al poner el pie en la sagrada tierra de Honduras sentí que el corazón me palpitaba fuertemente, cosa que no me ha sucedido en ninguna parte. Hoy amo a Honduras mucho más que antes, de tal modo que hasta sus defectos me parecen cualidades", dijo el poeta en esa publicación.

Es curioso, pues el atraso intelectual del país tuvo mucho que ver en la depresión —abatimiento de alma, desesperación de su alto espíritu—, que lo llevaría a la muerte a la temprana edad de treinta y tres años, pero a pesar de eso él sentía pasión por la tierra que lo vio nacer.

UN POETA Y TRECE LOCOS servirá para rescatar a Molina del olvido, tal y como lo hiciera Froylán Turcios al recopilar buena parte de la obra del llamado Príncipe de la Poesía en Tierras, Mares y Cielos. Es un esfuerzo gigantesco que hay que aplaudir con entusiasmo.

Decía el maestro de Galilea que no solo de pan vive el hombre. Y tenía razón. En este sentido, ***UN POETA Y TRECE LOCOS*** es un banquete que alimentará las almas de aquellos que vibran cuando leen un verso.

Tenemos una deuda con Juan Ramón Molina y es tiempo que paguemos. ¿Cómo? Pues hay varias maneras: leyendo su mágica creación, conocer quién fue, qué nos dejó, qué lo hizo feliz, qué lo atormentó. O poner claveles rojos y rosas en su tumba, visitar su monumento y hablarles de él a nuestros hijos.

¡Y exigir que en las escuelas donde van nuestros pequeños les cuenten la historia de este genio!

Soy un aprendiz de Molina. Este prólogo era para intelectuales de la talla de Julio Escoto, Eduardo Bahr, Pompeyo del Valle, José Adán Castelar, Oscar Acosta o tal vez Miguel R. Ortega. No soy experto en literatura y no estoy en capacidad de hacer un análisis académico.

Eso sí: su poesía me eleva, hace vibrar mi ser y llena de emociones mi corazón. Me atrapa hasta altas horas de la madrugada, río con las anécdotas de sus locuras, sufro el destino fatal que tuvo su vida y me estremezco cuando leo La Calavera del Loco (mi favorito), La Tegucigalpa de los domingos, El Chele, La niña de la patata, Águilas y Cóndores y Autobiografía.

¿Por qué este prólogo es mío y no de alguien con mayores méritos, como los grandes escritores que mencioné anteriormente?

El culpable es don Mario Hernán Ramírez, que una tarde me llamó para notificarme su deseo de encomendarme esta misión. Y acepté encantado.

Don Mario es un hombre generoso, desprendido, de alma sensitiva y es un amigo que guarda un lugar muy especial en mi corazón.

También es mi mentor molinense. Además de esas cualidades, hubo otra razón, posiblemente la de mayor peso, para que me encomendara este prólogo. ¿Cuál es? ¡Que está loco! Y la culpable de eso es la poesía de Juan Ramón Molina.

OSCAR FLORES LÓPEZ/Editor COLECCIÓN ERANDIQUE

EL PORQUÉ DE ESTE LIBRO

En primer lugar, porque si nos remontamos a 1908, encontramos, que en ese histórico año, fallecen dos hondureños de méritos indiscutibles por una y mil razones más; el Dr. Marco Aurelio Soto (El Reformador), Ex presidente de la República, quien fallece en la ciudad de París, Francia, a comienzos de ese año y en las postrimerías del mismo, nuestro irrepetible Juan Ramón Molina, en la ciudad de San Salvador, República de El Salvador, de donde fueron repatriados sus restos mortales diez años después, o sea, en 1918. En cambio, los del Dr. Soto, reposan para la eternidad en un panteón de París.

Pero, independientemente del desaparecimiento de estos dos ilustres varones, nacen otros dos distinguidos compatriotas, uno en Santa Rosa de Copán, el artista y arquitecto, Arturo López Rodezno y en la ciudad mártir de Ocotepeque, el Dr. Ramón Villeda Morales, quien llegara a ser presidente de la República, casi con las mismas reformas, por supuesto que en su tiempo, del Dr. Soto. Es preciso señalar, que el arquitecto López Rodezno, además de haber sido diplomático de carrera, fue el primer director de la Escuela Nacional de Bellas Artes, en Comayagüela.

Es preciso indicar que de los Trece originales miembros del Comité Pro Monumentos a Juan Ramón Molina, que en el mejor momento de su dilatada existencia fundara el recordado intelectual, Eliseo Pérez Cadalso, ya solo quedamos tres, a saber: Marcial Cerrato Sandoval, Marco Rolando San Martín y quien suscribe.

Por otro lado, era necesario editar este libro, porque si no lo hacíamos, hubiese quedado en el limbo una gran cantidad de hechos históricos, que a lo largo de los últimos cincuenta años han tenido como figura central a Juan Ramón Molina, y por ello, hemos recopilado este material, que viene a ser algo así como una antología, que es precisamente lo que tratamos de ofrecer a los lectores de "Un Poeta y Trece Locos".

El esfuerzo ha sido enorme, por cuanto han transcurrido alrededor de diez años los que los autores nos hemos tomado para poder ofrecer esta obra, años, en los cuales hemos tenido algunos choques emocionales y más de algún altercado, por lo delicado del trabajo, que entre doña Elsa y este servidor hemos realizado; sin embargo, la obra ha sido terminada felizmente, con el apoyo del ilustre Dr. Tulio Mariano Gonzales, Ministro de Cultura, Artes y Deportes, quien desde el primer momento se mostró interesado y contento de saber que ya estaba este libro listo para ser editado.

Es de hacer notar, en honor a la justicia, que en el mismo han participado una gran cantidad de hondureños ilustres, cuyos nombres aparecen en las páginas que engrosan el mismo, empero, han sido dos grandes amigos intelectuales de peso, quienes nos han acompañado en las últimas visitas al funcionario indicado, la Lic. Vilma Isabel Castillo Hernández y el de igual título, Óscar Flores López, quienes no han puesto obstáculos de ninguna naturaleza para acompañarnos y emitir sus ideas en torno a la jornada moliniana que no solo comprende este libro, sino otras actividades, como por ejemplo, las visitas a las casas de la cultura del país, para dictar conferencias sobre Molina, entregar retratos grandes, libros y medallones alusivos al poeta.

Pero la idea es mucho más grande, por cuanto se viene planificando viajes al exterior, es decir a América del Sur, específicamente a Chile, ya que las autoridades chilenas hicieron llegar a Tegucigalpa un artístico monumento del gran Pablo Neruda y el otro viaje sería a Rio de Janeiro, en donde Juan Ramón se agiganta con su célebre poema Salutación a los Poetas Brasileños durante el Tercer Congreso Panamericano celebrado en aquella gran ciudad, en 1906.

Es menester señalar que ya el Comité Moliniano, tiene colocados además del gigantesco monumento en el Parque La Libertad de Comayagüela, otro en la ciudad de Quetzaltenango, Guatemala, en donde el poeta estudió y otro en el Parque Cuscatlán, de la ciudad de San Salvador, en donde el malogrado aeda falleció.

Por esas y muchas razones más es que nos vimos obligados a editar este libro, que confiamos será del agrado de quienes lo lean, ya que en el mismo va sustentado mucho material desconocido, es decir inédito, que hasta ahora aparece en estas páginas. Por otro lado, en honor a la justicia y a la verdad, tenemos que agradecer en todo lo que vale, el interés puesto de manifiesto, por parte del poeta y escritor, licenciado Eduardo Bahr, actual director de la Biblioteca Nacional, que lleva el nombre del excelso Juan Ramón. Eduardo, ha permanecido atento a todo lo relacionado con la edición de este libro, incluso, a él se le encargó la revisión y corrección del mismo, trabajo que ha hecho con esmero, cariño y profesionalismo, lo cual agradecemos en todo lo que vale, ya que su apoyo intelectual es definitivamente, un aporte de caracteres inconmensurables, cuando estamos viviendo momentos difíciles, en los que priva la envidia, el egoísmo y hasta la intriga, situación que en Eduardo no es norma, lejos de eso, en él prevalece un espíritu de solidaridad y compañerismo puesto a prueba, repetimos, al ayudarnos a que "Un Poeta y Trece Locos" vea la luz pública en el menor tiempo posible.

Respetuosamente,

MARIO HERNÁN RAMÍREZ

PRESENTACIÓN

Por MARCIAL CERRATO SANDOVAL

El Comité Pro Monumentos a Juan Ramón Molina[1] fue organizado en 1970 en el seno de la Asociación de Prensa Hondureña, A.P.H., por iniciativa del Abogado Eliseo Pérez Cadalso –que fue su primer presidente-. Ese mismo año Don Eliseo tuvo que abandonar el país al ser nombrado embajador en la República de Nicaragua, pero antes de retirarse, provoco una junta con el objeto de reorganizar la junta directiva resultando electos Don. Jorge Coello como presidente y Marcial Cerrato Sandoval como secretario.

La principal gestión en la década del 80 fue la realizada por el Periodista Raúl Lanza Valeriano en su carácter de presidente de la APH y ante el Consejo del Distrito Central, obteniendo la cesión legal de un lote ubicado en el Parque La Libertad de Comayagüela destinado para colocar un monumento a Molina.

Iniciándose la década de 1990 se reorganizó el Comité con los siguientes socios (13)[2]:

Eliseo Pérez Cadalso	Agustín Córdova Rodríguez
Mario Hernán Ramírez	Marcial Cerrato Sandoval
Marco Rolando San Martín	Raúl Lanza Valeriano
Magda Erazo Galo	Antonio Osorio Orellano
Domingo Torres Barnica	Dionisio Ramos Bejarano
Alejandro Elpidio Acosta	Héctor Elvir Fortín
Daniel Vásquez	

---

[1] El primer comité pro Molina fue organizado en 1913 por iniciativa de Froylan Turcios y con apoyo de los socios de El Ateneo de Honduras. Posteriormente contribuyo en la exhumación y traslado del cuerpo del Panida a Tegucigalpa en 1918 y en la emisión del primer sello postal en 1921. Otro comité fue organizado posteriormente que colocó un busto del Poeta en el Cementerio Gral. de Tegucigalpa.

[2] De los trece locos solo vive Marcial Cerrato Sandoval.

Hasta esta fecha Las principales actividades realizadas por el Comité son las siguientes:

Gestión emisión postal efigie JRM. 1970
1. Publicación en 1994 del Libro I del Tríptico: OBRA Y VIDA DE JUAN RAMON MOLINA. 2000 ej. 400 Pgs T. carta. Contiene: POESIAS JRM. Biografías: LO QUE DIJO DON FAUSTO. ARTURO OQUELI. EL HABITANTE DE LA OSA. ELISEO PEREZ CADALSO.
2. Registro de la obra anterior en las principales bibliotecas públicas y universidades de los EE.UU., Quetzaltenango y San Salvador.
3. Construcción de un monumento a Juan Ramón Molina en el Parque la Libertad de Comayagüela incluido entorno y estatua sedente en bronce tamaño natural, obra de Mario Zamora. Inaugurada en dic. de 1994.
4. Construcción y entrega al pueblo de Quetzaltenango de un busto del Poeta. Sept. 1998.
5. Construcción y entrega al pueblo de San Salvador de un monumento a Molina, Parque Cuscatlán. Julio 2007. Gestión conjunta y exitosa con la Embajada de Honduras en San Salvador para que la Municipalidad de Ciudad Delgado (lugar de su muerte) nombrara la Avenida en que está ubicado el inmueble en que falleció: AVE. JUAN RAMON MOLINA.
6. Gestión exitosa ante el Parlamento Centroamericano por medio de la cual se obtuvo de la Resolución No. Nº AP/7-CXCI-2007   Declarando a Molina: "Símbolo de la Intelectualidad Centroamericana" y obteniendo su apoyo para la publicación de los LIBROS II Y III del Tríptico, la erección de Monumentos en las otras capitales de los países del SICA y su divulgación a través de las bibliotecas públicas en todos los países del SICA. (Realización pendiente).

7. Conmemoración del Primer Centenario de muerte de Molina, en colaboración con la Universidad Autónoma de Honduras, UNAH, contentiva de varias actividades divulgativas y promocionales.

8. Actividad promocional y de comunicación permanente sobre la vida y obra del panida, a través de los medios masivos y personales de comunicación. Artículos, entrevistas, presentaciones, discursos, etc.

SEMBLANZA DE LOS TRECE LOCOS DEL GUANACASTE

ELISEO PÉREZ CADALSO. Colosal, cabeza de gigante, de gigante de las letras. Capitán del gran navío. Moliniano consumado. Habitante de la Osa, concibió su gran talento. Conductor de intelectuales, a cual más sobresalientes. Pero él se ufana siempre de contar con este equipo al mejor grupo de hombres que jamás haya encontrado y entre ellos una dama ¡alabado sea su nombre! Abogado, poeta, escritor…maestro, insigne maestro Pérez Cadalso es nuestro guía, gran señor del intelecto.

DIONISIO RAMOS BEJARANO: Calcinado por el sol de ese Norte, pujante y bravío, Dionisio, el de nombre tan soberbio, es también un gran campeón de las Letras Nacionales. Incansable y fecundo forjador del pensamiento, este Ramos Bejarano, es templado y muy ecuánime en sus sabias decisiones. De Molina sabe mucho y por eso muy seguro, nos dirige en ausencia de Cadalso.

HÉCTOR ELVIR FORTÍN: Nobilísimo en su trato, es un culto caballero. De altos vuelos de intelecto. Impecable en su vestir, se distingue entre todos por su mágica sonrisa. Comayagüela de abolengo, redomado Moliniano, Gran señor de la oratoria, es orgullo y prestancia para el Grupo de los 13. Con los números en orden, vigilante en las finanzas. Es don Héctor un apóstol de honradez.

JUAN DOMINGO TORRES BARNICA: Por su estirpe occidental, de excelente barro artístico, es columna vertebral en los múltiples afanes de este Grupo tan selecto de "Los locos molinianos". Bellas Artes lo conserva como pieza esencial para el éxito rotundo en la forja de valores de un mañana promisorio. Torres Barnica, centinela intelectual, es bastión inconmovible en la causa de Molina y por Molina.

RAÚL LANZA VALERIANO: Viejo lobo en periodismo, paradigma sin igual en la causa moliniana, este "próspero catracho", es ejemplo y es orgullo de este grupo soberano. Augusto, macizo, preciso y conciso, Lanza Valeriano nos describe con frecuencia las anécdotas más lindas de un Molina austero, soberbio y genial. Presidente de la APH, sin rodeos ni tapujos, puso en marcha su entusiasmo, su talento y mucho más al servicio Moliniano. Dice Pérez Cadalzo que Lanza Valeriano vale por dos y es que su vida es dos veces vivida. Él sabrá por qué.

AGUSTÍN CÓRDOVA RODRÍGUEZ: El más elocuente tributo al trabajo que redime y fortalece, representa este ilustre ciudadano. Ejemplar maravilloso de un patriota sin igual en las tierras de esta Hibueras sin igual, se le llama: El Tigre de las Islas del Cisne".
Es un mago en las finanzas y un austero togado. Es un hombre con un temple sin igual. De molina sabe mucho y con ellos nos ilustra, nos inspira y nos conduce hacia estadios de grandeza en la noble caminata de este grupo sin igual.

MAGDA ARGENTINA ERAZO GALO: De porte muy imperial, elegante, distinguida, soberbia mujer de quilates bien fundidos en las fraguas del talento. Constituye para el Grupo Moliniano, el tesoro más valioso que logramos obtener. De opinión muy encendida, sobrio criterio, de intelecto muy seguro, la Argentina Erazo Galo es mujer excepcional. Representa para el grupo algo así como una estrella refulgente que, con luz esplendorosa, nos enciende cada sábado la más pura inspiración para hacer del Moliniano la más clara expresión de un conjunto bien formado.

ELPIDIO ALEJANDRO ACOSTA NAVARRO: Es poeta y soñador, estudioso de Molina, él nos habla de "Tierras, mares y cielos", "Lo que dijo don Fausto" y también del "Habitante de la Osa". Este Elpidio de la Costa y del Barro, es tremendo criticón. Tiene autoridad moral e intelectual. No se escapan a su lupa doctoral ni Cadalzo, ni Ramos, ni San Martín, ni Osorio ni Erazo, ni nadie. Pero, en grupo homogéneo, ese grupo camina en la forja de la Fundación Cultural, es pionero y tesonero. Es el Alpha y es Omega. Es maestro, es poeta y periodista, eslabón de duro acero en el Grupo Molinense.

ANTONIO OSORIO ORELLANA: Columnista muy severo, impartió cátedra profunda por más de medio siglo. Son millares sus alumnos. Es autor de varios libros es profundo moliniano. Secretario muy perpetuo ya levanta un centenar de Actas bien pulidas, finas y acreditadas. Osorio Orellana tiene peso intelectual y es de todos conocido. Este Osorio Orellana, apasionado de la acción y del trabajo, hay lo vemos en el IHCI, APH, AEH, Instituto Morazánico Academia Hondureña de Geografía e Historia, Sociedad Literaria, Instituto Hondureño de Cultura Hispánica y vaya usted a creerlo, muchas más. Y en todas, como el Scout, ¡siempre listo! Es gran varón.

MARCO ROLANDO SAN MARTIN: Ostenta lleno de orgullo, un apellido de ilustrísima prosapia. No es cualquiera este San Martín. Es mentor y es poeta. Escritor y muy activo, nos llegó a los molinianos con su pluma y con su brillo a enriquecer este Grupo de Quijotes. Hoy se ofrece como el mejor en toda la actividad y son muchas sus cosechas, en la honra a Juan Ramón. Marco Rolando es Norte y Sur, en esta jornada cultural, por eso sus amigos, compañeros y consocios, celebramos sus entradas de excelente moliniano.

MARCIAL CERRATO SANDOVAL: Administrador de Empresas, Licenciado en Derecho, Publicista y Escritor, hombre polifacético, no podía faltar jamás en la ruta hacia el Molina que daremos a Honduras, Centroamérica y el Mundo. Entusiasta como el mejor, Marcial es un orgullo para el Grupo Moliniano. Proveniente de un rico mineral, de Minas de Oro, precisamente, tiene algo de diamantina estructura personal. Se ha entregado de lleno a la causa que nos ocupa y ahora, con optimismo, nos llena de grandes satisfacciones cada vez que nos anuncia un avance en el programa del Molina que honraremos.

DANIEL VÁSQUEZ: Forjador de juventudes, cincelando sus artistas, está Vásquez, vigilante permanente de Molina, en el lapso de más de un año. Es Rector de Bellas Artes. ¡Cuánta gloria, cuánta grandeza, en la augusta actividad que este hombre nos realiza! Es guardián del Gran Molina, con íntima satisfacción, pues el Monumento de Zamora Alcántara, está bajo su custodia. A él se debe que pronto cambié la fuerza vigorizante de un sector abandonado de la ilustre Comayagüela, que será llena de cambios, la Gran Ciudad de Molina, un ejemplo de grandeza cultural.

MARIO HERNÁN RAMÍREZ: Atrevido, intruso talvez, se plegó al magnífico cortejo de ese Grupo Moliniano. Hombres extraordinarios de barro muy singular. El sabor de tierra india, que acogió el ombligo nuestro, en la augusta, noble y legendaria Comayagüela, del insomnio de Molina, nos obliga a pernoctar con macizos Molinianos, a quienes ya queremos como hermanos. Cuando falte alguien del Grupo, sentiremos soledad, soledad por ese ausente a quien dimos corazón y si yo fuese aquél, desde ya les pido afecto.
Yo quisiera ser poeta y cincelar con letras de oro los sonoros, respetables y queridos apellidos, nombres y señas de estos valientes, intrépidos y fogosos Molinianos, cuyo ejemplo es bandera, estandarte y gonfalón de quienes piensen sin cálculo, sin interés, en Honduras y sus valores.

JUAN RAMÓN MOLINA EN SAN SALVADOR, TRES MONUMENTOS Y DOS CALLES

El Centenario del fallecimiento del más grande prócer de la literatura nacional, Juan Ramón Molina, está a la vuelta de la esquina, el 1º. De noviembre del 2008.

Existe un grupo de intelectuales denominado Comité Pro-Monumentos a Juan Ramón Molina, el cual, aproximadamente, bajo la batuta del abogado y literato Eliseo Pérez Cadalso, fue fundado en 1970, aunque desde 1918, su sempiterno amigo Froylán Turcios, a 10 años de su desaparecimiento físico, inició, con la repatriación de sus restos mortales, de San Salvador a Tegucigalpa, una sostenida campaña del más alto reconocimiento al talento excepcional del malogrado poeta de Comayagüela, al publicar su extraordinaria obra "TIERRAS, MARES Y CIELOS", todo un portento de dimensión universal que debe ser conocido por el grueso de la hondureñidad y extenderlo más allá de nuestras fronteras.

Ya lo dijo su fraterno amigo y pariente político, Dr. Vicente Mejía Colindres en un monumental discurso al momento de devolver definitivamente sus despojos a la madre tierra, en el Cementerio General de Comayagüela, que difícilmente Honduras volvería a parir, para el mundo, un genio de la altura de Molina.

Y han pasado los años y talentos de la talla de Miguel Ángel Asturias han dejado escuchar su voz por lo más alto del universo y lo ha ubicado a la par de Rubén Darío, al decir que era su hermano gemelo. Asturias recibió el Nobel de la Literatura en 1967 y así otros grandes de pensamiento también han estudiado a Molina y han descubierto la solidez de su talento al enterarse, por ejemplo que durante sus años mozos, en plena juventud, en la augusta y noble ciudad de Quetzaltenango (Xelajú), Guatemala.

Allí había llegado a pulir su deslumbrante genialidad, alternaba su condición de alumno con la docencia, o sea que era maestro y educando en el prestigioso y 2 veces centenario INVO, el más antiguo centro de educación media de esa histórica ciudad, que años antes había dado albergue a otro gran hondureño, que encontró eco a sus ideales en esa misma comunidad, excepcionalmente bella por todos los confines de su estructura física, el General Francisco Morazán, cuya memoria, contra la voluntad de Carrera y Marroquín Rojas, es venerada en esa legendaria urbe, estilo colonial, cuna del segundo Himno a Guatemala "Luna de Xelajú", interpretada magistralmente por todas las marimbas de ese país hermano, que fue sede de La Capitanía General de Centroamérica y de la firma del Acta de Independencia, el 15 de Septiembre de 1821.

Juan Ramón Molina nació en Comayagüela, el 17 de abril de 1875 y falleció en Aculhuaca, hoy Ciudad Delgado, San Salvador, El Salvador, en 1908, a la temprana edad de 33 años, cuando su mente privilegiada estaba en lo mejor de su inconmensurable producción literaria. Molina fue, además de un excelso poeta, un periodista de combate, lo que le valió la cárcel y el exilio y su obra está diseminada por todo el Continente, por eso los integrantes del Grupo Moliniano, emulando el trabajo avanzado de Turcios y Pérez Cadalso, están trabajando sobre la marcha, tratando de saldar algo de la deuda que la hondureñidad toda tiene con el liróforo de triste mirada y semblante aristocrático y están a punto de salir 2 del tríptico programado, de lo cual ya circula desde hace cerca de 15 años con el título de Obra y Vida de Juan Ramón Molina contentivo de 3 obras, en un solo tomo: "TIERRAS, MARES Y CIELOS", del propio Molina, en recopilación de Turcios; LO QUE DIJO DON FAUSTO", de Arturo (Pituro) Oquelí y "EL HABITANTE DE LA OSA", de Eliseo Pérez Cadalso, un homenaje a Molina que apareció paralelo al primer gran Monumento a su memoria, inaugurado en su natal Comayagüela, en diciembre de 1994, precisamente en el Parque La Libertad y esculpido en bronce magistralmente por el genial Mario Zamora Alcántara, en la ciudad de México.

El Comité Moliniano ha continuado su labor, titánica y a veces incomprendida y soslayada por el oficialismo y de esa manera en 1998 en su peregrinaje por la región llegó hasta Quetzaltenango, ciudad que el bardo amó entrañablemente y el grupo integrado por Marcial Cerrato, Marco Rolando San Martín y quien suscribe tuvo la más calurosa bienvenida en esa heroica metrópoli, ciudad de Los

Altos, y se colocó, en medio de una solemne ceremonia, encabezada por sus autoridades edilicias, caballeros cadetes de la Politécnica de la capital, estudiantes y pueblo en general, con dos bandas musicales, el segundo monumento a Molina.

Y esa fue una odisea sin precedentes, pues los 3 Quijotes tuvieron que cargar desde la benemérita Escuela Nacional de Bellas Artes, de Comayagüela, el pesado busto, en mármol, esculpido por Lucy, hasta la lejana Xelajú, en transporte terrestre comercial, pasando por las capitales de El Salvador y Guatemala. MHR

¡Y HACIA BELÉN LA CARAVANA VA!

Allá en San Salvador, El Salvador, reside desde hace alrededor de 6 décadas un hondureño fuera de serie, fiel a su identidad, leal a sus principios, perseverante, ecuánime, consumado moliniano, paisano por añadidura de Comayagüela, quien desde hace varios años se impuso la tarea de retornar a Molina, ya no como exilado sino en el bronce inmortal de su genialidad y lo logró, con la contribución de la Colonia Hondureña residente allá, que contribuyó para que ahora en el exclusivo Parque Cuscatlán, pulmón verde de San Salvador, luzca un original medallón, a todo lujo, con la vera efigie del "Príncipe de la Poesía Hondureña".

Ese hondureño ilustre, como en toda jornada cultural, emprendida desinteresadamente tuvo obstáculos, pero don José Santiago Ramos Méndez se formó metas e ideales y el 25 de julio del 2007, en una nueva ceremonia calorizada por lo más alto de la intelectualidad salvadoreña se descubrió en esa hospitalaria capital el 3º. Monumento a Molina, con la presencia de una nutrida delegación catracha, integrada por elementos molinianos e invitados especiales, incluso del gobierno, Embajada de Honduras allá y del Parlamento Centroamericano, Capítulo de Honduras.

De esta manera, poco a poco se está encumbrando el nombre de Molina hacia los umbrales de la gloria, colocándolo en el sitio que le corresponde como un escogido, entre los grandes.

Y felizmente su nombre y su obra está siendo retomada por la gente joven y pensante; ya la Cancillería Nacional en su Boletín "Al pie de la Letra" está divulgando lo mejor del malogrado bardo; un novel grupo de jóvenes intelectuales con supremas ansias de superación acaba de lanzar, a todo lujo y con material selecto, el primer número de su revista PAISPOESIBLE, una extraordinaria publicación de contenido altamente calificado, dedicado en su parte medular a Molina, lo que nos alegra y los felicitamos.

Pero también ya se escuchan voces autorizadas, intelectualmente hablando, como las de Dagoberto Espinoza Murra, Mario Argueta, Carmencita Fiallos, Roberto Quezada, Jacobo Golstein Y Wilfredo Mayorga Alonso, impulsando la idea de solemnizar el Centenario de la muerte de Molina, el 1 de noviembre del 2008.

Para ello se requiere la conjugación de toda la hondureñidad y particularmente del Gobierno, porque se pretende declarar el "AÑO DEL CENTENARIO DE MOLINA", desde el 1 de noviembre del 2007 hasta igual fecha, del 2008.

Se debe crear la Cátedra Moliniana, desde el Kínder hasta la universidad, en fin, se busca la emisión de 4 sellos postales contentivos de 3 Monumentos y una Calle y la colocación de otros bustos, por lo menos, en diferentes capitales y demás ciudades importantes del Continente, para lo cual el Parlamento Centroamericano ha ratificado, mediante Acuerdo, todo su apoyo al Grupo Moliniano. Es muy posible que la Universidad Nacional Autónoma de nuestro país se involucre en las actividades de este Centenario; ya existen pláticas al respecto con algunas autoridades de la misma.

El Comité originalmente estaba integrado, allá por 1989, por Eliseo Pérez Cadalso, como Presidente, acompañado por Agustín Córdova Rodríguez, Héctor Elvir Fortín, Magda Argentina Erazo Galo, Dionisio Ramos Bejarano, Antonio Osorio Orellana y Raúl Lanza Valeriano, todos fallecidos; sobreviven Marcial Cerrato Sandoval, Marco Rolando San Martín, Daniel Vásquez, Elpidio Acosta Navarro, Juan Domingo Torres Barnica y Mario Hernán Ramírez, para completar el llamado Grupo de "Los 13 Locos del Guanacaste".

Pero en San Salvador, en el Parque Cuscatlán, el 25 de julio del año en curso, fue reestructurado el Comité y se incorporaron como nuevos miembros valiosos elementos, como don José Ramos Méndez, Doctor Ramiro Colíndres Ortega, Abogada Gloria Oquelí de Macoto, Doctora Hena Ligia de Torres, Escritora Carmencita Fiallos, Licenciada Gloria Liduvina Díaz Acosta y el poeta y Licenciado, Oscar Armando Valladares.

El Comité es presidido por el autor de estas líneas, con la Coordinación y Secretaría General del Lic. Marcial Cerrato Sandoval y la Tesorería General del Profesor Marco Rolando San Martín.

El Gobierno de la República está servido y tiene la mejor oportunidad de su gestión de dar todo lo que esté a su alcance para que la efeméride del Centenario de Molina revista los caracteres de solemnidad que semejante acontecimiento reviste. Estamos a la orden y a la disposición.

JUAN RAMÓN MOLINA EN EL PARQUE LA LIBERTAD

En solemne ceremonia, celebrada en este diciembre de 1994, y ante la presencia del ciudadano presidente Constitucional de la República, Dr. Carlos Roberto Reina, su gabinete de gobierno, cuerpo diplomático, altos oficiales de las Fuerzas Armadas, la curia capitalina y por supuesto los integrantes del comité pro monumentos a Juan Ramón Molina, fue oficialmente inaugurado el artístico monumento al genio de las letras hondureñas, el eximio poeta Juan Ramón Molina, obra magistral del escultor hondureño Mario Zamora Alcántara, que desde la ciudad de México y utilizando la tecnología moderna, hizo posible esta magistral obra que queda para las presentes y futuras generaciones como un relevante tributo al talento del príncipe de las letras hondureñas.

La obra que costó alrededor de Un Millón de Lempiras, fue cuidadosamente colocada en un artístico pedestal, protegido minuciosamente, para que nadie osara profanar tan significativa joya artística, que perpetúa definitivamente el nombre de Juan Ramón Molina.

En el acto, independientemente de los discursos oficiales del presidente de la República Dr. Carlos Roberto Reina y el del Comité Dr. Eliseo Pérez Cadalso, también se declamaron algunos de los más sonoros poemas del malogrado vate Comayagüelense, que falleció a la temprana edad de 33 años, habiendo nacido precisamente en la ciudad de Comayagüela el 17 de abril de 1875 y fallecido en San Salvador, en el Barrio de Aculhuaca, hoy Ciudad Delgado el 1 de noviembre de 1908. Sus restos mortales fueron repatriados diez años después y sepultadas sus cenizas en el Cementerio General de Comayagüela, en donde reposan para la eternidad.

En tan memorable ocasión, el Dr. Vicente Mejía Colíndres, en 1918, en nombre de El Ateneo de Honduras, pronunció una oración fúnebre, digna de figurar en los anaqueles de las más reputadas bibliotecas y librerías del mundo, misma que en esta obra reproducimos con mucho orgullo.

Finalmente, este esfuerzo, de los llamadas "13 Locos del Guanacaste", se logró después de varios años de continuas reuniones, en la sede de la Asociación de Prensa Hondureña del barrio El Guanacaste de Tegucigalpa, en donde sabatinamente el grupo se reunía para aportar ideas en torno a lo que se convirtió en hermosa realidad, pues no solo se inauguró el monumento al genial Juan Ramón Molina, sino también un libro contentivo de tres obras ampliamente conocidas, como son "Tierras Mares y Cielos, recopilación de Froylán Turcios; Lo que Dijo Don Fausto de Arturo (Pituro) Oqueli y El Habitante de la Osa" del propio Pérez Cadalso.

De esa fecha hasta el momento la actividad moliniana ha continuado, a pesar de que diez de los originales trece fundadores del grupo, ya desaparecieron físicamente.

104 ANIVERSARIO FALLECIMIENTO DEL POETA

En el marco de las instalaciones de la Biblioteca Nacional "Juan Ramón Molina", bajo la acertada dirección del ilustre escritor y poeta Don Eduardo Bähr, intelectual de altos quilates, ampliamente reconocido en el ámbito cultural hondureño, se conmemoró por lo más alto de la cultura, el 104 aniversario del fallecimiento del ilustre panida, en medio de una gran concurrencia y presididos los actos por el señor Ministro de Cultura Artes y Deportes, Dr. Tulio Mariano Gonzales y el Subsecretario del ramo Lic. Tony Sierra.

Al evento de referencia, asistieron algunos parientes de Molina, así como el autor del himno a su gloria, que ese día fue solemnemente estrenado, en medio de la algarabía de la concurrencia que después de escucharlo, lo aplaudió frenéticamente, dado el contenido eminentemente histórico cultural del autor, Lic. Manuel Castillo Girón, consagrado artista nacional que una vez más hizo gala de sus dotes intelectuales con la letra de este himno que inmortaliza al gran Juan Ramón.

Entre los parientes del fallecido se encontraba su nieta doña Jaqueline Grave de Peralta de Vacci de Capacci y los biznietos: Pedro Raúl Grave de Peralta Molina y Guido Vacci de Capacci Grave de Peralta, quienes emocionados recibieron regocijadamente tan sentido homenaje a la memoria del prócer de la intelectualidad nacional.

Por el Comité pro monumentos a Juan Ramón Molina asistieron su presidente, el periodista e historiador Mario Hernán Ramírez y el profesor y escritor Marco Rolando San Martín, dos de los trece sobrevivientes originales, ya que el tercero, Lic. Marcial Cerrato Sandoval, andaba de gira en el exterior.

Cabe destacar que el éxito de esta hermosa jornada cultural, se debe en gran parte al talento, dinamismo, perseverancia y comprobado amor moliniano de la licenciada Vilma Isabel Castillo, quien hizo gala de todos sus méritos para que la ceremonia revistiera los caracteres de solemnidad, que en efecto se vivieron en esa memorable fecha, por lo que es digno de encomio y de entero reconocimiento el activar de esta gran mujer que una vez más sobresale dentro del mundo intelectual de Honduras.

Por su parte, los artistas Mario Gonzales Ardón-director gerente del Instituto José Martí, una vez más también hizo gala de su formidable vocación poética al declamar magistralmente la Salutación a los Poetas Brasileños; de igual forma se destacó la escritora Carmencita Fiallos, con el poema Después que muera" y como siempre la presencia inevitable del gran Paquito, Francisco Valeriano, docente del Centro Básico Juan Ramón Molina quien acompaña a los molinianos en todos los eventos, musicalizando con su guitarra los poemas de Molina.

En esta oportunidad es digno de entero reconocimiento el hecho de que el artista nacional Alexis Castillo, donó un artístico busto del poeta, a la Biblioteca Nacional, para enriquecer mucho más con esta donación los haberes de este centro cultural que lleva el nombre del inmortal Molina.

Por otro lado, el presidente del comité, periodista e historiador Ramírez, al hacer uso de la palabra, enfatizó en el hecho de que las nuevas generaciones se han concientizado del auténtico valor intelectual de Juan Ramón Molina y uno de ellos es precisamente el joven escritor y poeta José Francisco Mejía Ramírez, quien a través de su portal en Internet como presidente de la "Organización Mundial de los Poetas, Escritores y Artistas" ha excitado a todos los miembros de esta gigantesca asociación, a escribir un poema sobre Molina, para lo cual les ha enviado el material requerido y ya comenzaron a responder desde diferentes latitudes del planeta, por lo que por fin Molina logrará ubicarse en la posición que le corresponde entre los grandes de la literatura universal, precisamente universalizando su nombre a través de la magia de la tecnología que nos ofrece el Internet.

Por su parte el ministro de la SCAD al cerrar el evento, con palabra elocuente felicitó a los organizadores del mismo y prometió toda la colaboración necesaria para el 2013, con el objeto de que el 138 aniversario del nacimiento de Molina, el 17 de abril se celebre con toda la solemnidad del caso.

Para cerrar, es bueno señalar que el licenciado Pedro Raúl Grave de Peralta, en nombre de la familia de Juan Ramón Molina, además de exaltar la memoria de su bisabuelo, se destacó con un elocuente discurso que conmovió a la concurrencia, por lo que fue calurosamente aplaudido y felicitado por los asistentes. MHR

JUAN RAMÓN MOLINA EN LA PAZ

Al siguiente día, en la ciudad de La Paz, y en el marco de la Casa de La Cultura de esa progresista comunidad, el destacado hombre de letras Poeta e Ingeniero José Gonzáles, con la cooperación de la sociedad cívica paceña, hizo derroche de hospitalidad y talento, al preparar un programa, dedicado exclusivamente a la memoria del malogrado porta lira, cuyo 136 Aniversario de Nacimiento se conmemoró el pasado 17 de los corrientes, oportunidad que fue propicia para hacer entrega de otra de las fotografías que desde la ciudad de Washington, envió la distinguida dama, Gloria Cáceres Molina, para ser donadas a instituciones como la que nos ocupa.

El Poeta Gonzáles, como anfitrión, invitó a lo más granado de la sociedad paceña, incluyendo a las más altas autoridades del departamento, tanto civiles como militares, colegios y el cuadro local de Danzas Folklóricas, que hizo gala de su artístico ritmo de danza y música.

Cabe destacar en la ceremonia, la presencia de personalidades como el Coronel de Aviación, Don Enrique Soto Cano, Ex comandante General de la FAH y de la honorable Dama Doña María Teresa Cervantes, presidenta de la ANJUPPEH, regional de ese departamento.

El Poeta Gonzáles, independientemente de su amor a la institución que él fundara, allá por 1982, actuó como maestro de ceremonias, destacando el historial de ese Centro Cultural por excelencia, en el que sobresale, definitivamente, la cultura en todas sus manifestaciones como base fundamental para la historia de esa ciudad que crece y se desarrolla en un ambiente admirablemente bello. MHR

JUAN RAMÓN MOLINA EN DANLÍ, EL PARAÍSO

En sencilla ceremonia, celebrada en la Biblioteca de la Casa de la Cultura de la ciudad de Danlí, El Paraíso, le fue entregado al director del centro, Periodista Luis Alonso Gómez, una fotografía ampliada, debidamente enmarcada, del excelso bardo Comayagüelense Juan Ramón Molina, el pasado sábado 20 de los corrientes.

El acto fue calorizado con la presencia de numerosos miembros de la comunidad, invitados al efecto.

En la ceremonia el Periodista Mario Hernán Ramírez, presidente del Comité Pro Monumentos a Juan Ramón Molina, hizo entrega de la fotografía al colega Gómez, destacando que el hecho obedecía al deseo de la Sra. Gloria Cáceres Molina, nieta del malogrado porta lira, quien desde la ciudad de Washington envió varias fotografías para ser entregadas a instituciones culturales de vocación moliniana, diseminadas en los 18 departamentos de la República, labor que se está desarrollando puntualmente por los miembros del comité que preside Ramírez.

También se aprovechó la ocasión para entregar dos medallones con el rostro del poeta Molina, trabajo ejecutado en la Escuela Nacional de Bellas Artes y un ejemplar del libro: Vida y Obra de Juan Ramón Molina, contentivo de tres obras, a saber: Tierras, Mares y Cielos, recopilación de Froylán Turcios del trabajo realizado por Molina; Lo que dijo Don Fausto, de Arturo (Pituro) Oquelí, y El Habitante de la Osa, del propio Eliseo Pérez Cadalso.

JUAN RAMÓN MOLINA EN SAN PEDRO SULA

El Centro Cultural por excelencia de la adelantada ciudad de San Pedro Sula, abrió sus puertas de par en par el pasado 27 de abril, para recibir a la delegación que de Tegucigalpa viajó ex profesamente, para exaltar la figura del eximio Juan Ramón Molina, que, por primera vez en la historia, se le rinde un homenaje de semejante envergadura, en aquella gran ciudad, a pesar de que en la misma reside su biógrafo el ilustre abogado e historiador don Humberto Rivera y Morillo.

La exaltación estuvo a la altura de la figura inmarcesible del gran Juan Ramón, con la presencia del quinteto musical de la Escuela Victoriano López, intervención del poeta y licenciado Oscar

Armando Valladares, en representación de la UNAH, quien además homenajeó a Rivera y Morillo, por su valioso aporte a la historia cultural de Honduras.

Hubo intervenciones del Centro Básico Cultural Juan Ramón Molina de las colonias San Miguel, La Esperanza, Nueva Era y otras de la capital, entre las que destacó la presentación artística del maestro Francisco (Paquito) Valeriano, musicólogo que con su guitarra ejecuta magistralmente las poesías de Molina; también participó el declamador nacional licenciado Mario González Ardón, del Liceo José Martí, quien interpretó muy profesionalmente tres poemas del malogrado bardo Comayagüelense.

Por supuesto que también estuvo a la altura de la ceremonia, la intervención de la licenciada Janeth Galo, directora del Centro Básico JRM, la cual fue aplaudida repetidamente. Actuó como maestra de ceremonias, la ilustre licenciada Vilma Isabel Castillo (Vilcast), quien se desempeñó muy profesionalmente.

El evento fue calorizado con la presencia de lo más granado de la intelectualidad sampedrana, que agradeció, mediante sonoros y repetidos aplausos la presencia de los molinianos en aquella gran ciudad, que, a decir verdad, muy poco sabían de Juan Ramón Molina.

Si bien es cierto, ya en San Pedro Sula la otrora llamada ciudad de los zorzales o ciudad de los laureles, nada de eso se ve por sus arterias citadinas, porque posiblemente hayan cambiado su residencia por el coloso de El Merendón que señorialmente se yergue como una columna inquebrantable frente a la bella ciudad que día con día crece y se agiganta en los diferentes órdenes del quehacer humano.

El Presidente del Comité Pro- Monumentos a Juan Ramón Molina, Mario Hernán Ramírez, hizo una detallada descripción del propósito de la visita, que no es más que el de mantener viva la memoria del prócer de la intelectualidad nacional, que precisamente en el mes de abril el 17, para ser exactos, conmemoró el 137 Aniversario de su advenimiento al mundo y cuya prematura muerte, a los 33 años, en 1908, en la ciudad de San Salvador, fue lamentada por todo el conglomerado centroamericano, que sintió en carne propia la pérdida de uno de los valores más sobresalientes de la literatura ístmica.

La prensa sampedrana, sobre todo la televisiva y radial, hicieron acto de presencia y dieron cuenta del evento masivamente ese mismo día, por lo que el pueblo sampedrano quedó sumamente impresionado de los actos desarrollados en ese centro, considerado como el santuario de la cultura en San Pedro Sula, desde hace alrededor de 60 años en que comenzó a funcionar.

La delegación aprovechó su presencia en aquella urbe, para echarle un vistazo y disfrutar de la hospitalidad y alegría de los sampedranos la cual se refleja en el rostro de sus habitantes, que consagrados al trabajo día con día, se superan admirablemente.

Es de hacer notar, que este evento se realizó merced al esfuerzo y alto espíritu moliniano de todos y cada uno de los participantes, quienes con sus propios recursos asistieron a la ceremonia, a pesar de haber solicitado la cooperación gubernamental, misma que fue denegada totalmente.

No podemos finalizar esta nota, sin antes agradecer las finas atenciones de la ilustre nueva directora del Centro Cultural Sampedrano la licenciada Quintana quien fue una anfitriona de lujo, por cuanto en esa fecha cumplía apenas dos días de haber tomado posesión en tan importante cargo, o sea que con la exaltación a Juan Ramón Molina se estrenaba esta ilustre compatriota.

Las gráficas del evento fueron captadas por el lente profesional de la licenciada Elsa Ramírez quien las pone a la disposición de los interesados vía internet.

DOBLE ACONTECIMIENTO EN EL C.E.B. JUAN R. MOLINA

La develación del mural que recrea el poema "Pesca de Sirenas", actividades culturales, homenajes y reconocimiento, fue parte de lo que se desarrolló; para festejar los cuarenta y dos años de Fundación del Centro de Educación Básica Juan Ramón Molina, ubicado en la Colonia San Miguel de Tegucigalpa.

A tan importante celebración llegaron maestros, alumnos, padres de familia e invitados especiales como el grupo literario Moliniano que nació para transmitir a las generaciones presentes y futuras la vida y obra de este noble hondureño.

Asimismo, la actividad del centro escolar el pasado 17 de abril, coincidió con los 104 años del nacimiento de quien la historia literaria de Honduras reconoce como el "Príncipe de la Poesía": Juan Ramón Molina.

"Celebramos un doble acontecimiento con el aniversario de la Escuela y el nacimiento de uno de los poetas más insignes del país, así que estamos de fiesta y nos hace sentir muy orgullosos por el Centro porque no lleva el nombre de un corrupto, sino de un poeta ilustre", apuntó Reyna Galo Directora del Centro.

Acciones.

El Centro Educativo en el que se forman actualmente mil trescientos alumnos en diferentes áreas desarrolló un nutrido programa de actividades: una de ellas fue el reconocimiento a los Molinianos, grupo integrado por Mario Hernán Ramírez, Marcial Cerrato Sandoval y Marco San Martín, quienes a lo largo de cuarenta años se han encargado de difundir y exaltar la vida y obra del poeta.

Por otra parte, se reconoció la labor de un grupo de maestras jubiladas del Centro Educativo. Otro de los puntos esperados fue la develación del mural dedicado a la memoria de Juan Ramón Molina. La obra está basada en el soneto "Pesca de sirenas", una de las piezas literarias más famosas de Molina.

"Además de ofrecer una educación de calidad, basada en valores, nos proponemos exaltar la vida y obras de ese poeta que habló de los niños, la mujer y la vida, por eso este centro lleva con orgullo ese nombre", declaró Galo.

En la celebración se leyó poesía de Molina, que cada grado aprendió y declamó en el acto especial de aniversario; también se decoraron murales y se expusieron las obras: "Tierras, mares y cielos" y "Molina 100", editada en el primer centenario de su nacimiento.

LA UMH RINDE HOMENAJE A JUAN RAMÓN MOLINA

Con la magnificencia que los organizadores del evento esperaban, se desarrolló un acto cultural, en la Universidad Metropolitana de Honduras (UMH), para rendirle un tributo de admiración y cariño al Príncipe de las Letras Hondureñas, el excelso bardo Comayagüelense, Juan Ramón Molina (1875-1908), en cuya programación se incluyeron puntos de relevante y sonora proyección intelectual; el programa incluyó: música, poesía, danza y se vio colmado de estudiantes y catedráticos, lo mismo que invitados especiales y particularmente los miembros del Comité Pro monumentos a Juan Ramón Molina "Los Trece Locos del Guanacaste".

Cabe destacar la presencia del doctor Livio Ramírez Lozano, quien con su característica elocuencia hizo una referencia total de la Vida y Obra de Juan Ramón Molina, charla que mereció los más sonoros aplausos y el entero reconocimiento de la distinguida concurrencia que lo felicitó efusivamente.

En la parte artística se destacó la presencia del Sr. Francisco Valeriano (Paquito) del Centro de Educación Básica JRM, de esta capital, quien interpretó con su guitarra, tres de los más conocidos poemas de JRM. Por otro lado, el destacado declamador nacional, licenciado Mario González Ardón, hizo gala de su arte al declamar magistralmente uno de los poemas más bellos del malogrado porta lira, como es: "La Salutación a los Poetas Brasileños"; también, la destacada escritora y declamadora nacional, la inefable Carmencita Fiallos, candorosamente deleitó a la concurrencia con el poema "A Una Muerta", además una alumna que también hizo honor de sus aptitudes poéticas y otra joven estudiante que como solista, interpretó solemnemente el canto a la Patria.

Cabe destacar que esta actividad de la UMH es parte del trabajo que realizan los alumnos de los cursos I y II, de la cátedra de español a cargo de la Licda. María Isidra Gómez, quienes jamás se imaginaron que la ceremonia iba a revestir caracteres de semejante solemnidad.

Los intelectuales: Mario Hernán Ramírez y Marcial Cerrato Sandoval, miembros del comité, hicieron uso de la palabra para destacar que en cerca de 40 años que tiene de existencia el mismo y cuya labor es inconmensurable, jamás ninguna organización estatal, ni privada, ni educativa, había ofrecido tan merecido homenaje al Comité como un todo, en el que se entregaron diplomas de honor al mérito y placas de reconocimiento.

Este grupo de quijotes denominado "Los Trece Locos del Guanacaste", por su parte, hasta la fecha, ha levantado el artístico monumento a Juan Ramón Molina en el Parque La Libertad de Comayagüela, ha editado un libro contentivo de 3 obras, "Tierras, Mares y Cielos" del propio Molina; "Lo que dijo Don Fausto", de Arturo (Pituro) Oquelí y "El Habitante de la Osa" de Eliseo Pérez Cadalso; en la ciudad de Quetzaltenango (Xelajú), Guatemala, en 1998 colocaron un artístico monumento al poeta; en el parque Cuscatlán de la ciudad de San Salvador, hicieron lo mismo, y con motivo del Primer Centenario de su fallecimiento en el 2008, celebraron por lo más alto de la cultura semejante efeméride y finalmente una nieta del malogrado JRM, doña Gloria Cáceres Molina, desde la ciudad de Washington, D.C., EUA, ha estado enviando fotografías ampliadas de su ilustre pariente, para ser entregadas en diferentes centros culturales de la república, actividad que se está realizando puntualmente.

MOLINA EN DOS ESCENARIOS

El pasado fin de semana sirvió de marco, para escenificar dos importantes eventos culturales, consagrados a la memoria del excelso Juan Ramón Molina.

Un poco tarde, pero ya se ve en el horizonte un nuevo panorama en relación a la figura del eximio poeta Comayagüelense, representación máxima de la literatura nacional, pues, ahora se solicita de colegios y escuelas, de momento de la capital, la presencia moliniana, a través de los retratos que su nieta, doña Gloria Cáceres Molina desde la ciudad de Washington, D.C., envía para ser distribuidos, en los entes culturales de mayor prestigio en la república.

Eso quiere decir, que las nuevas generaciones han comenzado a estudiar e impulsar la gigantesca obra literaria de este gran hondureño, cuya producción apenas ha sido divulgada, después de una centuria de su sentida muerte, un 1 de noviembre de 1908, en la ciudad de San Salvador, República de El Salvador.

En efecto, el Instituto Liceo José Martí, a través de uno de sus ejecutivos, el declamador nacional don Mario Gonzáles Ardón, solicitó al comité se honrara a ese centro educativo con la imagen del ilustre bardo, orgullo de la ciudad gemela, lo que el comité aceptó gustosamente y fue así como no solo el retrato, bellamente enmarcado en un cuadro de lujo, sino también el medallón fue incrustado en artística postal, en alto relieve y por supuesto la obra máxima, de Molina "Tierras, Mares y Cielos, Lo que dijo Don Fausto de Arturo (Pituro) Oquelí y el Habitante de la Osa" de Eliseo Pérez Cadalso.

La entrega se realizó en el salón principal de dicho colegio, con la presencia de gran cantidad de alumnos, docentes, miembros del Comité Pro monumentos a Juan Ramón Molina y personal académico del Centro Básico que lleva el nombre del homenajeado, y que funciona en esta capital.

El acto se vio resaltado, con la magistral conferencia que sobre el malogrado porta lira, hiciera, el presidente del Grupo Moliniano, periodista Mario Hernán Ramírez, quien fue aplaudido repetidamente por la concurrencia.

Otro acto, digno del mayor reconocimiento, es el escenificado a inmediaciones del Puente Juan Ramón Molina por el artista nacional, el pintor Alexis Castillo, quien haciendo gala de su arte, plasmó con su pincel un mural artísticamente confeccionado, en el que detalla el inicio de los trabajos realizados a favor del puente, que fuera destruido en 1998 por el tristemente célebre huracán Mitch, con fondos del gobierno del Japón, para su reconstrucción y posterior inauguración allá por el 2001, el arte de Castillo puede admirarse en el lugar indicado, el cual estará por tiempo indefinido en ese sitio. Este evento se realizó el pasado viernes, con la presencia de los alumnos y maestros del Centro Básico Juan Ramón Molina, bajo la acertada dirección de la distinguida pedagoga, licenciada Janeth Galo, que apoya al comité en todas sus actividades. Es digno de encomio destacar, la presencia del artista Francisco (Paquito) Valeriano, quien con su guitarra ejecuta musicalmente varios de los poemas exaltando el talento de Molina y la presencia nuevamente del maestro González Ardón, quien, con sus aportes logísticos, contribuye al mejor éxito de estos eventos.

RAMÓN MOLINA EN 136 ANIVERSARIO

En la antesala del 136 Aniversario del Nacimiento del eximio poeta Comayagüelense Juan Ramón Molina, y los 41 años de fundación del Centro Básico, que lleva el nombre del ilustre bardo, ubicado en las Colonias San Miguel, La Esperanza, Nueva Era, etc., se realizaron una serie de actos alusivos a ambas efemérides.

En los 41 años del Centro Básico JRM, la directora del mismo, Licda. Reyna Janeth Galo, preparó una ceremonia de alto contenido histórico, cultural y cívico, en la que se exaltó en primer lugar la Memoria del Prócer de la Intelectualidad Nacional JRM, en medio de una gran concurrencia, integrada por alumnos, padres de familia, personal docente e invitados especiales, evento que fue engalanado con una serie de puntos artísticos que le dieron mucho más realce a este aniversario. Este evento se realizó el viernes 15 del corriente. MHR

ARTÍSTICO DONATIVO DE MOLINA A BIBLIOTECA NACIONAL

En el marco de las celebraciones del 132 aniversario de fundación de la Biblioteca Nacional Juan Ramón Molina, punto relevante constituyó la entrega de un artístico acrílico, elaborado por el artista nacional Alexis Castillo, alegórico al excelso bardo Comayagüelense, Juan Ramón Molina, el que será ubicado en lugar preferente de ese histórico centro cultural.

Al acto de entrega asistieron, entre otros el señor Ministro de Cultura Artes y Deportes, Dr. Tulio Mariano González, el señor director de la Biblioteca, Lic. Eduardo Bähr, algunos embajadores, elementos del mundo intelectual e invitados especiales.

El pintor Alexis Castillo, conocido como el pintor de la reconstrucción, tiene preparada una exposición de sus obras para el próximo 8 de septiembre, en conocido colegio de la capital.

Mientras tanto, casi simultáneamente, en San Salvador, y en el Parque Cuscatlán de aquella ciudad, el pintor cuzcatleco, Francisco Carpio a través de la municipalidad de Ciudad Delgado, del Distrito de San Salvador, hizo otro artístico cuadro referente al malogrado poeta hondureño, precisamente en el sitio donde se erige un monumento a su memoria, en dicho parque, en el cual se destaca las banderas de Honduras y El Salvador, como símbolos de hermandad entre ambas naciones.

Lo anterior, obedece a las magníficas sugerencias y actividades del compatriota José Ramos Méndez, residente en aquella capital desde hace muchos años y quien mantiene enhiesta no solo la memoria de Molina, sino también del General Francisco Morazán Quezada y ahora de su ilustre esposa doña María Josefa Lastiri de Morazán. MHR

Independientemente de los diferentes acontecimientos que se desarrollaron para conmemorar por lo más alto de la cultura histórica la efeméride del fallecimiento del connotado aeda, Juan Ramón Molina, con motivo del Centenario de su deceso, quien suscribe, el autor de esta obra junto a su esposa, anduvieron la seca y la meca buscando el patrocinio para la emisión de uno o dos sellos postales conmemorativos, sin que puerta alguna se abriese a nuestra solicitud.

Pero, dicen por ahí, que Dios pone ángeles en el camino y fue así que, en cierta ocasión platicando amenamente, sobre diferentes temas, generalmente orientados a la historia y la literatura nacionales, con el ilustre poeta, escritor y licenciado don Segisfredo Infante, le expusimos la preocupación de no encontrar eco por ningún lado para la impresión de un sello postal que quedara como testimonio fiel de lo que se hizo con motivo de la centuria de la muerte de nuestro malogrado Juan Ramón.

Inmediatamente, Segisfredo, sin mayores vacilaciones, me indicó que él era amigo de Edwin Araque Bonilla, entonces presidente del

Banco Central de Honduras y que le llevaría la inquietud para ver si de esa importante dependencia salían los fondos para la edición de tales estampillas. Y así fue, con inmensa alegría, Segis, me llamó por teléfono para notificarme que el señor Araque Bonilla, estaba en la mejor disposición de cooperar con semejante hecho histórico y que tan pronto como pudiera me pusiera al habla con él para proceder a hacer lo pertinente.

De inmediato, busqué la comunicación con el señor presidente de la máxima institución bancaria de nuestro país, quien en efecto, me corroboró lo que Segisfredo me había anunciado con inmensa alegría, indicándome a la vez que buscara el apoyo de la Empresa Hondureña de Correos (Honducor), por lo cual dirigí mis pasos hacia la gerencia de esa otra importante empresa estatal, encontrándome con una elegante dama, Nimia Baquedano, la que sin vacilación alguna me recibió en su despacho y al conocer el objetivo de mi visita manifestó su placer de poder participar en semejante jornada, que no solo enaltecería al Banco Central, sino también a la propia Honducor y de inmediato, llamó a la persona encargada del departamento filatélico de Honducor, a quien le giró las órdenes correspondientes para la diagramación de una artística fotografía del poeta, misma que fue trasladada al respectivo departamento de emisión de estampillas, quedando finalmente terminada la edición de cien mil unidades, las que fueron vendidas, respectivamente, a L.10.00 y L.25.00 por unidad, y agotadas completamente, porque todo el público las pedía en las respectivas ventanillas de expendio, pues tal como aparece en este libro, se hizo un trabajo sencillamente extraordinario.

Tenemos que hacer la observación de que el señor Araque Bonilla y la propia señora Baquedano, pretendieron hacer una ceremonia muy especial para presentar al público tales sellos postales, en medio de una selecta concurrencia entre las que figurarían el cuerpo diplomático, el mundo oficial, periodistas e invitados especiales, pero todo parece indicar que por razones de liderazgo, la ceremonia jamás se realizó, sin embargo, lo más importante es que la estampilla circuló por el mundo entero y con ella son tres los sellos postales que se han impreso a través del tiempo honrando la memoria del gran Juan Ramón Molina.

JUAN RAMÓN MOLINA, POETA GEMELO DE RUBÉN

Por: MIGUEL ÁNGEL ASTURIAS

Juan Ramón Molina, el poeta gemelo de Rubén, es casi desconocido en Sudamérica. No figura en los textos de preceptiva literaria, no se ven sus poemas menudamente publicados, ni se oye que sazonen sus acentos los menús líricos de los que dicen versos. Piadoso olvido en el que paradójicamente lo quisieron dejar, por ser singularmente pobre lo que se escribe de los poetas en los textos escolares, más triste cuando sus nombres se usan para llenar vacíos tipográficos en revistas de dudosa publicidad y a desesperar si el que recita destroza los poemas.

Recordado por nosotros ya no volverá al olvido. Eso sería la condición que antes debemos establecer. Que salga Juan Ramón Molina del olvido, que vuelva a estar presente su cepa tierna, aérea, vegetal, del trópico, tal como ello presumía y lo dijo alguna vez:

> *"Pero mi obscuro nombre las aguas del olvido*
> *no arrastrarán del todo; porque un desconocido*
> *poeta, a mi memoria permaneciendo fiel,*
> *recordará mis versos con noble simpatía,*
> *mi fugitivo paso por la tierra sombría,*
> *mi yo, compuesto extraño de azúcar, sal y hiel.*
> *Tal fui porque fui hombre, oh soñador ignoto,*
> *pálido hermano mío, que en porvenir remoto*
> *recorrerás las márgenes que mi tristeza holló.*
> *Que el aire vespertino refresque que tu cabeza,*
> *la música del agua disipe tu tristeza*
> *y yazga eternamente, bajo la tierra, yo!"*

Juan Ramón Molina nació en Centroamérica a la sombra de los pinos de Honduras, en la ciudad de Comayagüela, el año de 1875, de padre español y madre mestiza. Escribió sus primeros versos en Guatemala, hacia 1894-95, donde se graduó de bachiller.

Su vida se extinguió súbita y prematuramente un atardecer del 2 de noviembre de 1908. Murió en la ciudad de San Salvador, murió del corazón decía el padre médico, debido a los excesos de alcohol y morfina. Pero cuanto más justo sería decir que el poeta moría en el desaliento, en el abandono, en el olvido que ya lo acompañaba como su sombra de exiliado, en aquella sociedad materialista en la que los seres que consagran la vida al espíritu, no valen nada, sino después de muertos.

Nace en Honduras, vive en Guatemala, muere en El Salvador, citas geográficas que deben ampliarse con datos para una geografía de la flor, el clima, los ríos, los volcanes, las mariposas, los mitos aborígenes, las fumarolas de suelos siempre en trance de formación a orillas de majestuosos lagos, los pinos en los que el verde silente de la tierra habla con el azul silente de Dios, todo lo que, en fin, es Centroamérica.

Rubén Darío y Juan Ramón Molina son también parte de esa geografía caprichosa, poetas gemelos saturados del sentido poético de la tierra centroamericana, donde la naturaleza toma la metáfora y la hace carne de reflejo, el caimán antoja el esqueleto de un verso ancestral y el Momotombo, padre de una familia de volcanes, se alza "lírico y soberano", como en el poema de Darío:

> *"Señor de las alturas, emperador del agua,*
> *a sus pies el divino lago de Managua,*
> *con islas todas luz y canción".*

Si tomamos una carta geográfica de América observaremos que la gran masa continental del Norte, al llegar a Guatemala, donde empieza la América Central, quiebra su unidad, se estrecha, se hace caballito marino corcovador, igual que si al desparramarse la arcilla ardiendo, en el momento de la formación, la tierra hubiera sufrido una sacudida tan violenta en su desesperado horror ante el vacío, hubiera querido agarrarse al cielo quedando sus manos como cumbres perdidas en las nubes.

En forma aún más gráfica se fijará este aspecto de la tierra centroamericana, si imaginamos un país construido como una ciudad de rascacielos, rascacielos de cumbres donde para moverse no hay que cubrir extensiones inmensas, sino descender o ascender casi verticalmente. Un viajero que se hallara en las alturas, a más de dos mil metros sobre el nivel del mar, toma un automóvil y desciende, igual que en la cabina de un ascensor, por entre bosques de pinos, terrenos riscosos, riachuelos y praderas, hasta la costa en menos de tres horas, movilidad que permite al habitante el cambio de clima, de atmósfera, de mundo, con sólo subir y bajar, lo que se refleja en la versatilidad de sus poetas y especialmente de Darío y Juan Ramón Molina.

El paisaje no tiene secretos para ellos "y esto pasa al amor del puerto de Corinto o en la rica en naranjas de almíbar, Chinandega", nos dirá Rubén y agregará Juan Ramón:

"Inmensos llanos de fragante grama
que un sol canicular tuesta y agosta,
donde pase, cogiendo florecillas,
dulces instantes de mi infancia loca.
Monte florido que, a su falda agreste,
atada con las lianas trepadoras,
se alza una cruz, en la que puse un día
ramos de pino y rústicas coronas".

Cabe explicar, volviendo al tema de la conmoción terráquea de la primera hora, que el agua y el fuego, por no dejarse desalojar por completo, anidaron en los lagos y volcanes, tantos que no se pueden contar. El viajero no tiene tiempo de fatigarse del panorama, porque si no encuentra a sus pies un espejo de esmeraldas, en que las espumas simulan batallas de plumas y cristales, topan sus pupilas conos volcánicos tan perfectos que hacen olvidar su amenaza misteriosa y terrible, por la emoción estética que producen. Y a los lagos y volcanes agregándose ríos de largo metraje que van al Atlántico y otros que violentamente se hunden en las olas del Pacífico.

Mares próximos y lagos y ríos incontables, envuelven la tierra centroamericana en una campana de luz reflejada, ambiente lumínico tan especial, que podría llamarse mágico, si en verdad no fuera mágico, ya que los seres y las cosas se ven bañados en claridad de espejo. El color y la línea no se perciben en forma directa, sino a través de un velo luminoso y transparente, formado por la luz del sol, que se refleja en la atmósfera al chocar con el agua de mares, lagos y ríos, características muy importantes de señalar, porque influye en las temperaturas de esos cuerpos celestes como Rubén y Juan Ramón Molina, que se llaman poetas.

La luz en Centroamérica es la misma luz de Grecia, pues una y otra nacen de una misma intimidad de agua y tierra, y acaso se deba a esta semejanza el que, en poetas como Darío y Juan Ramón Molina, el tema griego ocupe lugar principal, herido en forma directa, o se siente en sus estrofas, circulando internamente.

Juan Ramón Molina dice a Darío, en un soneto:

"Délfico augur, hermético y sacro hierofante
que oficias en el culto prolífico de Ceres,
que azuzas de tus metros la tropa galopante
sobre la playa lírica y argenta de Citeres: tu grey hala en las
églogas del inmortal idilio, tu pífano melódico fue el que tocó
Virgilio
en la mañana antigua de alondras y de luz..."

No me detendré en citar poemas Rubenianos inspirados por Grecia, son tantos y tan conocidos, pero sí lo haré con un soneto de Juan Ramón Molina, titulado:

Pesca de Sirenas
"Péscame una sirena, pescador sin fortuna,
que yaces pensativo del mar junto a la orilla.
Propicios es el momento, porque la vieja luna
como un mágico espejo entre las olas brilla. Han de venir hasta esta

ribera, una tras una, mostrando a flor de agua el seno sin mancilla,
y cantarán en coro, no lejos de la duna,
su canto, que a los pobres marinos maravilla.
Penetra al mar entonces y pesca la más bella,
con tu red envolviéndola. No escuches su querella
que es como el llanto aleve de la mujer. El sol.
la mirará mañana –entre mis brazos loca–
morir –bajo el divino martirio de mi boca–
moviendo entre mis piernas su cola tornasol".

Darío y Juan Ramón Molina no hubieran podido manejar la luz como la manejan, como circula en sus poemas, si no hubiera nacido en Centroamérica, porque ¿qué puede darse de más poético, que este mundo oculto y presente en la luz, de lo que no es sino sol, devuelto en reflejo por una superficie luminosa? ¿Qué puede ser más carne de poesía que la realidad en que se viven en esa luz irreal, fantasmagórica, propia para gente que sueña con los ojos abiertos?

Rubén pide ser citado:

"La bahía unifica sus cristales
en un azul, de arcaicas mayúsculas
de los antifonarios y misales.
Las barcas pescadoras estilizan
el blancor de sus velas triangulares
y como un eco que dijera: "Ulises"
junta alientos de flores y de sales".

Pero la relojería interna de estos dos cantores tiene ruedecillas simbolistas, se valen de símbolos para decir ciertas cosas, y esta raíz honda, sabía de savias ancestrales, debe buscarse en sus orígenes, en el remoto antecedente racial, ya que sus antepasados, veinte siglos atrás, se habían valido de signos ideográficos para expresarse simbólicamente.

La influencia de los simbolistas franceses, tan notoria en Darío y en Juan Ramón Molina, musicalidad verbal en la que se confunden, en ademán de verso libre, colores y perfumes, reñía en ello un antecedente americano, ajeno por completo a Europa, en sus abuelos los rapsodas, en sus abuelos los Netzahualcoyotls, en sus abuelos que fraccionaban en símbolos poéticos el mundo para hablar de los dioses, la tierra y la mujer.

Esta afirmación de los orígenes simbolistas de poetas, tan hermanos en la correspondencia fulgurante, les devuelve toda su personalidad americana, enriquecida, como bien se entiende, por la cultura occidental, elevada en categoría por los aditamentos de la lírica europea, pero explicable sin ésta, perfectamente explicable dentro del propio corazón del suelo, en que el sentido pagano de la vida subsiste más que en ningún otro sitio porque circula entre los elementos caudalosos.

"Gozad del sol, de la pagana
luz de sus fuegos,
gozad del sol, porque mañana
estaréis ciegos".

Este grito de Darío parece surgir como un grito tropical, detrás de la molienda de caña de azúcar, entre los triturados manojos de las cañas que el poeta vería como flautas de Pan, mordidas para extraer de ellas, no la miel del sonido, sino el dulzor del jugo.

Alguna vez se agotó la discusión del "tropicalismo" en la literatura.

Se llamaba poetas tropicales, a los poetas que creían interpretar la naturaleza de la zona tórrida con abundancia de palabras, ripio coronado por el laurel académico: Pero ese concepto fue rectificado porque de esta clase de poetas tropicales, por ripiosos, los hay en todas partes.

La mesura que tutela a poetas tropicales como Darío y Juan Ramón Molina, es prueba de lo excesivo no caracteriza lo tropical. Lo tropical, si algún significado tiene dentro de estas clasificaciones artificiales, podría explicarse en relación con las imágenes que dichos poetas emplean, relámpagos que tras el alumbrar internamente, se detienen en la superficie del verso, para llegar a lo sensible en sonido verbal palpitante, sin altisonancias.

Lo tropical así concebido es ese íntimo engranaje imaginativo, que sorprende porque su novedad desencadena en el lector, una serie de movimientos nuevos de pensamiento o emoción. Hay una intimidad de pulpa sazonada en esta poesía de cáscara gozosa y un secreto milagro de penumbra que es como alfombra en aire dorado. El valor de la fruta está dentro, pulpa y perfume, así los valores de la poesía tropical existen ocultos bajo la superficie llena de colorido.

El color de las frutas tropicales, rojas, amarillas, verdes, negras, moradas, no es, con todo y su belleza primaria alucinante, lo mejor de la fruta, como en la poesía de los poetas centroamericanos la ascua del lenguaje, vario y lleno de color, es sólo un alarde plástico. Dentro están los jugos, las esencias, la carne en espíritu agonioso de pasar tan ligero por un mundo hecho para ser gozado eternamente, en una semi ebriedad de los sentidos, en el duermevela de la luz soñada por grandes lagos, mares, bahía, enseñadas y pequeñas lagunas formadas en los cráteres mismos de los volcanes, como lentejuelas. Y la prueba de que lo tropical no es desbordamiento de palabras, sino movimiento de recreación de ese mundo con precisa geometría, la plena prueba la tenemos en un poeta centroamericano del siglo XVIII.

Hace dos siglos, Rafael Landívar, nacido en Guatemala en 1731, formado en Guatemala, donde se ordena, vive sus años mozos, abandona al país al decretarse el exilio de los Jesuitas por Carlos III, y se dirige a Bolonia; y en Bolonia escribe su famoso canto en hexámetros latinos "Rusticatio Mexicana", que a juicio de don Marcelino Menéndez y Pelayo es la obra de la latinidad moderna.

Pues bien, ese Virgilio americano o Segundo Virgilio como se le llama, empleó el divino idioma para describir y loar la vida del trópico y sus versos son gajos jugosos de las tórridas tierras en que vivió, del gozo pagano que rodeó sus ojos, igual que a Darío y Juan Ramón Molina. Y no se crea que es de la descripción de las escenas campesinas en Guatemala y México de donde únicamente nace el tropicalismo de este poeta latino tropical dieciochesco, sino de la válida presencia, en Vamos, pues, encontrando en Centroamérica, para Darío y Juan Ramón Molina, la raíz de su helenismo o mundo de ficción, al que se trasladan por su ancestral inclinación a tener dioses, lo que ahora llamaríamos, complejo de mitologías.

Helenismo periférico, porque en el interior, en lo más íntimo de su poesía están de cuerpo entero, inmortales y presentes, las divinidades nativas.

Ahí donde nacieron, ahí donde vivieron su niñez, adolescencia y juventud, vaciaron en aguasoles milagrosos su paganismo para dar nombres griegos a sus dioses americanos.

Me atrevería a decir que el fenómeno luminoso, en el que intencionalmente insisto y ese cercano ancestro del indio sabio, pagano y culto, bastan para explicar sin recurrir a búsquedas afanosas la sensibilidad de estos poetas que llegaron a sentir como Byron, la nostalgia de Grecia.

Para ellos, gemelos de la luz, era más vistoso hablar de Zeus que de Quetzalcoatl, de Marte que, de Huitzilopochtli, de Venus que de Smucané. No se había iniciado en América todavía la reivindicación de los temas americanos.

Nuestras letras vagaban, en el falso mundo de las aproximaciones a otras culturas, ocultando lo propio por ignorancia o por vergüenza. Ahora conocemos orgullosos nuestro origen milenario. De haber ellos florecido en nuestro tiempo, quizá tanta Venus, tanto Eros, tanto Apolo, serían divinidades americanas de inmenso contenido amable.

También hemos encontrado en su país de origen –Centroamérica– la raíz más profunda de su simbolismo enriquecido por la escuela francesa, como enriquecidos habían sido por el clasicismo español, por el romanticismo, por el naturalismo, por el parnasianismo.

Si viene siglos atrás sus abuelos magos fueron maestros en el hallazgo de figuras que en las escrituras ideográficas simbolizan, como en toda escritura, un instante de gracia, en trance de pasar, después de haber descubierto por una relación íntima del creador, algún nuevo mundo, ¿qué de extraño tiene que Rubén y Juan Ramón Molina hayan llevado en la sangre el don de la poética que emplea el símbolo?

"Mar armonioso,
mar maravilloso,
de arcadas de diamantes que se rompen en vuelos
rítmicos, que denuncian algún ímpetu oculto,
espejos de mis vagas ciudades de los cielos
blanco y azul tumulto
de donde brota un canto
inextinguible,
mar paternal, mar santo,
mi alma siente la influencia de un alma invisible..."

Y a Darío se une Juan Ramón Molina en aquellas estrofas de amagos simbolistas:

"!Qué tarde te hallé en mi camino,
en la ruta sin fin de mi Sahara,
donde voy –trashumante viajero sin rumbo ni guía–
con mi alforja de penas y obscuras nostalgias
apoyado en báculo, inútil y viejo,
sangrientos los pies en las rotas sandalias,
sin ver a lo lejos un pozo perdido
a la sombra de alguna palmera lozana,
donde fuera a beber unos sorbos benéficos de agua,
o a probar del racimo de dátiles negros
que esconden las frescas y fértiles ramas,
olvidando los soles candentes,
la polvosa y eterna llanura incendiada,
los lívidos huesos sembrados en torno,
la angustiosa marcha,
los fieros chacales que acechan mi paso nocturno
con ojos que tienen el fulgor de las ascuas..."

II

Pero volvamos a lo tropical que en Darío y Molina es como el movimiento que forma la línea curva muy propia del paisaje centroamericano. La montaña de líneas ondulantes que parece reptar en lo curvo del horizonte, exigió al arquitecto y escultor de las edades remotas, por razón de ritmo, de vibración, de gracia, el uso de esta línea casi aérea, en sus monumentos y en la decoración de sus murales pintados al fresco o esculpidos en bajorrelieve, exigencia geométrica que se prolonga a la época de las edificaciones españolas, cuyas cúpulas en las iglesias, son miniaturas de montañas y cuyas decoraciones hasta en la sangre de los Cristos tallados y por los imagineros mestizos, repiten ondulaciones de agua salpicada.

Pero sabremos más si observamos que esa persistencia de la línea curva en el paisaje, corresponde en el mundo poético, álgebra y masticación, a la sensualidad de poetas que, como Darío y Juan Ramón Molina, parece estar bajo el signo de Eros. Las curvas auditivas –abanicos en las colas de los pavos reales, lunas en las espumas luminosas, sales en las culebras de fuego, sueños en los árboles doblegados para rendir el fruto- son como el eco de las curvas visuales de sus versos, de las curvas sensuales de sus pasiones amorosas.

> *"Y he de besarla un día, con rojo beso ardiente;*
> *apoyada en mi pecho como convaleciente,*
> *me mirará asombrada con íntimo pavor;*
>
> *la enamorada esfinge quedará estupefacta;*
> *apagaré la llama de la vestal intacta*
> *¡y la faunesca antigua me rugirá de amor!"*

En lo sensual de este soneto de Darío: ("Item Missa Est"), como en otros de Juan Ramón Molina, se aprecia que esta inclinación a lo erótico, que para muchos era privativa de Rubén, más parece ser una atmósfera poética correspondiente a la época y en relación íntima con el medio en que vivieron, tal y como podría señalarse en la prosa sensual de Enrique Gómez Carrillo, nacido también en Centroamérica.

Por el camino de los sentidos se perdieron en la carne irisada de la mujer del mar, en la profundidad presente de la mujer carnal, pero sin el desenfreno, sin la pasión torpe, sin la brama de la bestia enloquecida por urgencias cósmicas, con la gracia sosegada de la línea sin peso, la misma que hace que el paisaje tenga suavidad de cabello.

Y aunque don Juan Varela poco entendió este trasmundo de Darío, en el Prólogo de "Azul", habla de su sensualidad como de un impulso religioso.

Y de esta limpia sensualidad, en que la sacudida del trópico pesa sobre los párpados como el bochorno carnal que se llega al alma, también hay señales en la obra de Juan Ramón Molina.

"Tengo en los labios tímidos -en esos
labios que fueron una rosa pura-
la señal dolorosa de mil besos
dados y recibidos con locura,
en dulces citas, en innoble orgía
cuando, al empuje de ímpetus fatales,
busqué siempre la honrosa compañía
de los siete pecados capitales;
y era mi juventud en su desgaire
como un corcel de planta vencedora,
que se lanzaba a devorar el aire,
relinchando de júbilo a la aurora".

Pero esta mujer de carne, un día viva, se diluye en la naturaleza y Juan Ramón Molina la oye entonces en su "Río Grande":

Lejos de estas montañas en un lugar distante,
soñaba con tu fresca corriente murmurante,
como en la voz armónica de una amada mujer,
con tus ceibas y amates y tus yerbas acuáticas,
con tus morenas garzas, innobles y hieráticas,
que duermen en tus márgenes al tibio atardecer.
¿Qué dicen los polífonos murmullos en tus linfas?
¿Son risas de tus náyades? ¿Son quejas de tus ninfas?
Pan taé en su espesa su flauta de cristal?
Oigo suspiros suaves... gimen ocultas violas...

Y de la mujer-naturaleza pasa Juan Ramón Molina a la mujer-
ensoñación de los festines, aquella que...
"Es la sangre de todas las beldades,
víctimas del acero y su destino
en la guerra sin fin de otras edades.
No extrañéis que, al pensar en sus despojos,
cuando se suba a mi cabeza el vino,
viertan algunas lágrimas mis ojos".

Y de esta beldad de los festines arrancando lo negro de sus ojos para enlutar el cielo, cae Juan Ramón Molina en una luctuosa sensualidad al identificar con la madre a la melancolía, en un soneto imponderable:

"A tus exangües pechos. Madre Melancolía,
he de vivir pegado, con secreta amargura,
porque absorbí los éteres de la filosofía
y todos los venenos de la literatura.
En vano –fatigada de sed el alma mía–
sueña con una Arcadia de sombra y de verdura,
y con el don sencillo de un odre de agua fría
y un racimo de dátiles y un pan sin levadura.
Todo el dolor antiguo y todo el dolor nuevo
mezclado sutilmente en mi espíritu llevo
como el extracto de una falta sabiduría.
Conozco ya las almas, las cosas y los seres,
he recorrido mucho las playas de Citeres..
¡Soy tu hijo predilecto! ¡Madre Melancolía!"

Gemelos de la tierra, de la misma tierra. Nicaragua y Honduras son Centroamérica ambos cantan a los pinos. Darío:

"Oh pinos, oh hermanos en tierra y ambiente
yo os amo. Sois dulces, sois buenos, sois graves.
Diríase un árbol que piensa y que siente,
mimado de auroras, poetas y aves.
Y Juan Ramón Molina en tono menor:
"Oh pino, oh viejo pino de mi tierra,
que, del monte en la cima culminante,
alzas tu copa rumorosa y verde
meciéndote al impulso de los aires".
Y ahora ingenuo y evocador Darío:
"Qué alegre y fresca la mañanita.
Me agarra el aire por la nariz,
los perros ladran, un chico grita
y una muchacha gorda y bonita,
junto a una piedra, muele maíz.
Un mozo trae por un sendero
sus herramientas y su morral,
otro con caites y sin sombrero
busca una vaca con su ternero
para ordeñarla junto al corral".

Y evocador y melancólico, el poeta de Honduras:
"Ya descendió la noche silenciosa
cubriendo con su sombra la sabana
y óyense allá a lo lejos los mugidos
con que llenan los vientos las vacadas.

Del fondo de los negros precipicios
-surgen los viejos pinos cual fantasmas-
y al rumor del galope del caballo
se estremecen las breñas azoradas".

Gemelos de la muerte que en esas latitudes es un visible cambio de forma sin más pausa que la que tiene el horno para alzar la levadura, Juan Ramón Molina viene de abanderado en la guerra contra la muerte con sentido de sombrío final y su bandera son seis versos hendidos para hacer dos tercetos:

"A este ilusorio cielo una implacable guerra
conmigo mueve, hermano. Conmigo ama la tierra,
la carne, el vino, el oro que abominaron los
anacoretas locos. Ama la vida fuerte,
pon en fuga conmigo a la amarilla Muerte
¡Y dos hombres de veras hemos de ser los dos!"

Darío en su lucha contra la muerte no la ve como punto de llegada, sino como camino y entiende un retazo de bandera en aquel terceto:

"En medio del camino de la vida...
dijo al Dante. Su verso se convierte:
en medio de camino de la muerte.

Y no es que Darío varíe la concepción del Dante, al decir: "En medio del camino de la muerte", es que para él la muerte, al ser la continuación cambiante de la vida, tiene también su mitad de camino, y apoyando nuestra interpretación el mismo Darío al hablar de la muerte, la despoja de sus atavíos fúnebres y nos confía:

"¡La Muerte! Yo la he visto. No es nada demacrada y mustia
ni se corva guadaña, ni tiene faz de angustia.
Es semejante a Diana, casta y virgen como ella,
En su rostro hay la gracia de la núbil doncella
Y lleva una guirnalda de rosas siderales".

Pero también fueron gemelos en las formas verbales, al tratar estos temas, por ejemplo.

"Dichoso el árbol que es apenas sensitivo
y más la piedra dura, porque esa ya no siente,
pues no hay mayor dolor que el dolor de ser vivo,
ni mayor pesadumbre que la vida consciente..."

*El mismo acento de Darío sin variante lo encontramos en Juan
Ramón Molina:*

*"Ser del todo insensible como la piedra dura
y no tallado en una doliente carne viva
de nervios y de músculos. O ser como la hiedra
que extiende sus tentáculos de manera instintiva".*

¿Conoció Juan Ramón Molina "lo fatal" de Darío, antes de escribir su poema "Anhelo Nocturno", ¿o se trata de una simple coincidencia? Sería cuestión de establecerlo, aunque bien pudo ocurrir que durante el tiempo que estuvieron juntos en el Brasil, se hubieran comunicado ese tema de inspiración. Y de este viaje a Brasil, surge la mayor hermandad entre ellos.

Y siguiéndole en sus temas, antes que la "Salutación al Águila" de Darío, Juan Ramón Molina compuso "Águilas y Cóndores", poemas que son la alerta de dos grandes visionarios, pero Molina esta vez supera a Rubén.

*"Porta liras ilustres de nuestro Continente,
miremos el futuro con ojos de vidente,
con ojos que irradiasen –de sus cuencas sombrías–
la luz de las más grandes y fuertes profecías,
la luz de Juan –con su águila y su delirio a solas–
frente al eterno diálogo de las convulsas olas,
que oyeron bajo un cielo de horror y cataclismo
las cosas que le dijo la lengua del abismo.
Voces de Dios: Hipérboles, parábolas, elipsis,
que truenan en el antro del negro Apocalipsis!
¿Hermanos no seremos en la América?
Todos
nacimos de los gérmenes vitales de sus lodos:
desde el rubio hiperbóreo que en el norte domina
hasta el centauro indómito de la pampa argentina,
que rige los ijares de su salvaje potro
como las ruedas rítmicas de su máquina al otro,*

cual si quisieran ambos –henchidos de arrogancia-
suprimir el obstáculo del tiempo y la distancia.

¡Razas del Nuevo Mundo! Pueblos americanos:
en este Continente debemos ser hermanos,
bajo el techo de estrellas de nuestro Eterno Padre,
la madre de nosotros es una misma madre,
es una misma Niobe, que nos brindó su seno,
de calor y de leche y de dulzura lleno,
inagotable seno cuyo licor fecundo
dará la vida a todos los huérfanos del mundo.

Que la discordia huya de esta fragante tierra;
cerremos las dos puertas del templo de la guerra,
en el tártaro ruede la caja de Pandora.
¿Acaso no nos alumbra una feliz aurora? "

Ha llegado para estos poetas hermanos en la tierra, el tiempo y el arte, la hora de las anunciaciones. Del norte y del sur avanzan fuerzas contrarias. Ellos, poetas, están al centro, hijos de pueblos ligeros e indefensos; pero en sus puños de proféticos caminos en los dedos, tratan de fundir los dos alientos de América, el del sur y el del norte en uno solo.

Y es esta presentida realidad de la unidad americana en formación, cuyas fuerzas no son contrarias al entendimiento –ya que una cosa es la América del Norte de Lincoln y Walt Whitman y otra la de los imperialistas de Wall Street-, lo que anunciaron en sus cantos estos pararrayos celestes.

En Rio de Janeiro los dos poetas se encuentran en 1906, como delegados al Congreso Panamericano y al separarse ya el destino los ha marcado: A Rubén lo escogen los hados para el gran mundo y a Molina para la intimidad del álbum. Sin embargo, qué universales en sus concepciones, qué completos en sus realizaciones líricas, ¡qué humanos!

Juan Ramón Molina en su "Salutación a los Poetas Brasileros", evidencia lo que habría sido capaz de realizar de haber vivido más allá de los 33 años.

"SALUTACION A LOS POETAS BRASILEROS"

Con una gran fanfarria de roncos olifantes,
con versos que imitasen un trote de elefantes
en una vasta selva de la India Ecuatorial,
quisiera saludaros –hermanos en el duelo-
en las exploraciones por la tierra y el cielo,
en el martirologio de los circos del mal...
Mi Pegaso conoce los azules espacios.

Su cola es un cometa, sus ojos son topacios,
el Rubio Apolo y Marte cabalgaron en él,
relinchará en los céspedes de vuestro bosque umbrío,
se abrevará en las aguas de vuestro sacro río,
y dormirá a la sombra de vuestro gran laurel.

Y luego de explicar los varios elementos en que pudo venir, agrega:

"Más en Pegaso vine desde remotos climas,
-señor, príncipe, rey o emperador de rimas-
sobre el confuso trueno del piélago febril.
¡Salve! ¡Al coro de anfiones de estas tierras fragantes!
¡A todos los Orfeos de un país de diamantes!
¡A todos los que pulsan su lira en el Brasil!
Tal digo, hermanos míos en la prosapia ibérica,
saludamos la gloria de la futura América.

Unamos muestras liras y nuestros corazones,
que ha llegado el crepúsculo de las anunciaciones
para que baje el ángel celeste de la paz!
Augurio de ese día se ve en el horizonte.

Hoy tres aves volaron desde el florido monte,
yo las miré perderse en el naciente albor,
un cóndor –que es el símbolo de su fuerza bravía-
un búho –que es el símbolo de la sabiduría-
y una paloma cándida símbolo del amor.
Dijo el cóndor gritando: La unión de la victoria,
el búho, en un silbido: El saber da la gloria,
la paloma en su arrullo, el amor da la fe.

Yo –que escruto el enigma de nuestro gran destino-
amé la causal augurio del cielo matutino,
siguiendo los tres pájaros en éxtasis quedé.
Pero Pegaso aguarda. Sobre su fuerte lomo
gallardamente salto en un instante, como
el Cid sobre Babieca. Me voy hacia el azur.
¿Acaso os interesa mi suerte misteriosa?
Buscadme en mi magnífico palacio de la Osa,
en mi torre de oro, junto a la Cruz del Sur".

Y hacia allí había volado Juan Ramón Molina, y aquí lo evocamos amparados bajo su signo.

La obra del poeta hondureño fue reunida no sin muchas dificultades, por Froylán Turcios, quien la publicó en 1913 bajo el título de "Tierras, Mares y Cielos". Una nueva edición valiosamente enriquecida se hizo después con la "Colección de Clásicos del Istmo Centroamericano", que realizó el gobierno de Guatemala, por personal empeño del entonces presidente Juan José Arévalo.

Hombre, conoció Juan Ramón Molina los halagos de la vida, viajó a Europa y Norteamérica, cuando volvió del Brasil a Honduras su país donde desempeñó el cargo de Subsecretario de Estado, época en la que fundó su hogar. Pero el poeta sin ser político era consciente de sus deberes ciudadanos y se revela con la violencia de que es capaz el cordero que lleva en el alma un águila, contra uno de los tantos dictadorzuelos indoamericanos, un tal general de cuyo nombre no queda ni memoria.

Juan Ramón Molina no era el poeta blando y acomodaticio que con el pretexto de no entender de política cierra los ojos ante la realidad de su país. El, que tenía en el alma encendido el trino, él, que conocía los caminos que parten de los conos esterales de los pinos, abandona su clámide y viste uniforme de soldado, que, con la pluma y el fusil por la libertad, en una revolución que para él termina en el exilio, antes de su prematura muerte.

El mismo Juan Ramón Molina a quien Darío presentó en Rio de Janeiro, como el mejor poeta de Centroamérica, nos hace su biografía:

"Fue mi niñez como un jardín risueño,
donde –a los goces de mi edad esquivo–
presa ya de la fiebre del ensueño
vagué dolientemente pensativo.

Sentí en el alma un natural deseo
de cantar. A la orilla del camino
hallé una lira –no cual la de Orfeo–
y obedezco el mandato del destino.

Al mirarme al espejo ¡cuán cambiado
estoy! No me conozco ni yo mismo,
tengo en los ojos, de mirar cansado
algo del miedo del que ve un abismo".

Pero el poeta hondureño, centroamericano, americano, universal, dejó dicho que se marchaba hacia la Cruz del Sur y hacia allí había volado, cuando Rubén Darío, gemelo suyo en la fe en América, abría su poema ecuménico con otro nombre símbolo de la nueva humanidad.

"! ¡Argentina, Argentina, Argentina!" ...

Antología de Juan Ramón Molina. Verso prosa. Departamento Editorial. Ministerio de Cultura. San Salvador, El Salvador, 27 de mayo de 1959.

PRESENCIA DE LA MUJER EN LA VIDA DE MOLINA

Por: ELVIA CASTAÑEDA DE MACHADO

Este trabajo fue leído por su autora, la ilustre maestra y escritora, doña Elvia Castañeda de Machado, con motivo del Primer Centenario del Nacimiento del Poeta el 17 de abril de 1975, con motivo de su ingreso a la Academia Hondureña de Geografía e Historia que entonces presidía el abogado y periodista don Rafael Jerez Alvarado.

Presencia de la mujer en la vida de Juan Ramón Molina

"...y allí permanecen, detenidas en un pequeño lapso robado a la vida exterior; prendidas en el tono menor de las formalidades amistosas entre las que disponen de un lugar para los secretos y de un lugar para las trivialidades".

"El álbum de las mujeres en el país de los varones. El testimonio de sus bellezas recias; de su imperio sobre la música, los mobiliarios y la decencia. El homenaje tácito, no contenido en documentos por los servicios prestados a la república, cuya mención resulta impropio referir a viva voz". "Cuando la ocasión lo señala, una solemnidad, algún festejo, para que los varones luzcan sus destrezas de caballería que ellas contemplan comprensivas y benevolentes para que, dueñas en su país, reciban las alabanzas en un tono de lirismo fogoso y agradecido, mañana cuando los varones llaman, entran, saludan y se acomodan dentro del álbum".

EL CENTENARIO DE JUAN RAMÓN MOLINA Y EL AÑO INTERNACIONAL DE LA MUJER

En este jueves 17 de abril de 1975, la magna Academia Hondureña de Geografía e Historia, regida hoy por un entusiasta admirador de la mujer, el Doctor Miguel Antonio Alvarado, traza un paréntesis dentro de la exactitud y disciplina de las ciencias que ordinariamente rigen su trayectoria, honrándome sobremanera al señalarme la delicada tarea de dibujar una ventana de ensueño sobre el mapa espiritual de Honduras, tallando su marco con retazos de historia literaria y colocando en el alféizar la efigie apolínea de un hijo de Honduras emperador del verso, JUAN RAMON MOLINA.

Para cumplir con el propósito, no se me ha ocurrido más que valerme de una situación que en el momento me coloca en lugar de privilegio, porque soy mujer y porque se me ha pedido enfocar la personalidad de un hombre; más aún, la personalidad de un poeta que vivió tal vez la mitad de su vida literaria postrado ante los encantos de las mujeres. Por lo tanto, en esta exposición serán las figuras de las mujeres que prodigaron su amor a Juan Ramón Molina las que rodearán la imagen de aquel mismo hombre-agua, que tuvo por hermano gemelo al Río Grande, y quien tal vez allí, en el mismo lugar donde se encuentra ubicado el local de nuestra Academia, se tendió como vidente o como dios olímpico, a soñar también con un mejor destino para nuestra cara Patria; y a vosotros que sois los literatos de la Historia, os deja escuchar hoy sus ninfas y sus náyades, cantando en los mejores recuerdos y en sus mejores versos, con la misión de repetir desde la poesía que eternamente debemos sembrar en las generaciones que se levantan el conocimiento de los aconteceres del pasado como perennidad de lección para los olvidos del futuro. Gracias, señores, por permitirme hablar a mi manera del poeta.

Comienzo por repetir que como fémina no ha podido resistir a la tentación de buscar a las mujeres que condujeron hacia el Parnaso, la mitad de los versos de Juan Ramón Molina y que plantaron su amor en la mitad de su vida. Y ello tiene relación con tres razones fundamentales: porque las mujeres lo amaron; porque el 21 de marzo, con el reventar de las flores de primavera, el poeta Medardo Mejía inició los actos conmemorativos del Centenario de su nacimiento y porque desde los comienzos de este año de 1975 se iniciaron las celebraciones del Año Internacional de la Mujer en todos los países miembros de la Organización de las Naciones Unidas. Un acontecimiento de relevancia nacional y otro de repercusión mundial se han relacionado en nuestra mente, trayéndonos la idea que todos los hombres, hijos del genio o hermanos de la desdicha, el hombre sereno y el impulsivo, el normal o el neurótico, el bondadoso y el cruel, nacen del dolor de una madre y van por los caminos de la vida prendidos del amor de una mujer.

El hecho de que 1975 sea el Año Internacional de la Mujer y que tengamos que referirnos a un hombre de olímpica presencia, "impecable en el vestir. Blanca flor en el ojal condecorando su pecho varonil. Arrogante la postura y Kaiseriano el mostacho seductor"; este hombre hermoso, pero también atormentado de todos los infiernos, con un "yo compuesto extraño de azúcar, sal y hiel", trae a la luz de las conciencias la siempre controversial dialéctica de los sexos, la eterna discusión del papel que juega el elemento femenino en una sociedad creada y dirigida por los hombres durante muchas centurias, desde el Génesis hasta la era nuclear. La lógica de la evolución social en este siglo que casi se extingue, tiene que hablarnos de conquistas sociales, de conciencias de masas, de la maternidad como función social y natural, de la integración de las mujeres al proceso de desarrollo económico y social de las naciones del mundo... y todos estos anhelos y luchas son como un rayo envolvente que precede a la aparición de las mujeres en todo tipo de faenas: desde el trabajo en la pequeña fábrica de los países subdesarrollados, hasta su contribución en los laboratorios espaciales de alta técnica donde trabaja con el hombre y para el hombre, trazando el rumbo de las naciones hacia el año 2000.

En las actividades mencionadas tiene mucho que ver la historia del feminismo, que dirige la trayectoria de los aspectos político, social, económico, moral y cultural; de esa doctrina político-social que propende tanto a prodigar a la mujer la plenitud de sus derechos ciudadanos, como a procurarle un amplio nivel de superación social, ética y cultural. Coincidiendo con nuestro propósito, recordemos que el feminismo inicia su influencia decisiva en el siglo XIX para comenzar a dar sus frutos a principios del siglo XX. Pocos años antes del nacimiento de Juan Ramón Molina (1875), se realiza la primera petición pública de un grupo de obreros de New York y pocos años después de su muerte (1970) se realiza la gran Conferencia de Mujeres Socialistas que da paso a los cambios que deben operarse en el papel de la mujer a principios de este siglo.

Miles de nombres de mujeres muy valiosas han sido tragados por el olvido, en dos mil años de incomprensión que dan paso al advenimiento del cristianismo. Si revisamos su historia, en América, encontramos que, en la gran civilización de los mayas, ésta estuvo muy lejos de ocupar el mismo nivel social y político de los hombres. Apenas una estela, la H, tiene en toda su grandeza monumental la figura de una mujer, pero la piedra, ha dejado de jaguar, red de cuentas de jade, orla tupida de cuentas minerales, lujoso cinturón, borlas y conchas marinas en el tocado ceremonial de su atuendo. Esta única presencia femenina en Copán nos habla del año 783 D.C. Ciclo Calendario 4 Ahau 18 Muan.

A la llegada de los españoles, en los imperios azteca e incaico, como integrantes de la familia, las mujeres eran tan importantes como lo era su esposo. Las doncellas destinadas a los sacrificios para la divinidad estaban en situación de privilegio y su educación y trato eran especiales. Las tradiciones y textos de los cronistas hablan sobre el papel importante de unas poquísimas mujeres, como mama Oello, Mama Huaco, Marina, La Malinche, La Capillana y Anacaona. Pero generalmente los cronistas sólo mencionan a las mujeres por acontecimientos muy especiales.

Durante la independencia es la educación lo que comienza a abrir la brecha para el mejoramiento de su destino social.

El siglo XIX de Honduras nos habla de algunas mujeres casi escondidas por la tradición e igual indiferencia, tras las celosías de la casona familiar, desconocidas en todo su valor todavía hoy, por nuestras feministas; hablamos de damas como Micaela Quesada de Herrera, esposa de Dionisio de Herrera; Petronila Barrios Espinoza de Cabañas, esposa de José Trinidad Cabañas; Josefa Valero Morales de Valle, consorte de José Cecilio del Valle; María Josefa Lastiri de Morazán, imponderable compañera de nuestro Héroe Máximo; Josefa Pineda Castejón de Lindo, esposa de Juan Lindo; Genoveva Guardiola de Estrada Palma, que lo fue de Tomás Estrada Palma. También las esposas de: Victoriano Castellanos, Mariana Milla Castejón de Castellanos; de Diego Vijil, Petrona Lastiri de Vijil; de Santos Guardiola, Anita Arbizu Flores de Guardiola.

Reconozcamos hoy, en esta oportunidad propicia, que hemos perdido mucho en el pasado a causa del eclipse del sexo femenino y es por ello que le pertenecen el presente y el porvenir. Que su importancia y admiración van aparejadas con la historia de la cultura, pues ésta significa refinamiento del sentimiento y sobre todo del pensamiento. La cultura se ubica cuando la atracción de los sexos no es sólo física sino también mental, esto es, cuando se es capaz de idealizar.

En las sociedades se entroniza la civilización hasta que el hombre coloca a la mujer en un pedestal para dorarla, y es de esta idealización que salen como de una caja de Pandora, el conjunto de sentimientos delicados que constituyen la cultura intelectual. Observemos que la mujer es elemento primordial en la poesía, la música y en toda literatura.

Es columna vertebral del arte mismo, y también es fuente de muchos tipos de placer, los que se vuelven intensos con su sola presencia. Sin la mujer no hay civilización y sin éste volvemos a la barbarie, hecho confirmado por la historia, ya que las creaciones artísticas y literarias, el refinamiento en las costumbres, el florecimiento de las artes corre pareja con la admiración a la mujer. Aún la mujer pública, la "hetaira", está presente en primera línea en los siglos del apogeo de la cultura griega. En la época merovingia y bizantina esta adoración se eclipsa en los momentos en que llegan a la barbarie.

Pero vienen después la caballería, las cortes de amor, Beatriz y Laura; el refinamiento de los sentimientos y el crecimiento caballerescos se manifestaron en una clase elegida y ello trajo consigo un florecimiento poético. Durante los primeros siglos de la hégira se formó en Egipto una sociedad refinada entre los musulmanes, en la que se poetizaba el amor y la mujer, produciendo esta sociedad obras maestras de la poesía y del arte.

Y así reflexionamos: ¿si la mujer hizo tanto bien a la cultura universal siendo una esclava, ¿qué no podrá hacer cuando se emancipe verdaderamente?

Pero volvamos al hombre y a la mujer como las dos mitades que se complementan: Quizá sea interesante narrar para nuestros fines, la leyenda que Platón refiere en el "Simposio", como mito de los sexos, reunidos en el Andrógino, cuya figura estaba integrada por dos mitades: una femenina y la otra masculina, con caras mirando en direcciones opuestas, pero formando un solo ser. Su fortaleza era gigantesca, tanto, que, para poder debilitarla, Júpiter decidió partirla en dos, separando dos medios incompletos condenados a andar buscándose eternamente para lograr su unidad y con ella dejar su inferioridad nativa. Su fusión supone la unidad y su separación la guerra; pero esas dos mitades de la humanidad se han desigualado en el curso de su historia, correspondiendo la peor parte en el proceso a la mujer, dominada a través de las eras por el espíritu agresivo y hostil del varón.

La moderna sicología sostiene que el hombre y la mujer no son iguales ni desiguales, sino que son simplemente "lo otro" en una "alteridad" que va desde lo biológico hasta lo espiritual".

Para estudiar entonces al hombre o a la mujer en los aconteceres de la vida, en el misterio de la fusión comunicativa, debemos colocarlos frente al mundo que es su obra.

"El hombre es él y sus circunstancias" afirma Ortega y Gasset, viendo la existencia humana como producto del medio, el espacio y el tiempo. El hombre en lo biológico es como en los versos de Manrique, el barco que va a dar al mar por medio de todos los ríos, pero dejando una huella de historia, la historia de su vida. Un impulso innato lo lleva a evadirse de esas circunstancias y en ese camino se marca una diferencia radical con la mujer: el macho combate para dominar, para salir de su prisión propia y crearse su propio mundo individual. Llega el dilema: o realizarse o de subtancializarse... Pero de este peligro salva al hombre la presencia de la mujer. "El hombre ejecuta y la mujer cobija", dice un psicólogo, "la mujer se halla más próxima a la fuente misma de la vida que el varón y su atracción lo libra del peligro de la alienación. El mito de Fausto y Margarita es lúcido. Fausto, anhelando descubrir el secreto de la vida, de la eterna juventud, vendiendo s alma al demonio y sellando el pacto entre humos y retortas.

Margarita gravitando sobre él en su halada peregrinación, y, al final, trayéndole a la verdadera realidad de la vida humana y salvándole".

Así, dentro de la evolución de las sociedades, pueden asignársele a las integrantes del sexo femenino todos los tipos de misiones que la civilización pueda imaginar, pero a través de los siglos siempre habrá uno irreversible que su condición humana le obligará a desempeñar: el de lámpara votiva dentro del corto o largo minuto del hogar; ese que no se anuncia en griterías ni proclamas, porque cierra los labios del anonimato con la felicidad de las secretas anunciaciones; nos referimos al papel de la MUJER COMO INSPIRACIÓN DEL HOMBRE a quien sirve de sostén moral; como mediadora entre éste y la vida, con ese bogar sereno y tranquilo como si se apoyara por medio de un pie invisible y madrepórico en el fondo de su mismo mar.

Dicho lo anterior, hagamos, pues, que las delicadas imágenes femeninas de nuestro pequeño álbum sobre JUAN RAMÓN MOLINA, comiencen a desfilar.

JUANA NÚÑEZ DE MOLINA

¿Quién era esta figura de piel trigueña y de pequeña estatura, nerviosa y muy dada a la divagación? Una mujer surgida de la entraña del pueblo, que nació en Aguanqueterique, Depto. de La Paz, dicen unos y en el municipio de Comayagüela dicen otros, una mujer "con el rostro arado por todos los sembradores de la decepción", escribe Rafael Heliodoro Valle. Juana Núñez es la campesina que se casa con Federico Molina, un "gachupín" cuyo oficio es llevar ganado a las fronteras de Guatemala y El Salvador, español buscador de minas, muy hábil con los dados y sin ocupación permanente, apodado "el ñato", y quien tiene que emigrar a los países vecinos.

Esta hondureña mestiza y humilde hasta la sencillez, el 17 de abril de 1875 se convierte en fuente de la que nace un río llamado Juan Ramón. ¿Dónde vivía Juana Núñez de Molina en el momento de convertirse en madre? Todavía no se sabe con seguridad. Se dice que en Comayagüela y que en Aguanqueterique; lo cierto es que en el Archivo Eclesiástico donde estaban asentados los nacimientos de aquel año no existe la Partida de Nacimiento de Juan Ramón, porque fue destruido por un incendio y el Registro Civil no se estableció sino hasta cinco años después. Juan Ramón Molina no figura entre los nacidos en Tegucigalpa y Comayagüela con prueba documental. Tampoco existe su Partida de Nacimiento en el libro de Bautismos del Distrito Central, que comprende del 21 de Julio de 1841 al 22 de diciembre de 1900, ni en el expediente matrimonial de su casamiento, por poder, con Otilia Matamoros.

¿Y qué dice el poeta mismo? Que él nació "en el fondo azul de las montañas hondureñas", agregando: "detesto las ciudades y más me gusta un grupo de cabañas perdido en las remotas soledades" ¿Ve en su recuerdo las pequeñas casas de Aguanqueterique o las de Comayagüela? Es posible que algún día lo sepamos.

Poco tiempo después de nacido su hijo, Doña Juana queda sin la compañía de su marido que ha tenido que emigrar, instala una pequeña pulpería cuyos principales clientes son escolares que compran caramelos elaborados por ella. Con mucha tolerancia recibe las bromas de su cuñado Antonio Molina por su memoria olvidadiza y los chiquillos se aprovechan de su excesiva nerviosidad para robar los dulces. Una neurosis va apoderándose poco a poco de Doña Juana, hasta el grado de llegar a cubrirse el rostro con horror, cuando gritan los chiquillos. La ausencia del padre hunde el hogar en serios problemas económicos y madre e hijo comienzan a sentir en carne viva la soledad. El hijo, Juan Ramón, más de una vez "prueba sus puños de atleta en el rostro del abusivo que trata de faltar al respeto a la abnegada madrecita". En esa época viven en la Calle de los Poetas de Comayagüela, en una casa muy modesta, de esas que en principio fueron de bahareque, que tienen solo una puerta principal y un balcón que da al empedrado de la Calle Real. En su lugar se levanta hoy una residencia de dos pisos, registrada con el número 414, y en cuya parte media se colocó una placa metálica donde dice: "Aquí nació Juan Ramón Molina. Concejo del Distrito Central. Comité de Festejos de 1952".

Antes de instalar la trucha se dice que vivieron algún tiempo en Aguanqueterique, en La Paz, en La Esperanza y en Comayagua, viniendo finalmente a Comayagüela. Molina, quizá por vanidad personal, nunca desdijo a quienes afirmaron que había nacido en Comayagüela y en todo caso, para él significaron muchos los años felices que transcurrieron en esta ciudad, testigo de la niñez amparada por los cuidados maternales.

Doña Juana lo pone de ayudante en la trucha, pero ya comienzan a manifestarse en él una gran rebeldía, inconstancia y extrema inquietud. Es poco apegado al hogar e intenta fugarse, pero siempre regresa pronto. Como él mismo manifiesta posteriormente, cuando tenía 10 años, odia la escuela de Mr. Black que considera inquisitorial. Al respecto apunta Humberto Rivera Morillo: "Mientras el maestro enseña; el alumno sueña despierto, con pájaros y flores. Sentado en tosco banco, con los pies colgando, ve desfilar los anhelos.

Y de cuando en vez también siente en la cabeza el despertar de la realidad, cuando el golpe del mentor le recuerda la obligación olvidada". Cada vez que sale de la escuela, va corriendo como un desesperado a bañarse al río y a contemplar la campiña, sabiendo que, al regresar cansado, le espera aquella única que adora sus travesuras en el hogar, del cual dijera:

Hogar, pequeño hogar de mis abuelos
en donde en modesta y reducida alcoba,
abrí los ojos a la luz del día,
y el pulmón a las auras bienhechoras;
donde me espera con amantes brazos
para estrecharme, delirante y loca,
la noble madre que me dio la suerte
para consuelo de mi vida toda.

¡Quiera Dios que en los brazos de mi madre muera al fin, y me entierren en la fosa que abran bajo los pinos hondureños en las entrañas de una enorme roca!

(NOSTALGIA)

En 1892, en el CANTO A HONDURAS EXPRESA:
Pienso en mi hogar, en el hogar querido
tras las sierras perdido de Honduras;
en mi madre solitaria,
en esa anciana que, con tristes ojos,
tal vez, puesta de hinojos,
por mí murmura su plegaria.

Es indudable que la sensibilidad del poeta es perseguida por la imagen de la ternura maternal, ternura que con el crecimiento de la fuerza expresiva de su psique se convierte en portentosa asociación con todo aquello que es ala protectora natural, y, así, el hombre-águila en cuyo subconsciente lleva tan profunda huella, dice en EL AGUILA.

Mi madre, al despertar, abrió las alas
a una cresta bravía
y allí, posada en ademán soberbio,
contempló con el ojo dilatado
aquel sol que subía
como un globo de púrpura incendiado.
A las grandes alturas
después tendió su vuelo,
cruzando sobre valles y llanuras,
siguiendo la enriscada cordillera
hasta perderse en el confín. Llegaba
el sol a la mitad de su carrera
cuando volvió a su nido de ramajes;
con un níveo cordero hecho pedazos,
dando gritos salvajes sacudiendo aletazos.

Los besos que recibiera en la infancia de parte de la mujer que le dio la vida y la mirada ingenua y agradecida con que él mismo los recibiera en aquella edad de dicha, le hacen cantarles a los ojos de los niños:

Esos ojos azules, o negros, o verdes,
a la luz abiertos,
valen más para todas las madres
que las gemas de extraños reflejos,
y se ven en su diáfano fondo
como en un espejo,
y los cubren, después de sus éxtasis,
con sonoros besos. (LOS OJOS DE LOS NIÑOS)

El seno de Juana Núñez de Molina amamantó a un niño que "desde su infancia fue meditabundo, triste de muerte"; niño que fue él mismo un río, un cielo, un agua que admira el agua por su cualidad de dar vida y porque sabe limpiar el hastío, el pecado, el dolor y el cansancio de la incomprensión, como cuando exclama:

Bajo la piel rugosa
de la hiedra gigante,
de la mar maternal,
cuando hinchada su seno,
cubriéndose de espuma.
....
Sólo la enorme curva
marina se extendía,
como si fuera el vientre
de la tierra en preñez,
y una brisa__ impregnada
de yodos y salitres
como un ala agitándose
refrescaba mi sien. (LEVIATHÁN)

Reconoce tácitamente que la Madre que es su amparo fue capaz de darle "una niñez como un jardín risueño" pero que, a los goces de su edad esquivo, presa ya de la fiebre del ensueño vagó dolientemente pensativo", aunque para la ingenuidad de ella esto se volviera incomprensible.

Es mucho después que llegan "goces mortales y terribles duelos, toda ventura y toda desventura, exploraciones por remotos cielos, enorme hacinamiento de lectura; despilfarros de vida sensitiva, abuso de nepentes; los cilicios mentales; I´alma como carne viva, la posesión de prematuros vicios" ... Y ellos llegan con toda su secuela de abismos y oscuridades conscientes o subconscientes... Y Juana Núñez de Molina sufre, sufre por el hijo y por sus simas... por el Profeta que augura en LA HORA FINAL.

...ESTE MUNDO DE ESCLAVOS Y DE REYES
donde el hermano asesinó al hermano
con el traidor puñal, donde los hijos
mataron a las madres infelices
que les dieron el ser, donde la infamia
fue más fuerte que todas las virtudes,
ha de salir de su órbita...

Por el que en lúgubre fantasía se hace acompañar, como necesidad, por la amargura intensa producto de un medio aniquilante, niño-hombre en orfandad voluntaria y en tan abrumadora soledad como la de un cementerio:

fríos hospitales,
abiertos a todos,
impregnados de olores y pócimas,
que llenan enfermos de lívidos rostros;
féretros que lavan martillos monótonos,
mientras lloran los huérfanos niños
con su madre en el cuarto mortuorio...
(LÚGUBRE FANTASIA)

Por el hijo que ha sufrido aquella transformación dolorosa, al buscar la evasión a las frustraciones por caminos tortuosos; y ha encontrado otra madre que la suplanta", de exangües pechos", que solo comunican sed abrasadora y que le hace confesar más tarde tal transferencia, al decir angustiado: "Soy tu hijo predilecto, ¡Madre Melancolía!"

Este sufrimiento de Juana Núñez de Molina fue comprendido en toda su intensidad por un poeta, pero no por el hijo de su entraña, sino por un vástago de la poesía y la comprensión, por Rafael Heliodoro Valle, quien le escribe esta página magistral:

"LA MADRE DEL POETA MOLINA"

"A doña Juana hay que decirle casa de marfil, casa de oro, como en la letanía. Porque nada hay más digno de lástima que esta Santa María Dolorosa que tiene siete estocadas en el corazón. Porque no hay criatura con más lágrimas en los ojos que esta señora de dulce mirar y entrañas ilustres: viuda, con el esposo vivo; muerto su grande hijo, y sintiéndolo renacer en la memoria, en el amor o en el mármol decoroso; y lo que es más despedazador, muerta ella, pero sintiéndose con vida, como a veces pasa en sueños, cuando nos ponen entre cuatro cirios y quieren correr el ataúd y la culebra del silencio nos estrangula el grito.

"Las madres con muchos hijos se parecen al firmamento de las noches estrelladas; doña Juana ha de sentir el gozo de la puerta del cielo donde tembló la estrella de la mañana. Su alegría es la del nido verde que calentó a la gran golondrina, la de la tierra que dio un enorme jazmín, la de la patena de oro donde resbaló la oblea preferida. Imaginamos una madre que, como la del drama de Rusiñol, se está secando de vejez, porque ya ni lágrimas tiene; con unas espaldas que cincela la Muerte, con unas manos tibias de maternidad, con el rostro arado por todos los sembradores del quebranto, por el desdén filial, por los impíos que le echaron la puerta de la casa cuando se quedó sin la suya, por la huida del que no se acerca a los apestados de la pobreza, por los años que tejen su tela, y, sobre todo, por el amor, que es lo que más pule el cuerpo antes de trocarlo en transparente casa que sólo espera el vago soplo final...

"¡OH señora! Si yo pudiese hacer un poema que fuese un relicario como usted, ahí, como el fondo de un día claro, ¡brillaría el sol de su hijo! Diría el estremecimiento de sus días maternales, cuando fue leche y miel en la boca del vate que bebió en usted la alegría del mundo y se inclinó hacia el seno como al agua para tomar el sorbo del numen. Diría cómo se le hacía el corazón cuando lo mecía en la cuna y lo envolvía en el pañal, como se cubre a una cosa rosada y adorada, y lo envolvía con el cuidado que pone la naturaleza para devanar un capullo. Contaría su temor cuando lo vio de quince años y ya el lápiz de la Poesía le dibujaba la boca y la luz le rodeaba los ojos para que viera la hermosura de todas las cosas; y aquel viaje a Guatemala, cuando usted se quedó vendiendo jarcia en la Calle Real; y cuando volvió el poeta, con los oídos llenos de zumbidos de la abeja del verso; y cuando usted lo vio apuñaleado por todos los demonios azules, el whiskey, los envidiosos, las bilis, la melancolía y la gloria... Pero la parte más dolorosa del poema estaría bordada con puntos suspensivos. Esa sería de la más angustia para usted porque quitaría las vendas a la herida que ya estaba sanando. Yo quiero que el poema tenga una letal cadencia; ¡que sus versos se extiendan como un rosal de frescura a cuya sombra repose la vejez temerosa de usted, que todavía está con la boca llena de miel temible del recuerdo! Yo quiero que el poema tenga la ondulación del mar de un trigal dorado en donde se levante su hijo, pero ya rodeándose en la blancura de una ostia.

"Usted está hecha en una sustancia venerable: en usted halló el Destino un singular tesoro de vida para labrar uno de sus talleres y en su sangre halló generoso hierro para depositar, como en una corriente, su hálito espiritual de POESIA. Viéndola, me acuerdo de la madrecita de San Felipe de Jesús, que asistió a la beatificación de su hijo; y pienso en las madres cantadas por el poeta Carriego, en las madres amadas por el mal techo, por la mucha edad, y que, a medida que se van quedando sin dientes, hallan más negro el mendrugo.

"Bendiciones al Diputado que fue el primero en levantar la mano en el Congreso para que a usted le diera Honduras el puñadito de oro que dio el justo en la Biblia. Ya Juan Ramón va tener su estatua: será la estatua de los dos; porque cuando veamos el semblante del poeta veremos el amado semblante maternal donde pocas veces irradió la mañana de una sonrisa; porque cuando le plieguen la boca__ donde la bendición, como un profeta Daniel, estuvo entre leones__ vamos a ver esa boca__ material que fue sobre aquel bravo niño, como el soplo de un céfiro; porque cuando él, cansado de estar de pie, se eche a andar por el parque donde le pongamos coronas y músicas, le veremos caminar como usted lo hace, en fatiga buscando otro ámbito, suspirando por el silencio, que es la brisa que orea, en medio de los cipreses infinitos.

"Usted ES un vaso de cristal lleno de la gloria, que es el líquido más fuerte y más puro. El laurel le es familiar, las estrellas le ponen filos de luz en las canas; usted dio luz, y hoy está envuelta en su mismo reflejo... ¡Como en el verso de Banville a la madre de Baudelaire, siendo inmortal ha engendrado a la inmortalidad!

"¿A qué compararla por haber dado un jardín, sino a un terrón oloroso que se está desmoronando? Yo me inclino hacia él con la lentitud de los nobles ademanes, y lo palpo, como a la arcilla sagrada el alfarero, temblando de la más caliente devoción".

ALGUNOS RETRATOS DE MOLINA

"Impecable en su vestir, Blanca flor en el ojal condecora su pecho varonil. Arrogante la apostura, y kaiseriano el mostacho seductor".
Eliseo Pérez Cadalso.

"Tiene ojo de enamorado y mano de artista: por eso el dolor a veces se mofa del ensueño. El espíritu fluye del mar del corazón, hasta caer en el paisaje del medio. Carne sin tiempo en el calendario del arte, con lunas llenas y eclipses. Cuando el eterno turista del ideal se rinde recuerda el caso del cóndor de la cumbre que en espantosa rotación desciende, fulminado por el rayo. Molina es el reflejo del dolor de todo un pueblo, sediento de la libertad en medio de metrallas asesinas. Ante el eclipse se detiene el peso libertario. Sueña que al pie maltrecho le salen alas. Y sigue la ruta... para olvidar el dolor".
Humberto Rivera Morillo.

"Vigoroso como un roble, hermoso y bello como un Goethe, ágil como un felino, degenerado con un Verlaine, imponente como un emperador. Bajo otras estrellas, la vida de este hombre –cuya

mentalidad a manera de un girasol, tuvo la virtud de volverse hacia todos los soles del pensamiento habrían tenido entre sus puños la creación de obras de genio".
Alfonso Guillén Zelaya.

"Faz apolínea, frente de poeta,
suave y sedosa cabellera oscura,
ojos vagos, romántica figura,
mezcla de efebo y de viril atleta".
José Mixco.

"Mostacho cola de alacrán, rizado y largo, tipo borgoña o kaiser. Ojos glaucos y fríos".
Adán Coello.

"Sus manos eran pequeñas, sus pies breves, su cuerpo hermoso, y tenía una fuerza extraordinaria y la docta agilidad de un gimnasta. Era su carácter violento, su voz varonil y había en su mirar cierto desdén compasivo, que debe ser el que sienten los dioses por las bajas y oscuras miserias de los hombres. Sus fuertes mostachos altaneros, dábanle aire de gascón, y servíanle, no como para ostentar jactancias, sino para acentuar más su natural altivez y señorío".
Luis Andrés Zúñiga.

"El retrato de su semblante puede servir de definición a la estructura poemática: aspecto delicado, fino y de belleza dominante. Estructura firme, y fuerte, sostenida por dos piernas de atlético porte. Frente semi redonda con apariencia de roca bajo la cual habitan dos sonetos con brillo de resplandeciente jade. Labios de carne florecida, enhiestos de lujuria, más rasgados por un óxido contagioso de tristeza...".
Humberto Rivera Morillo.

"Fue bello como un Apolo deslumbrante y triunfal, exquisito y soberbio, con la cólera olímpica de los dioses".
J.R. Castro.

Tiene Juan Ramón Molina
Una soberbia divina,
Y un acento arrullador,
Tal como un águila andina
Con alma de ruiseñor.
Samuel Ruiz Cabañas.

"...era demasiado naekeliano, demasiado seleccionista, demasiado nietzchista_ si se permite la palabra para dejar de ejercer el derecho divino de ser orgulloso_. Fue orgulloso, y, en estos lamentables medios, serlo *aún cuando para serlo la naturaleza unánime nos haya dado la licencia* equivale a condenarse a sí mismo, a recorrer ad-perpetuam un desangrante vía crucis". J. Cruz Sologaista.

"El amargado hombre posee un rostro altivo, con modales de Príncipe. De color blanco bronceado, con los ojos grandes y verdes, que semejan ser hijos de una dicha eterna. Sus mejillas parecen duraznos esperanzanos y toda su tez posee un ligero resplandor de manantial. Su mentón redondo tiene la solidez de una montaña... El dolor físico de la idea de estar ausente y una calma de lago invade todo su ser, mientras los escollos de sus nervios permanecen ocultos bajo la hondura de su espíritu. Humberto Rivera y Morillo.

LAS MUJERES DE MOLINA

Por ELVIA CASTAÑEDA DE MACHADO

MARÍA DE LEÓN Y LUCRECIA SIERRA

En 1889 va el Poeta a Quetzaltenango por primera vez. Pero es hasta en su viaje de principios de 1893 que ingresa a la escuela complementaria del Instituto de Occidente, donde lo llaman

"Morazán" por sus largas patillas. Rivera Morillo, quizás uno de sus mejores biógrafos afirma que el sobrenombre va con él, pues por el hecho de hacer frente al imperialismo intelectual, bien puede ser el Morazán de las letras centroamericanas. Es por esta época que escribe ADIOS A HONDURAS de inclinación parnasiana. Se dice que es Quetzaltenango su cuna intelectual pues allá comienza a realizarse verdaderamente como poeta.

En las noches frescas y neblinosas que dan a Quetzaltenango cierta similitud con Tegucigalpa, los muchachos colegiales van en busca de amor y entre ellos va "el hondureño", que ya tiene fama de "solícito, pasional e insistente con las muchachas". El soñador dentro de su yo afirma:

En tanto yo, rompiendo las tinieblas, devorando por íntimas nostalgias, dejo tras las llanuras y los bosques, un hogar, una madre y una patria.

Vaga pensativo, y sólo algunos besos en la mano de las jóvenes y bellas colegialas obtiene el bardo, sin conseguir la ansiada cita; él se considera tímido. Es la época de su obra dramática colegial llamada "María" y de los versos fríos para las mujeres que no es sino más tarde que se decide a publicar:

El casto verso de amores
que aquí el trovador te deja,
parecerá rubia abeja
susurrando entre las flores.
Inundará de rumores
este álbum primaveral,
y una aurora virginal
irá, de ansiedades loca,
a refugiarse en tu boca,
como si fuera un panal.
(PAGINA DEL ALBUM)

Y oigámoslo en su PRIMERA CITA:
Esquivando miradas indiscretas,
por oscuros y negros callejones

al fin logré llegar a tus balcones
cargado de odoríferas macetas.
¡Cuántas pláticas dulces y secretas,
llenas de juramentos e ilusiones
tuvimos en aquellas ocasiones
al voluptuoso olor de las violetas ¡

Es la época de su primera novia quezalteca, María de León con quien comienza a conocer la felicidad en el amor de los primeros años, hasta que los padres de ella se interponen. Llega así hasta la ternura de Lucrecia, cuyo apellido sostienen unos es Sierra, y es una hondureña que realiza estudios normalistas en esa época y quien años después habría de innovar la educación en Honduras, fundando, el 8 de mayo de 1900, un centro educativo complementario de los Institutos El Porvenir y el Nacional (Instituto Central). Como dato para la historia de la educación, debemos anotar, que el 16 de mayo, Don Alfredo Quiñones, Director General de Instrucción Pública de Honduras dice: "Dos establecimientos más, de importancia se han fundado en el presente año, el uno es una Escuela Normal de Niñas, que dirige la señorita Manuela Aplícano; y el otro un kindergarten, bajo la dirección de la señorita Lucrecia Sierra para cuya enseñanza tiene muy buenas disposiciones y método". Era en ese año presidente de la República Don Terencio Sierra y Ministro de Instrucción Pública el Dr. Juan Ángel Arias.

RECORDEMOS ALGO ESPECIAL SOBRE EL NOMBRE DE LUCRECIA

Molina, tan apreciado en la comunidad quezalteca, a pesar de ser un estudiante, se hace amigo del Catedrático Dr. José Antonio Aparicio, y alquilan juntos una habitación para vivir.

En Quetzaltenango sólo existen dos periódicos juveniles: "El Estudiante" del Instituto de Varones y "La Escuela de Artes", del de Señoritas, donde Molina busca para su amistad a las muchachas más bonitas. Como es natural, entre los y las dirigentes de los periódicos estudiantiles hay una competencia para sobresalir y llama la atención de todos que en las polémicas siempre salen victoriosas las muchachas, con la consiguiente vergüenza para los jóvenes. Los artículos femeninos más sesudos van firmados con el nombre de "Lucrecia" pero aun así se cree que el pseudónimo es de uno de los maestros...

Con todo, Molina es llamado a cuentas como presunto culpable de ayudar a las muchachas en sus escritos; su defensa no convence. Se averigua que Molina corteja a una señorita Lucrecia, a espaldas de su novia María, pero no se concluye en nada.

En esos días, El Dr. Aparicio y Molina desocupan la pieza donde viven y quedan muchos papeles tirados en el suelo, por lo que el dueño paga a algunos estudiantes para que limpien.

¿Qué encuentran? Borradores literarios firmados con el nombre de Lucrecia prueba de la "traición" de "el hondureño". Se arma la tremolina entre los muchachos, pero todo concluye con una alegre serenata para las damiselas.

Época azul que entremezcla el amor juvenil, el arte y el dulce sabor del triunfo premiando la galantería varonil.

RAFAELA CONTRERAS CAÑAS

En el horizonte estudiantil de Juan Ramón Molina hay una predestinada; una de sus novias de la juventud es la que merece su esmerado cortejo: Es Rafaelita Contreras Cañas, hija del tribuno Álvaro Contreras. Vale la pena mencionar que esta musa inspiró a tres grandes poetas. Su primer novio es Molina; después fue cortejada por José Joaquín Palma quien la describe en su poema "Stella" seudónimo literario de la bella muchacha. Los poemas que Rafaela guardó de los que le escribió Molina, nunca se publicaron desgraciadamente.

El afortunado jardinero que cortó la flor de su vergel no fue ninguno de los mencionados sino un poeta nicaragüense al que conoció en El Salvador. Este poeta fue nada menos que RUBEN DARÍO, con quien contrajo matrimonio en 1890 y cuyo enlace da por resultado un tierno capítulo de la historia literaria centroamericana.

Se dice que una de las partes poemáticas de los versos de INTIMAS, viene de sus amores con Rafaela, pues Molina la titula precisamente a "Stella" y ella intituló sus versos INTIMAS.

Allí él dice:
Tan apasionado y vivo
fue el beso que de repente te di
sobre el labio esquivo,
que con ese beso vivo
besándote eternamente.

Al ser admirador de las mujeres y especialmente de la mujer, sus versos se hacen famosos entre la juventud quezalteca: PLUS ULTRA, (para una admiradora juvenil del poeta), PRIMERA CITA, PARÁFRASIS, LA AUSENCIA; pero no falta quien le tenga aversión al poeta entre algunos de sus amigos menos afortunados.

Obtiene su título de bachiller y se despide por entonces de las musas de aquellas tierras frescas; y antes de emprender su regreso a Honduras en "La Ausencia" dice: "Cuando me despedí de la ventana llevando su Adiós último, embozado en la capa hasta las cejas erré por los suburbios de la ciudad, que se entregaba al sueño".

Juan Ramón Molina deja Quetzaltenango y sobre esto dice su biógrafo Eliseo Pérez Cadalso: "Quetzaltenango es un poema de piedra y cielo suspenso en la eternidad. Es la patria de la rosa; el altar de la esperanza, la sinfonía del amor. Id por sus calles evocadoras y gustaréis de claveles y sonrisas a granel. Desde los balcones, fulgurantes ojos negros iluminan vuestros pasos; y, encaminando más lejos, hallaréis al indio en su digna serenidad de precursor, al indio que acaricia la nerviosa espalda de su marimba... Ese sector es tal vez el único de la tierra donde el indio no se siente inferiorizado. Por el contrario, vive muy apagado de su condición de tal... Otra característica del suelo altense es su inquebrantable devoción centro americanista. Quetzaltenango se hace llamar la ciudad más unionista de la América Central... Después de Dios la figura más venerada es Morazán". Y allí el apolíneo hondureño sustituye al Poeta Juan Francisco Rodríguez Méndez y trabaja como redactor de "El Bien Público".

Cita Pérez Cadalso como personas que rectoraban la inquietud altense, a las hermanas de Jesús La Parra __ más conocida como la Poetisa Mística__ y Vicenta La Parra de la Cerda, precursora del teatro nacional guatemalteco, al Doctor Aparicio, Antonio Grimaldi y otros. Allí dejó Molina la admiración de hombres, mujeres y niños y sus enseñanzas estimularon el fervor por la belleza, dejando huella en el estro de Alberto Rubio, Osmundo Arriola, Enrique de León Rubio, Rodolfo Calderón Pardo, Carlos H. Varela, Emiro Fuensanta, Feliciano Amaya Espada y otros. Y es proyección de sus inquietudes sembradas, la generación a la que pertenece Alberto Velásquez, durante el primer cuarto del presente siglo.

Fue en Quetzaltenango donde Juan Ramón abandonó los senderos del Romanticismo y enfiló sus pasos por el parnasianismo, habiendo influido para su dominio de la expresión cabal el ejercicio periodístico; sus lecturas, relaciones y participación en las tertulias le hacen conocer y caminar por lo ya florecidos senderos del Modernismo. Es aquí donde se remonta a la altura de las Águilas.

DOLORES INESTROZA

Molina estará destinado a ser siempre un rey entre las mujeres por su belleza física y delicadeza espiritual. Aun cuando los padres de muchas de las muchachas de la época las alejan de su atractivo por su fama de perenne inclinado a la vida bohemia. Con todo, es siempre un rendido adorador de la mujer, pero sufriendo por la miseria material en que le toca vivir y que lo imposibilita para ofrecerles los halagos materiales de la galantería. El solamente las obsequia con versos.

Conoció a Dolores Inestroza en la misma casa de ésta, cuando eran niños y el poeta no había sido internado en la escuela feudal de Mr. Black. Durante una ausencia de Don Federico, Doña Juana, la madre de Molina, decide llevarle al hogar de los Inestroza, familia aristocrática que considera tiene más facilidades para enseñarle las buenas costumbres de la época.

Años después, Dolores, desde el balcón de su casa reconoce a Juan Ramón quien conversa en la esquina con un amigo; Dolores es ya una bellísima mujer. Tiene varios hermanos: Josefa, Teresa (a quien también pretendió Molina), Francisca, Julia, Gumercinda, Bernardo, Juan Antonio y Rafael. Dolores es elegante, alta, casi de la misma estatura del poeta, blanca, ojos negros y de bellísimas y delicadas manos; son las suyas manos de artista del piano y el violín que comunican su arte a los asistentes a las fiestas sociales de la capital; la llaman con el sobrenombre de "La perla" refiriéndose a su belleza, la cual inspirara en el poeta los versos de (A UNA VIRGEN Y ANTE EL ESPEJO:

Yo adoro tus dos trenzas magníficas y oscuras, tu frente sin mancilla, donde el pesar se ve; tus grandes ojos tristes, poblados de ternuras, que con mis labios trémulos y ardientes besaré; tus pálidas mejillas de pálidas alburas; tu boca, en cuyo aliento la gloria beberé, tu cuello que envidaran las vírgenes más puras, tus hombros y tu talle, tus manos y tu pié.

(A UNA VIRGEN).

Te acercas al espejo fulgurante
y miras, con orgullo femenino,
tu helénico perfil, de corte fino,
temblar sobre la luna deslumbrante.

Tornas de frente el mágico semblante, contemplando tu cuello alabastrino, tus grandes ojos, de un azul marino, y tu boca, encendida y palpitante.

(ANTE EL ESPEJO).

El 24 de septiembre de 1898, Juan Ramón Molina, quien prestaba servicios en el Gobierno de Don Policarpo Bonilla, renuncia de su cargo. Era su sueño convertirse en el máximo exponente de la literatura nacional, anhelo que se trunca en los remolinos de la política. Libre ya de las ataduras del cargo oficial critica al Gobierno. Doña Enma Gutiérrez, esposa de don Policarpo recomienda a su esposo respetar las opiniones del periodista y poeta y éste lo vuelve a llamar a su Gobierno ofreciéndole un cargo diplomático en Guatemala, el que rechaza Molina diciendo que desea "hacer un poco más de obra en Honduras".

Pero luego, al acercarse la fecha de los comicios electorales, Molina decide apoyar a Terencio Sierra, candidato que sale triunfante. Todo parecía que iba a ser el hombre de confianza en el Gobierno de Sierra que abarca de 1899 a 1903. Pero la oratoria de Molina, siempre candente, en una ocasión trascendental para el Gobierno, ofende al presidente Sierra quien le llama la atención ante una dama a quien el poeta admira y éste, lleno de ira jura no volver más al Palacio Presidencial.

El hecho anterior sirve nada más que de fondo a la época en que Molina era novio de esta bellísima mujer, Dolores Inestroza, que según Pérez Cadalso "era el norte de todo espíritu selecto. Su nombre viene de distinguidas familias con ancestros de ultramar". Dice el mismo autor que los más exquisitos poetas habían escrito en su álbum primorosos madrigales dedicados a su ternura, belleza y virtud. Molina se enamoró de ella perdidamente. Y Dolores tiene que identificarse con los sufrimientos del poeta.

Sus amores no son vistos con buenos ojos por la familia de ésta, por la poca seguridad que podría ofrecerle la vida disoluta y bohemia de Juan Ramón, "incompatible con la cristiana misión de constituir un hogar serio, armonioso y digno". Con todo esto, se casan a espaldas del padre de ella, un 8 de abril de 1899.

Se cuenta que después, al conocer Dolores el desaire del presidente Sierra para Molina, exclama: "Canallas, tan luego se sienten arriba y empiezan a hundir a quienes no les servilizan".

Molina critica a Sierra desde las columnas de "El Cronista" del cual es director, volviendo cada vez más combativos sus artículos, el Diario desaparece antes de los seis meses de haber subido Sierra al poder. Dicen algunos de sus biógrafos que por esta situación de oposición ofensiva el Poeta es enviado a la Penitenciaría y perseguido por los esbirros del Gobierno, y es enviado a picar piedra a la carretera del sur.

Pero debemos consignar aquí, que en el No. 13 de ANALES DEL ARCHIVO NACIONAL DE HONDURAS, el Abogado Manuel Torres Ramos, estudioso del poeta, en su artículo intitulado "La Prisión", asegura que éste no participó en la propaganda política mencionada, y expresa que cierta vez, encontrándose Molina sin trabajo, siendo amigo del Mayor de Plaza de Tegucigalpa y al encontrarlo el Mayor por el Barrio La Hoya, entre "gente pedestre, mal nacida y de ruin clase" lo invitó a echar un vistazo al baile que se realizaba en Casa Presidencial. Molina, pasado de tragos, aceptó, pero al llegar a la Merced se negó rotundamente a continuar.

Pasando por allí 2 caballeros nicaragüenses que no lo saludaron, el poeta profirió palabras groseras contra el Gobierno que cobijaba a estos extranjeros. Alguien salió en defensa del Gobierno de Sierra y allí se armaron los puñetazos y la alteración del orden público. La Policía se llevó a Molina y un grupo de malquerientes poderosos obtuvo su proceso en los Tribunales comunes y lograron que el director de la Penitenciaría lo enviara a picar piedra a La Burrera. Dos días después, el General Sierra que ignoraba tal acontecimiento, inspeccionando los trabajos de la carretera preguntó por un reo que llamó su atención. Al decírsele que era Molina, esa misma tarde fue puesto en libertad después de una detención de 3 días.

En cualquier caso, se sabe que Doña Carmen Sierra, esposa del presidente y poseedora de noble espíritu, mandó llamar a Dolores para disculparse __como esposa de Molina que era__ y se dice que hasta la ayudó con cierta cantidad de dinero. Sólo imaginemos por un instante las penurias que sufriría la sensitiva esposa con los altibajos de la vida del poeta.

Sólo estuvieron juntos durante 39 meses, largos en amor, pero también eternos en dolor. Procrearon 2 hijos, Berta y Marco. (Entre paréntesis anotamos los nombres de 2 hijas más que tuvo el poeta, llamadas Ofelia y Aída. Esta última aún vive y es Doña Aída Molina v. De Grave de Peralta a quien me honro presentándoles esta tarde, desde el lugar de honor que ocupa).

Dolores Inestroza sufrió de repercusión de aquella época de acendrados odios políticos hacia Molina, de las envidias tan arraigadas en el alma de la sociedad nuestra, de las grandes dificultades económicas, enfermedades y problemas de todo tipo, dentro de las penurias de la inseguridad, inyectando su veneno a la neurosis del poeta, ya envuelto en los torbellinos engañosos del alcohol.

Pero su amor acendrado, puesto a prueba ante tantos embates de la vida permanece incólume y solo la muerte será capaz de separarlos. Dolores desde su plano de mujer enamorada y con profunda intuición realista, es posible que descubriera que el príncipe azul con que han soñado tantas mujeres refinadas, el inspirado Apolo por el que suspiraron tantas niñas casaderas, tiene algunos defectos como todo hombre; es factible que comprenda lo difícil que es llegar hasta su yo interior y la casi imposibilidad de comprender aquellas poderosas fuerzas sutiles y a la vez demoníacas que timonean la psique del poeta. O bien puede ser que el poeta ocultara todo aquel vendaval psicológico que le atormenta y se sosiegue en el amor, como dice López Pineda "disimulando sus cuitas, mientras la amada vivía la vida de ensueño, sin sospechar el tenebroso drama que mina sus interioridades anímicas".

Porque él está siempre luchando desde su amargura contra la pequeñez espiritual del medio integrado por "cobardes escondidos, héroes invisibles, traidores sin castigo, apóstoles que nadie quiere2 y por cuantas lacras más.

Es necesario aquí regresar un tanto en el tiempo para intercalar una cita que justifica en cierto aspecto, las especies que circulan sobre la vida de Juan Ramón Molina con Dolores Inestroza. Oigamos a Humberto Rivera Morillo:

"En un paseo la conquista, bajo un doliente sauce. El destino la pone en su camino, y sólo la muerte es capaz de quitársela. Un pretendiente despreciado por Dolores le odia eternamente, y más tarde le hace rudos ataques por la prensa. A todos pasa contando que Molina le da malos tratos y que terminó por matarla. Y el hado acuerpa esos chismes pues Dolores enferma gravemente de tuberculosis... y hasta se dice que él termina de agravarle, y que en estado de ebriedad la insulta despiadadamente... Es una atroz falsedad...".

Lo cierto es que el drama culmina con la muerte de Dolores, y es entonces que el hombre solitario despierta, repentinamente de su sonambulismo reflexivo de poeta, indefenso casi ante la inconmensurable tragedia, sin orientación en su negro mar de desesperaciones. Casi enloquece.

Escribe una reminiscencia amorosa: LA INTRUSA y luego su dolor queda esculpido en una trilogía inmortal de poemas para Dolores: UNA MUERTA, TUS MANOS Y SEGUNDO ANIVERSARIO, en los que la expresión lírica sobrepasa los límites de lo humano tocando los pies de lo divino, en afán de ascensión sobrehumana hacia lo celestial. Sus fuerzas anímicas torturadas sueltan su vuelo tremendo desde los mismos linderos de las regiones de Poe, Manuel Acuña, José Asunción Silva, Amado Nervo y de otros inmensos desesperados del planeta.

Si Shakespeare tiene su Ofelia y Saint Pierre su Virginia, Juan Ramón Molina su Dolores quien le ha dejado solo el 18 de junio de 1902 y él dice:

> No bañaron mis lágrimas
> sus gélidos despojos
> porque cegó la angustia
> los cauces de mis ojos;
> pero como una vena
> por la cuchilla rota
> mi corazón sangraba
> sin tregua gota a gota,
> cual tu divina frente,
> en el pavor del huerto,
> sobre los restos fríos
> de todo un mundo muerto.
>
> Pero ella puso en mi alma
> el candor primitivo
> de las revelaciones
> celestes. Un olvido
> plantó entre las arcillas
> estériles de mi era:
> Una vid y una espiga
> un laurel y una higuera.
> Agua ofreció a mis labios
> marchitos y sedientos;
> vertió sobre mis llagas
> milagrosos ungüentos;
> y ahuyentó de mi paso
> con dulces oraciones,

todos los cancerberos
y todos los dragones...
(UNA MUERTA).

Adorador de los cabellos, los ojos, el seno y sobre todo de las manos de la femenil belleza, dice a la amada muerta en TUS MANOS:

¡OH manos imposibles ¡OH inolvidables manos que calmasteis, tocándome, mis fiebres de dolor! ¡Hoy en la fosa os comen famélicos gusanos sin que bañaros puedan mis lágrimas de amor! ¡OH manos descarnadas y amadas! Que mi suerte a vuestro lado quiera mi sepultura abrir, para que así las manos de la divina muerte os puedan con mis manos eternamente unir.

La imponderable trilogía es completa en el SEGUNDO ANIVERSARIO. Al escribir este poema, en 1904, envía copia y es publicada por la Revista "La Quincena" de San Salvador:

Porque en mis noches tétricas de insomnio, pienso en la dulce amada que se fue a plegar sus dos alas
Arcangélicas en un radioso, ultraterrestre edén.
Pienso en la amada que partió a los astros,
que nunca más mis ojos han de ver
Y que en mi copa emponzoñada puso
una mezcla de lágrimas y miel.

HERMINIA OTILIA MATAMOROS

Cuando se debatía en las tormentas del pesar por la pérdida de Dolores, llega a su vida una joven de escasos veinte años: Otilia Matamoros, quien se convirtiera en su segunda esposa y a quien más tarde dice: "Yo soy aquel que tú esperabas..."

Herminia Otilia Matamoros nació en San Antonio de Oriente el 16 de enero de 1885. Es hija legítima de Justo Matamoros y Encarnación Godoy.

"La Niña de Guatemala" de Martí es hondureñizada por Molina, usando el estilo del Marqués de Santillana, cuando al conocerla la escribe en LETRILLA EGLÓGICA:

Veinte años apenas
tiene la donosa,
la de tez de rosa,
manos de azucenas.
Es toda dulzuras,
tal como la piña
en sazón, la niña
MÁS LINDA DE HONDURAS.
::::::::::::::::::
En mi soledad
pienso siempre en ella,
porque como aquélla,
no habrá otra beldad,
que, en tardes futuras,
allá, en su campiña,
me ame cual la niña
MAS LINDA DE HONDURAS.

Las hermanas Matamoros, de familia pobre y honesta: Natalia, Lastenia y Otilia son muy queridas en Tegucigalpa. Froylán Turcios corteja a Lastenia.

Molina se casa por poder con Otilia el 7 de mayo de 1908, actuando como testigos Paulino Valladares, Vicente Acosta, Juana María Rosales y Pura Alvarado. Se encontraba emigrado en El Salvador y lo representa en la boda Luis Andrés Zúniga. Realiza la ceremonia civil el alcalde de Tegucigalpa, Don Anastasio Valle.

La dulce Otilia expresó más tarde en una confidencia: "Al verle junto a la luz de la luna sentí algo extraño que me atraía, una emanación de su figura gallarda e imponente... Siempre me hablaba de sus progenitores, con cariño y respeto... Cuando la madre de Moncho murió, tuve el placer de despedirle, tal como había hecho años antes con su hijo único, o sea mi esposo".

"Manuel Bonilla le quería muchísimo, al grado que le dio dinero para nuestra boda. Cuando salió emigrado para El Salvador yo me quedé llorando en Honduras..." "Decía que cuando naciera el hijo que esperábamos, también iba a jugar con él y que de ser hombrecito le iba a poner Ramón. Desgraciadamente no nació, pues lo perdí a los cuatro meses. Eso lo entristeció mucho..."

"En El Salvador, al llegar la tarde, salíamos a dar largos paseos. Siempre estaba alegre y se mostraba cariñoso. Cuando se suicidó me causó una terrible sorpresa..."

(La misma Otilia dijo alguna vez en anécdota relacionada con CARLOTA MEMBREÑO, que ésta estuvo muy enamorada de Juan Ramón).

El poeta también corresponde a las bellas y dulces palabras de Otilia. Para ella escribió: LLOVIENDO Y SONATA DE AÑO NUEVO. Pero como no es feliz y pareciera que le está vedado serlo, se va tras el recuerdo del hijo que nunca llegó a nacer y deja sola a Otilia, desamparada, abrumada por las deudas. Las poesías inéditas desaparecen del humilde cuarto que le sirve de morada. Muchos años después, dice el biógrafo, otro enamorado celoso del difundo poeta, quema las cartas de amor que permanecían en poder de su amada, documentos íntimos que hoy serían un tesoro valioso para nuestra literatura.

TERESA MEJIA –CAMILA BUSTAMANTE

Entre sus novias predilectas figuró una rubia del puerto de Amapala: Teresa Mejía. Ella era una muchacha humilde, bella, de cabellos claros, que se pasó amándolo y esperándolo a través de su corta vida; Teresa murió joven de una repentina enfermedad. Alguna vez él le dice:

Una buena hada quiso juntar nuestros destinos, Más lo impidió el influjo de mi maligna estrella, Y enderecé a otros climas mis pasos peregrinos, *nómada taciturno* pensando siempre en ella.

....
....

¿Me olvidó? No lo sé. Tal vez me olvidaría.
Tal vez la rubia virgen me quiso siempre.

Un día una gélida ráfaga llevóla al panteón...
(A LA MEMORIA DE TERESA).

Molina fue novio de Camila Bustamante a quien conoció durante una feria de Comayagüela. Le escribió cartas de amor que por temor a sus padres ella destruyó. Camila sólo le profesa admiración por ser artista pues admira a los privilegiados de la sensibilidad y ella misma lo es, toca el piano. Años después se casó con el Ing. Norberto Guillén.

La mención del nombre de la señorita Camila Bustamante, como pretendida por Juan Ramón Molina, la hemos tomado de la obra: "Juan Ramón Molina", cuyo autor es su magnífico biógrafo, el escritor Humberto Rivera y Morillo, quien así lo dice en el Capítulo denominado "Vida Romántica, Poesía y Amor", página 108 de la obra citada. También nos lo han expresado así personas que conversaron con el Ingeniero Norberto Guillén quien fuera su esposo.

Ya terminado el presente trabajo y en amena conversación con nuestro buen amigo y eminente intelectual, Doctor Miguel Antonio Alvarado O., primo hermano de la señorita Bustamante, nos manifestó que el novio de Camila Bustamante fue el poeta Froylán Turcios y no Juan Ramón Molina. El Doctor Alvarado Ordóñez, vivió en casa de su tía, doña Camila Ordóñez de Bustamante, madre de Camila, a quien quiso como su propia madre. Por esta razón también nos afirma que en dicha casa se iniciaron las relaciones amorosas de Juan Ramón con la bella señorita Lolita Inestroza, con la cual contrajo matrimonio.

Nosotros, respetamos ambas opiniones, que dan mucha más notoriedad a las discutidas andanzas sentimentales del poeta.

PASTORA CASTILLO

Fuera de sus dos esposas y de tantas otras mujeres que merecieron su atención, la otra mujer a quien más estimó el poeta fue Pastora Castillo a quien conociera un Día de Finados en una visita al cementerio. Allí queda arrobado ante la morena de cuerpo de pino, de tez fresca, atrayente, que es costurera. Pastora se enamora de sus ojos verdes, pero la familia lo rechaza por ser "un joven que no promete, sin futuro, cuyo único pasatiempo es hacer versos".

Años después, cuando Juan Ramón marcha al exilio, Pastora se le entrega por amor y cuando él sale rumbo a San Salvador, Pastora queda embarazada. Froylán Turcios es el padrino de su vástago, Aída Molina Castillo, un 2 de junio de 1908 y es ésta la única que no hereda la tragedia del padre.

De los dos hijos de Dolores Inestroza, Marco se convirtió en dipsómano y murió tuberculoso como la madre; Berta Molina, que después fue casada con un señor Cáceres, en 1927, se suicidó cortándose las venas en Puerto Cortés.

Aída se casó con Pedro Grave de Peralta y aún vive en Tegucigalpa. El domingo recién pasado apareció en una entrevista televisada y habló con emoción de su lejano padre a quien casi no conoció, de aquel trovador romántico de tantos reinos femeninos, émulo de aquel Don Diniz Galo, siempre de viaje amoroso hacia cortes lusitanas y más allá...

ROSARIO SANTOS

Molina es ya físicamente solo una sombra de lo que fue. Y mentalmente, un dios olímpico vencido; en tiempos de soltería, en San Salvador, acostumbra enamorar a Rosario Santos en Villa Delgado, quizás la última de sus amadas sobre la tierra.

El dinero que gana en el Diario de Mayorga Rivas no le da ni para pagar el alquiler y termina por suicidarse. Habían fracasado con López Pineda en el Diario que éste último dirigía "a causa de la horrible presión ejercida sobre él por el presidente Figueroa, quien veía en la publicación la única voz de protesta a favor de la dignidad de Honduras, herida de muerte por la invasión nicaragüense de 1907. Y Figueroa, para congraciarse con el elemento oficial, triunfante, extorsionaba o perseguía a todos los hondureños que nos mantuvimos firmes sobre el desastre de nuestra patria". (J. López Pineda).

Y un dos de noviembre de 1908, muere en plena pobreza y en el más cruel de los tormentos psicológicos. A las 3:45 de la tarde intentan despertarlo del sueño aparente.

Cuando son las 5 p.m. se dan cuenta que está muerto. En el acta de defunción se dice:

"...fallecido de congestión cerebral a las cinco de la tarde..." El fallecimiento es asentado en San Salvador, pero ocurrió, según el Acta, en San Sebastián.

Y nosotros cerramos este itinerario del amor, con un fragmento muy bello del poema JUAN RAMON MOLINA, que extraemos del poemario ANAHTE de Medardo Mejía y que dice:

Una mujer del pueblo, conmovida, me dijo: "Venga a ver... esta es la silla... esta la mesa... aquí tengo la copa... fue solo un sorbo y apoyó la frente... Yo lo creí dormido... estaba muerto...

Perdone usted... perdóneme estas lágrimas..."
Pasado un tiempo se limpió el rocío
del alma con el blanco delantal,
y confesó: "Yo soy Rosario Santos,
que en mis abriles fui miel de trapiche
en barro de Ilobasco, enloquecida
_ de amor por quien amaba más la muerte..."
La hija de Eva, la apasionada hermana
de María de Mágdala siguió:

"_Le ofrecí nardos, le ofrecí palomas
de sacrificio, y no miró la ofrenda...
Fue un dios despreciativo arrebatado
por amores de reinos musicales..."

LA MUJER EN OTROS DE SUS POEMAS

Constatamos que la mujer está presente en la mitad de la obra poética de Molina, como presencia modulara que viene a posesionarse de diferentes ángulos de su numen poético. El reflejo femenino presenta diversas formas que van desde la sutileza de una voz imaginada hasta el arranque erótico más intenso que arrebata los ímpetus de la carne. Como cadencia de eco lejano dice de ella en RIO GRANDE:

Lejos de estas montañas, en un lugar distante, Soñaba con tu fresca corriente murmurante, Como en la voz armónica de una amada mujer...

¿Son risas de tus náyades? ¿Son quejas de tus ninfas?
¿Pan tañe en la espesura su flauta de cristal?
Oigo suspiros suaves... gimen ocultas violas...
Alguien dice mi nombre desde las claras olas,
oculto en los repliegues del líquido raudal...

En el mismo poema, un tanto altanero y a la vez compasivo por la debilidad que se atribuye a las féminas, manifiesta:

Porque amo todo aquello que es grande o que es sublime:
El águila tonante, no el pájaro que gime,
El himno victorioso, no el verso femenil...
(RIO GRANDE)

Luego la encontramos como una materialización del arte en la cadencia delicada que escucha EN EL SALON DE RETRATOS.

La música aquella,
La música aquella de besos, suspiros y lágrimas,
Arrulló mis dolientes, secretos y adustas congojas.
Con sus brazos de hada;
Me besó en la frente
Cual las novias castas,
Al dar la postrera despedida al amante,
Desde la ventana...
Y he aquí de nuevo la mención maternal en el vibrante poema

AGUILAS Y CONDORES:

La madre de nosotros es una misma madre,
Es una misma Niobe, que nos brindó su seno,
de calor, y de leche, y de dulzura lleno;
inagotable seno cuyo licor fecundo
dará la vida a todos los huérfanos del mundo...
Veamos luego a la mujer con la forma de una esperanza y también
de una promesa:

Rosa de amor: ¡en mi jardín florido!
Casa de oro: ¡no estarás desierta!
Astro del alba: ¡surge y resplandece!
TURRIS EBÚRNEA: ¡llamaré a tu puerta!
(OBERTURA SENTIMENTAL)

En uno de sus poemas más conocidos, pujante y varonil, la hace
aparecer en el breve lapso de dos versos, con un halo mitológico y
como homenaje de superioridad:
Venir pude en la concha de Venus Citerea, sobre el áspero lomo
del león de Nemea, en el ave de Júpiter o en el fiero dragón; en la
camella blanca de una reina de oriente, en el cuerpo ondulante de una
alada serpiente o a borde de la lírica galera de Jasón. (SALUTACIÓN
A LOS POETAS BRASILEROS)

En su AUTOBIOGRAFÍA la induce a representar dos extremos,
castidad y pecado. Y está presente un dolor velado por el abandono
del placer en DESPUÉS QUE MUERA, cuando dice:

Para mandarte al mundo donde vivas
dichosa un pensamiento:
ni el corazón palpitará como antes
en mi podrido pecho,
para quererte con amor mundano
de la tumba en el seno.

Pero en esa tremenda HORA FINAL que imagina el poeta se siente amedrentado por el placer mismo:

Las injusticias, crímenes, vicios,
la sed del oro, el egoísmo torpe,
los ciegos apetitos de la carne,
han de formar por un fin un alegato,
para que Dios, desde su trono, dicte
una fatal y trágica sentencia...

El MÁRMOL PENTELICO se deja llevar por la geografía del cuerpo femenino, resaltando los rasgos que más admira: el perfil, las mejillas, la boca, el cuello y los hombros, los senos y las manos de la mujer amada. Mientras celoso trovador, Romeo delirante, ante la muerte dice:

Si muero joven, si el dolor me mata
y en la terrible fosa me derrumba,
te ruego que no vayas, dulce ingrata
con otro amante a visitar mi tumba;
(POSTRERA SUPLICA)
Y quizá esa fortuna que siempre se le mostró esquivo para llenar de comodidades materiales a la compañera de hogar, le hace escribir EL AGUILA:

En las febriles épocas del celo
cuando cuida mi dulce compañera
del implume aguilucho, mi polluelo,
devasto el valle que mi vista abarca,
aterro los rebaños y pastores,
y al nido donde tengo mis amores
llevo el botín que cojo en la comarca...

En PLUS ULTRA el poeta está amargado, triste, quizás hasta rencoroso, pero aun así le escribe a ella:

Al ver que nuestras almas todavía
se amaban con pasión,
pudo la envidia colocar entre ambos
un abismo: el rencor.
|Sigue por tu camino. Todavía
que me quieras lo sé;
mi recuerdo será de tu recuerdo
eternamente fiel.
Yo voy por las estepas de la vida
sin ilusión ni fe;
amémonos... más ya no en este mundo
¡eso no puede ser!...

Los niños le atraen. Escribe para ellos versos delicados en LOS OJOS DE LOS NIÑOS, A UNA NIÑA HUÉRFANA, A RUTH MAYORGA RIVAS, (una prosa), LA NIÑA DE LA PATATA. También es para una niña el poema primero de la composición llamada DE EL LIBRO DEL ALMA.

A la manera de Bécquer expresa el arrebato lírico de unos OJOS NEGROS y luego, una forma mitológica de la mujer, le persigue en varios poemas: LA SIRENA. Hay quienes dicen que estas reinas del océano son su confirmación sicológica de que él nunca podrá ser feliz con una mujer; es el insaciable deseo eterno de un amor sobrehumano que existe en las regiones de la fantasía y que induce a las sirenas a llamarlo desde océanos distantes:

Han de venir hasta esta ribera, una tras una, mostrando a flor de agua su seno sin mancilla, y cantarán en coro, no lejos de la duna, su canto que a los pobres marinos maravilla. Penetra al mar entonces y coge la más bella, con tu red envolviéndola. No escuches su querella, que es como el llanto aleve de la mujer...

Una mujer extranjera y extraordinaria llamada Edna Worth Underwood, es quien traduce por primera vez PESCA DE SIRENAS con el nombre de "SIREN FISHING".

(Dato curioso: fue una mujer, Aurelia de Monjil y su esposo el compositor español Enrique Vives Monjil, amigos del poeta, quienes pusieron música, para una celebración, a dos poemas de Molina: (HIMO AL 15 DE SEPTIEMBRE Y AL PADRE REYES).

Por medio de una mujer miserable que regresa del mercado pone una pincelada de queja contra la injusticia social en los CUATRO BUEYES.

En el jardín de Sonetos de TIERRAS, MARES Y CIELOS, está presente la sensualidad de SALOMÉ, una esperanza de trascendencia en SURSUM, los motivos de Shakespeare en HAMLET, OFELIA, DESDEMONA Y OTELO; LA MADRE NATURALEZA, Y LA FLOR DEL CLORI y tantas otras formas femeninas más.

Y como no podemos por razones de tiempo abusar de vuestra atención, finalizamos este aparte diciendo que de los 88 poemas de que consta la edición de TIERRAS, MARES Y CIELOS que realizó por primera vez Froylán Turcios, exactamente en 44 se hace mención a la mujer con gama de sentimientos y armonías. Los mensajes del poeta para ella, tratan de traspasar la barrera de la tumba, porque en DESPUÉS QUE MUERA exclama:

Y si vaga tu espíritu en los limbos
del éxtasis supremo,
oirás entre las sombras de tu estancia
armonioso aleteo,
seráfico rumor... Será mi alma
que, desde el alto cielo,
llega al triste planeta de los hombres
para velar tu sueño...

Una mujer a su lado y la urgente necesidad de amar, son la espina dorsal que sostiene la armazón de su realidad y de su ficción.

LA NEUROSIS: DIOSA TUTELAR DEL ARTE

Las ciencias sicológicas o del "alma" comenzaron a hacerse sentir su influencia en la sociedad de principios de este siglo, en calidad de auxiliares para la interpretación de hechos individuales y sociales.

Surge el término NEUROSIS indicando los "trastornos de la personalidad en que los problemas del individuo se convierten en formas anómalas de vida y en incapacidad para adaptarse a las complejidades del mundo físico o emocional en que se mueve".

Nunca hemos leído un tratado específico sobre la aplicación de los cánones de la moderna Psiquiatría al campo exclusivo del arte y de los artistas. Este tipo de escritos debe ser apasionante, pues la Historia y la Literatura están llenas de infinidad de personalidades que se consideran como "desajustadas" por ser geniales, y cuyas características anímicas, en cierto momento, han hecho que cambie el rumbo o el destino de la humanidad.

Todos los grandes poetas han sido grandes atormentados por su propia psique. Y todos los grandes tormentos son representativos de la personalidad neurótica, porque son producidos por los mecanismos de sus síntomas propios: ansiedad profunda, desajustes de situación, tendencia a la simulación, tendencia a producirse el dolor por todos los medios psicológicos imaginables, fatiga y neurastenia, melancolía, tedio y aburrimiento por la vida, temperamento manifiesto de hostilidad y deseo de agresión, adicción al alcohol o habituación a las drogas, pensamiento eminentemente "autístico", situaciones de ambivalencia, urgente necesidad de sublimación.

Y el avance de las ciencias sicológicas y de las ciencias naturales en el siglo XX han hecho posible, además, una portentosa liberación no experimentada anteriormente en la historia del arte.

El día que se estudie el caso de Juan Ramón Molina, su vida y su obra, bajo los cánones de esta ciencia, tal vez se llegue a separar los mundos distintos de su genio y el de su neurosis traumática, aquella que le hizo un hombre que sucumbió ante la carga extraordinaria del medio ambiente y ante la búsqueda ciega de un alivio para el peso de su propia grandeza.

Creemos que a los cien años ya es tiempo que se deje de medir su obra con reglas éticas y de convivencia que prohíben el uso del alcohol. Este fementido estimulante fue usado por Molina como anestésico para amortiguar el choque inmediato de sus facultades anímicas con los hechos crueles y dolorosos de su vida en una sociedad malvadamente estrecha.

Justo es que se reconozca que aquel "yo" contradictorio, inaceptable para muchos, caracterizado por ser: apasionado, polémico, angustiado, soberbio y humilde, confuso a veces, "constructor de innovaciones y destructor de dogmas", bendito y maldito, demasiado revolucionario para su época, original, extremadamente sensitivo, filosófico, ávido de ascensión, etc., dio por resultado una verdad radiante en el arte hondureño que tiene en Molina a un verdadero Mesías intelectual.

LA VERDAD EN EL ARTE DE MOLINA

El verdadero misterio del arte ocurre en el interior del artista como esa fuerza reveladora o iluminadora que se refieren al temple de ánimo que manifiesta el verdadero poeta desde lo más profundo de su ser.

En sus versos, Molina, tiene a la divinidad del alma asomada a una ventana, hablándole de excelencias, susurrando, soplando el aire de su esencia.

Existen criterios todavía encontrados entre los filósofos y críticos de arte en cuanto a la apreciación del fenómeno sicológico del placer estético, por su complejidad resultante de la armonización de fuerzas síquicas, percepción, ideación, emoción, sentimiento, deseo: en síntesis "la mente y el corazón del artista"; unido a que la obra de arte ostenta valor especial que no es material gnoseológico, religioso, ni ético. Es implemente artístico.

En Juan Ramón Molina se dan casi todas las categorías estéticas que fijan los tratadistas como indispensables en todo lo bello: perfección, armonía, grandeza, semejanza, ritmo, mesura, simetría, estilo, carácter, agradabilidad, unidad, expresividad, adecuación, coherencia, pateticidad. Su obra literaria, es pues, consciente o inconscientemente bella.

Agreguemos a esto la luz de una "interpretación", es decir, ayudándola con datos y noticias que se saben acerca de sus hábitos, creencias, inconfesados sentimientos, ideas, propósitos, ambiente y nos encontramos entonces con que son sus "confesiones", un documento sicológico donde es "leal" a su propia dignidad artística, ideas, principios y sentimientos; su "potencia expresiva" nos lleva a realizar el aserto de que el arte es "comunicación de emoción".

Aún la irrealidad de que se vale es una relativa realidad, su fantasía es un fenómeno positivo que da a su intimidad carácter de existencial, de concretización de "sueños" por medio de la imaginación, creando tipos posibles de humanidad, obedeciendo a un secreto deseo del alma de dominar las circunstancias y de realizar por medio de la ficción sus escondidos y ancestrales sueños de grandeza.

En él funciona una verdadera conciencia artística con carácter universal, la sugerencia socrática de que la ignorancia humana es la causa de la angustia del "ser y no saber", hace que lo veamos debatirse entre esperanzas y goces efímeros e inciertos y la preocupación por la muerte: contrapuesto el destino de la carne en busca de los placeres sensuales a la reflexión de su propia aniquilación.

Molina combina maravillosamente el universo visible con el invisible (sospechado, pero no desconocido), la naturaleza carnal y la espiritual, la historia del destino humano, le angustia de su yo en el mundo, con los instintos y el pensamiento, el dolor y la muerte, el sentimiento trágico de la vida y los paréntesis del goce.

Concluyamos diciendo que su arte no se capta solamente con miradas o palabras, estudiando la imagen o la escuela, "analizando con un canon riguroso en una mano y un puñado de flores y de piedras en la otra", sino botando los prejuicios para captar la voz del artista que nos proclama de pie sobre un siglo, "una verdad interna", invitándonos a callar el estrépito de pasiones y comentarios estrechos, posando también nosotros, nuestra propia alma, en el reino de la inmortal belleza...

Señoras y Señores:

En Honduras y fuera de ella, plumas excelsas y portentosas han estudiado a Juan Ramón Molina: Rómulo E. Durón, Froylán Turcios, Augusto C. Coello, Salatiel Rosales, Paulino Valladares, Rafael Heliodoro Valle, Luis Andrés Zúñiga, Alfonso Guillén Zelaya, Rubén Darío, José Santos Chocano, Enrique Gómez Carrillo, Enrique González Martínez, Porfirio Barba Jacob, Julián López Pineda, Miguel Ángel Asturias, Medardo Mejía, Humberto Rivera Morillo,

Eliseo Pérez Cadalso, Víctor Cáceres Lara, Jorge Fidel Durón, Argentina Díaz Lozano, David Vela, Jesús Castro, Arturo Oquelí, Manuel Torres Ramos... Y unos 40 hombres más. Mal podemos nosotras, noveles aficionadas a las letras decir algo novedoso, asaltadas por el temor de que hablaba recientemente un amigo: "presentar mal lo que otros han dicho bien".

Por ello, como féminas, nos limitamos a escribir con letras mayúsculas y subrayadas, el nombre de aquellas mujeres que como dice con simplicidad Simone de Beauvoir" eligen una determinada forma de existir y dentro de la elección asumen su femineidad en todas sus características" al par del bardo atormentado que se llamó Juan Ramón Molina.

Gracias, a ustedes, por la paciencia de escuchar mis simplísimas concepciones que espero algún día poder llegar a ampliar, y gracias, mil gracias a las mujeres que figuran en estas notas, que, al hacerlas ingresar el poeta en la mayoría de sus versos, sabía cómo vate que mora al par de todas las videncias, que representaban un bellísimo hemisferio en el universo de su inmortalidad.

ÓRACIÓN FÚNEBRE

(CON MOTIVO DE LA REPATRIACIÓN DE SUS RESTOS DE SAN SALVADOR A TEGUCIGALPA EN 1918 - DR. VICENTE MEJÍA COLÍNDRES).

El día señalado para la procesión fúnebre, se dio cita en el Teatro Nacional, recinto donde tuvieron lugar las veladas, todo el pueblo de Comayagüela y Tegucigalpa, sin distinciones de categorías sociales; era un mar de gente, amigos y admiradores del compatriota, que supo salvar con su nombre el prestigio intelectual del país.

A la hora del sepelio varios profesionales y hombres de letras hicieron uso de la palabra; entre ellos, el ex presidente de Honduras, Dr. V. Mejía Colindres, le despidió en nombre suyo, del pariente político y también del Ateneo:

"Vengo en representación del Ateneo de Honduras, a rendir tributo de admiración y simpatía a la memoria del poeta.

Y el que duerme en esta tumba fue, en verdad, poeta excelso.

"En la región serena del arte, nuestro corazón ha escuchado los acentos de trovadores nacionales con la misma fruición con que nuestros oídos escuchan desgranarse, en la floresta callada, los trinos melodiosos del zorzal.

"Sobre ese lírico nidal, muy de tarde en tarde, ha levantado el vuelo alguna águila del pensamiento, cerniéndose sobre las cumbres de nuestras montañas enhiestas, tramontando el horizonte de la patria y perdiéndose en la vaga lejanía de solares extranjeros.

"Nuestro ambiente espiritual no es propicio al arte.

"Nuestros hombres ilustres se alejan del terruño y mueren, con la frente inclinada por el peso de los laureles, y el alma poseída de insondable angustia; besados por un sol que no es sol de oro que los besó en la cuna; comprendiendo en su nostalgia, que los rumores del nativo río no cantarán un himno perpetuo a su memoria, ni la errante golondrina que fabricó su nido en el alero de la casa en que nacieron, visitará el ciprés solitario de su tumba.

"Y esto, que parecerá lirismo quejumbroso a más de alguno, es, por desgracia, verdad que llora lágrimas y, en ocasiones, verdad que vierte sangre.

"No podía ser de otra suerte: en lo que va del siglo hemos vivido matándonos sin piedad; más aún; hemos glorificado nuestras contiendas criminales, llamándolas epopeyas; hemos entonado ditirambos a los capitanes victoriosos en nuestras jornadas de exterminio, pretendiendo levantarlos a la cima gloriosa de los héroes.

"Sobre los huesos de los hondureños caídos a centenares en la abrupta serranía, a manos de hondureños, pueden vagar fuegos fatuos; puede acaso, surgir de su tumba, la sombra de Abel; pero solamente, por excepción, puede florecer el arte.

"Juan Ramón Molina nació en este medio; en este medio de zarzas ardientes se incubó aquella águila.

"No haré un juicio analítico de su obra, compendiada en un volumen por el afecto fraternal de Froylán Turcios, porque no soy crítico, ni ésta es la ocasión para juzgarle en tal sentido.

"¿Cumplió su misión? Ésta es, en síntesis, la cuestión fundamental.

"¿Cuál es la misión del verdadero poeta?

"Un libro generado en el alma de un artista, como un ruiseñor en el seno perfumado de un vergel, algo que seduce siempre, como seduce el nevado trozo de mármol de Carrara en que el cincel encarna la inmortal belleza; como seduce el lienzo en que el pintor condensa el sueño más hermoso de su vida; como seduce e l canto que emerge, temblando, de los labrios en flor de la mujer que ama; pero el poeta tiene una misión más alta que cumplir; su labor no es la del orfebre que borda filigranas, es la del héroe que redime multitudes.

"El Derecho, el Trabajo y la Ciencia, son sibilas que soplan inspiración en el alma del poeta.

"El amor, la gloria y la fe, lo que vibra, como una cuerda siempre sonora, en los espíritus delicados, cuando la humanidad indiferente calla en torno del ideal, constituyen fuente de inspiración para las más nobles liras.

"El dolor es fuente sagrada; en ella se abrevan las almas excelsas; al pasar por este crisol las ondas amargas de la vida se convierten en bandadas de alondras, cuyo canto hace florecer las rosas del ensueño de los espíritus dolientes, cuyo canto infunde nuevos bríos al ánimo desfallecido de los grandes luchadores; cuyo canto deposita la víbora del remordimiento en el corazón de todos los déspotas del mundo. Y sobre todo esto, sobre la inmensidad del cielo, sobre el fuego de los astros, sobe todo cuanto existe y llevamos en el fondo de nuestra conciencia, está Dios, a quien sentimos hondamente, acaso sin poderle comprender; el ave de la selva dice en su lenguaje dulce; las olas del océano como cuerdas que rasguean vientos que llegan del infinito, le entonan un himno gigante; las florestas sonoras de las montañas le glorifican en sus músicas perpetuas.

También el poeta debe decirle sus dolores infinitos, debe hablarle de sus santos anhelos, debe enviarle sus dolientes plegarias que llegarán hasta Él, como palomas mensajeras llevando las alas húmedas por el llanto de los hombres, llevando en el pico ramas de laurel glorioso, salpicadas con sangre del espíritu, es decir, regadas con gotas de luz.

"Cruzado de la libertad; profeta que anuncia bellos días en horas de borrasca; apóstol de una religión sin mancha; juez que condena el crimen que se realiza en las alturas; he ahí el poeta.

"¿Por qué no ha de cumplir su misión sobre la tierra quien lleva en el alma un soplo de infinito? ¿Por qué, si hay sombras que descorrer, lágrimas que enjugar e injusticias que herir; si la humanidad, en fin, existe y se vierte su sangre como las ondas de un río, ¿no ha de cumplir su misión de iluminado?

"El placer de hacer el bien; de guardar la propia sangre para darla convertida en luz; de derramar la verdad a torrentes, es placer que no se compra con oro, placer inmenso que sólo comprenden las almas superiores.

"La del poeta es una de ellas.

"Vivimos en épocas de lucha; contemplamos contiendas más feroces todavía que las realizadas por los bárbaros; escuchamos cómo, desde la Guerra Mundial, cruje y se queja y se derrumba la obra de los siglos. Frente a ese cataclismo social, asolador como el diluvio, la lira no debe enmudecer, porque la lira es arma que, como el puñal, oculta entre las rosas, de Aristogitón y Harmodio, sabe herir en el corazón; trompa en los labios de Homero: guzla en los de Zorrilla; flauta en los de Rubén; es látigo de fuego en las manos de Dante, hacha que destroza en las de José Mármol y rayo que fulmina en las de Díaz Mirón. Solamente será inmortal quien sienta los mismos dolores infinitos, las mismas justas aspiraciones, los mismos santos odios que muerden el alma de las multitudes oprimidas.

"Ya han corrido muchos siglos ¡tantos que no es posible contarlos! Durante los cuales los desheredados de la vida han caído, como doradas espigas bajo el filo de la hoz, sufriendo hambre de pan, de luz y de justicia.

"Víctor Hugo, cuando en páginas que exhalan el perfume de rosas húmedas y frescas nos cuenta con quiénes hablan los niños cuando sonríen en sueños nos traduce lo que dicen las aves en el rítmico vibrar de un canto; cuando nos refiere lo que conversan las ondas en el rumor musical de los ríos, es dulce, delicado y tierno; cuando defiende los derechos de la humanidad contra la injusticia de sus opresores, es sublime. Convertir el barro miserable de que está fabricado el hombre en algo puro y espléndido como el diamante; he ahí el sueño glorioso del poeta.

Por eso marcha, en un bosque sagrado de laureles, cantando el himno soberbio de la vida, mientras su corazón se lista de sangre.

"Ser poeta; llevar, como creían los griegos, una alondra en la garganta, es don del cielo que cuesta muy caro; que, como la deuda con el judío de Shakespeare, se paga con carne viva de la noble entraña.

"La humanidad contempla deslumbrada la corona de luz que orla la frente de los grandes hombres, pero ignora que bajo ella se oculta una corona de espinas que se clavan en el alma.

"¿Habéis escuchado, en la Leyenda Olímpica, ¿cómo se queja, con voces de huracán, un ser divino y desgraciado al mismo tiempo?

"La tierra y el Mar lo escuchaban temblando.

"Es un hermano del poeta; es Prometeo.

"Este y aquél viven encadenados a su destino. En vano intentarán romper sus crueles ataduras.

"La Lira y el Buitre son símbolos siniestros; uno y otro desgarran entrañas inmortales.

"Cuando el poeta siembra consuelo en los surcos que al pasar dejó en las almas; cuando hace florecer la risa sana, armoniosa y consoladora, en labios petrificados, durante años, por el dolor, cuando el regocijo general estalla al mágico conjuro de la lira, alguien, uno solo, llora en silencio… es el corazón del poeta; sobre, una a una, lágrimas candentes, mientras canta, canta y canta la inmensa alegría de vivir.

"Allí sangra una tragedia…

-¿Fue Juan Ramón Molina un poeta de verdad?

Indiscutiblemente, fue un gran poeta; a la edad en que murió y en medio de nuestras densas nieblas, realizó labor trascendental.

"No dudamos en vaciar sobre su tumba todo el caudal de admiración que llevamos en el alma.

"En su lira vibran todas las cuerdas; la de plata que dice dulces églogas y exhala dulces gemidos de madrigal; las de oro, que canta la belleza inmortal y fecunda, como el seno de Hécuba: que canta el amor, con sus besos cálidos y sus miradas de fuego que se elevan como saetas, en el alma; la de bronce, cuyas notas épicas levantan de su tumba a los héroes dormidos.

"Ahora, cuando los años han pasado sobre la memoria del poeta; cuando la envidia no encuentra sino un fantasma que roer; cuando los odios se han extinguido al contacto frío de la tumba, la figura egregia de Juan Ramón se condensa en algo firme que deslumbra con esplendores de astro.

"Porqué el alma de los inmortales surge, a través de grietas del sepulcro, irradiando sobre la conciencia de los vivos.

"El Ateneo de Honduras tiene honra altísima en llegar aquí y rendir tributo de profunda admiración al más grande, al más glorioso, al príncipe de nuestros poetas, en todos los tiempos de nuestra historia, bajo el espléndido cielo de la Patria".

Los segundos funerales de Molina fueron motivo de peregrinación, no sólo por los intelectuales hondureños, también por los extranjeros, quienes demostraban predilección por visitar la tumba del poeta.

Se organizaron sociedades y bibliotecas con su nombre.

Por ese tiempo vino a Tegucigalpa un brillante poeta dominicano Primitivo Herrera, quien cantó las glorias de Molina en su conocido tríptico lírico.

MOLINA EN QUETZALTENANGO
(16 JULIO, 2007).

Me siento sumamente orgulloso de la gran labor que ha venido haciendo el Comité Pro-Monumentos a Juan Ramón Molina, cuyo secretario y coordinador general es mi gran amigo, Marcial Cerrato Sandoval.

Es justo reconocerle los méritos a Marcial, a Mario Hernán Ramírez, a Marco Rolando San Martín y, en las gestiones y labores de San Salvador, el compatriota José Ramos Méndez.

Ellos forman parte del grupo de ciudadanos que aman y enaltecen a Honduras y llevan años trabajando denodadamente buscando honrar la memoria de quien fue uno de los más grandes poetas que América le ha dado al mundo. En años anteriores, el comité en mención fue el responsable de que se erigiera un monumento a Juan Ramón en el Parque La Libertad, en Comayagüela, y otro monumento que fue colocado en Quetzaltenango, Guatemala.

Ahora, dentro de ocho días, el 25 de julio, se procederá a develar un tercer monumento, precisamente en la capital de la hermana república de El Salvador, país donde trabajó por varios años Juan Ramón Molina y donde falleció, un 2 de noviembre de 1908.

Estos eventos de la próxima semana encajan con el hecho de que estamos en vísperas del 2008, año en que se cumplirá el primer centenario de la muerte de esa gran figura literaria, nacida en Honduras, pero gloria del hemisferio americano.

Tengo entendido que otra gran figura de las letras hondureñas, Froylan Turcios, fue el motor principal para que los restos de Molina fueran repatriados a Honduras, en el año de 1918. Allí yace nuestro gran poeta, en el Cementerio General de Tegucigalpa. Recuerdo como si fuera ayer, que cuando grabamos para el Banco Atlántida la vida de Juan Ramón Molina, basada en el libreto que preparó el profesor Víctor Cáceres Lara, fui a visitar la tumba de Molina y la encontré totalmente descuidada.

Entonces, a nombre del Banco Atlántida, comisioné a alguien para que la mantuviese en buen estado. Cuando yo dejé el Banco Atlántida para asumir la titularidad del Instituto Hondureño de Turismo, Marcial Cerrato fue contratado para ser mi sucesor en el banco y él también se encargó de asegurarse que la tumba de Molina fuese mantenida con el decoro que él se merecía.

Dentro de ocho días, en San Salvador y sitios adyacentes, se llevarán a cabo toda una serie de ceremonias especiales, incluyendo ponerle a una calle el nombre de Molina. Habrá foros sobre su vida y obra además de simposios en los que participarán intelectuales salvadoreños y hondureños. Mientras tanto, Marcial y este servidor, en conjunción con funcionarios del Banco Atlántida, estamos buscando la forma de poner en tecnología moderna la obra de Víctor Cáceres Lara, que grabamos en 1968 con grandes figuras de la radio hondureña, para que sea transmitida en El Salvador y en Honduras.

Ya era hora de que se reconociera la grandeza de Juan Ramón Molina, pues ha sido la meta del comité que reciba todo el crédito al cual se ha hecho merecedor nuestro eximio poeta.

Me place honrar a quienes honor merecen. El patriotismo nunca le hizo daño a nadie, más bien enaltece a quienes lo practican. ¡Felicitaciones al Comité Pro- Monumentos a Juan Ramón Molina y mil gracias por la digna tarea que están llevando a cabo! Jacobo Golstein.

MOLINA EN QUEZALTENANGO

Por: Profesor Rafael Bardales B.

El poeta Juan Ramón Molina y Antonio Cerrato Andino eran entrañables amigos y hermanos en la inquietud literaria. Un día los dos soñadores resolvieron levantar el vuelo en la búsqueda de mejores horizontes. Con este anhelo llenaron sus bártulos para trasladarse a la ciudad intelectual de Quezaltenango, en el occidente montañoso de Guatemala, donde Morazán era un Ídolo.

Llegaron a la ciudad de los Altos en 1893, sede del Instituto de Occidente. La situación era apremiante, pero gracias a Dios reina en la ciudad un clima de hospitalidad y un espíritu de confraternidad centroamericana. El director del Instituto era el filántropo pedagogo don Tránsito Dávila, quien los acogió bondadoso como un padre magnífico. Ofreció a los jóvenes colocación para que pudieran estudiar. Juan Ramón fue nombrado Inspector 3 del Instituto para que costeara los estudios secundarios.

HONDUREÑOS EN EL SALVADOR RINDEN HOMENAJE AL POETA JUAN RAMÓN MOLINA

Tegucigalpa - Para conmemorar el centenario de la muerte del ilustre poeta hondureño Juan Ramón Molina, autoridades de la Embajada de Honduras en El Salvador develaron una placa de mármol en la Alcaldía de la Ciudad de Delgado.

Al evento asistieron funcionarios de la embajada hondureña y personalidades destacadas del municipio de la Ciudad Delgado.

En el acto, el embajador hondureño José Salomón Fajardo Bueso pronunció un discurso de agradecimiento a los funcionarios de la Alcaldía de la ciudad.

Por su parte, el impulsor de la obra "molinense" en El Salvador, José Santiago Ramos Méndez, brindó palabras alusivas a la conmemoración del centenario del fallecimiento del lírico y presentó una reseña de las obras del trovador catracho y del Comité Pro-monumentos al poeta Juan Ramón Molina.

Juan Ramón Molina murió a la edad de 33 años, el primero de noviembre de 1907, en el Barrio Aculhuaca de San Salvador, El Salvador.

IMPULSARÁN EN LATINOAMÉRICA Y EL CARIBE, LA FIGURA DE JUAN RAMÓN MOLINA

- Erigirán estatuas en los países integrados al SICA. Crearán cátedra moliniana en escuelas de CA

20 de octubre de 2007. TEGUCIGALPA.- La vida y obra del "Príncipe" de la poesía hondureña Juan Ramón Molina, será promovida en los países centroamericanos y República Dominicana a partir del 2008 en el marco de la conmemoración del primer centenario de la muerte del prolífico poeta modernista, confirmó el coordinador del Comité pro Monumentos a Juan Ramón Molina, Marcial Cerrato Sandoval.

Mediante un proyecto de co-patrocinio aprobado por el Parlamento Centroamericano (Parlacen) en mayo pasado, se pretende erigir una estatua en cada uno de los países que integran el Sistema de Integración Centroamericana (Sica), implementarán la cátedra "Moliniana" en las escuelas para que los niños conozcan la vida y obra de Molina.

Asimismo, se instalará una biblioteca físico-virtual y la edición de dos libros sobre prosa, verso y la polifacética vida del autor de "Pesca de Sirenas".

El Comité pretende resaltar la magnífica y corta trayectoria por los caminos de la literatura modernista y profundamente filosófica de Juan Ramón Molina, insigne pilar de la identidad intelectual hondureña, centroamericana y continental aseguran sus estudiosos.

"El Parlamento resuelve gestionar el apoyo y contribución de países y/o entidades intra y extra regionales tendientes a lograr la debida exaltación y promoción de Juan Ramón Molina" se lee en el decreto emitido a inicios de junio de este año por el Parlacen con sede en Guatemala.

El proyecto surgió a raíz de la necesidad de ubicar en la dimensión que merece la obra del poeta hondureño, según el Comité pro Monumentos, el proyecto de apoyo a la labor del Comité Moliniano fue introducido al seno del Parlamento a través del diputado por Honduras, Ramiro Colindres.

El comité pro Molina se apresta también a ubicar un disco con la imagen esculpida en preciosos metales en una de las plazas de Santiago de Chile y otra en una ciudad de Brasil, mediante un convenio cultural firmado con esos países donde es admirada la obra sin parangón en la poesía continental del ilustre hombre de letras centroamericano quien nació en Comayagüela el 17 de abril de 1875 y murió en San Salvador el 1 de noviembre de 1908.

EN EL CENTENARIO DEL FALLECIMIENTO DE JRM

Algo de divino tuvo que haber tenido Juan Ramón Molina, para que haya muerto a la misma edad del Mártir de Galilea o de la excelsa amiga de los "descamisados", en la argentina, Eva Duarte de perón, a los 33 años, cuando apenas comenzaban a brotar sus obras infinitamente perdurables y que paradójicamente, con el correr del tiempo sus nombres se agigantan y alcanzan la dimensión de inmortales, universalmente hablando.

No pecamos de profanos al exaltar en esta fecha el nombre de Molina y tratar de ubicarlo en la exacta dimensión que como un genio de la literatura universal le corresponde. No, jamás de los jamases.

Lo que ha pasado es que los hondureños, no sé si por complejos, o falta de conocimiento de nuestros auténticos valores en los diferentes órdenes del quehacer humano, dejamos pasar oportunidades en los altos foros de los 5 continentes para proyectar su talento y su obra, de ahí que a duras penas los nombres de Morazán y Valle, éste último, el de Choluteca, sean de los pocos coterráneos que aparecen en las enciclopedias universales.

Sin embargo, por allí nomás, a escasos kilómetros, allende nuestras fronteras, aparece por todos lados de su geografía el nombre refulgente de su hijo predilecto, Nicaragua, con su Darío, cuya obra ha sido traducida a 64 idiomas y es conocida, ésta sí, en los cinco continentes, de que hablamos líneas arriba.

Por eso lo que hoy estamos haciendo con Molina, no es sino comenzando a saldar una deuda centenaria que venimos arrastrando precisamente hace una centuria que se cumple justo el 1 de noviembre, dentro de pocas horas.

Felizmente instituciones como la UNAH, Biblioteca Nacional JRM, UPNFM y la propia Presidencia de la República, con la edición del libro "Molina Total"; doña Martha Erazo Galo de Mazariegos, Gerente Gral. de la empresa de transporte King Quality, han comenzado a realizar su trabajo y comienzan a verse los resultados, porque ahora sí, ya en las librerías empiezan a preguntar si hay algo de Molina y la internet ya recoge mucho de igual forma del prócer del intelecto y en San Salvador, se han venido realizando durante todo el año diferentes actividades tendentes a enaltecer a Molina, porque Molina, igual que Morazán, amó ese país, de tal manera que allá exhaló su último suspiro el 1 de noviembre de 1908, él había nacido el 17 de abril de 1875; y eso de El Salvador, se le debe única y exclusivamente a un valiente compatriota, residente allá, desde hace más de medio siglo, que sin olvidar sus raíces, su paisanaje, desde hace aproximadamente 5 años se impuso la noble tarea de justipreciar el nombre de Molina, en aquella nación hermana, me refiero al coterráneo, Lic. José Santiago Ramos Méndez, aquí presente.

Y en Guatemala vamos por igual camino, pues ya en Quetzaltenango (Xelajú), la ciudad que más amó a Morazán, también inauguramos un monumento a Molina, hace exactamente diez años, en medio de una ceremonia extraordinaria en que la que salió a relucir hasta el nombre de otro de nuestros inmortales: Luis Andrés Zúñiga, laureado en esa augusta ciudad, durante los juegos florales de 1926, lo que quiere decir que ya existen tres monumentos al malogrado porta lira, incluyendo, por supuesto el más grande del parque la libertad, de Comayagüela, su ciudad natal.

Por eso nos congratulamos y alabamos el día en que un chorotega visionario como fue Eliseo Pérez Cadalso, en 1970, decidió formar el grupo moliniano, que fue reestructurado en 1989, culminando con el sobrenombre de "Los trece locos del Guanacaste".

Hoy celebramos y felicitamos al ilustre y distinguido señor presidente del Banco Central de Honduras, Lic. Edwin Araque, por este valioso aporte a la cultura, a la historia nacional, al haber aceptado, sin vacilaciones de ninguna especie, nuestro reto de inmortalizar a Molina, de perpetuar su nombre a través de una estampilla, de un sello postal que recorrerá el mundo entero, llevando su vera efigie, situación que en gran medida se la debemos a uno de los intelectuales de mayor prestancia en este momento, como es el notable escritor Segisfredo infante, afortunadamente, molinense por excelencia y amigo personal del Lic. Araque Bonilla y por supuesto al entusiasmo con que acogió la idea la ilustre profesora y licenciada Nimia Baquedano, actual Gerente de HONDUCOR, que en todo momento se mostró anuente a ejecutar este artístico legado a las presentes y futuras generaciones.

Entonces, a partir de este momento comenzamos a inmortalizar a Molina. Ojalá el Congreso Nacional que debe participar en esta conmemoración, emita lo más pronto el decreto respectivo creando el año del Centenario de Molina y la Orden Juan Ramón Molina, tal como lo hizo en su momento la UNAH, al declarar el 2008, como El Año Académico, en la más Alta Casa de Estudios de nuestro país.

Muchas gracias.

Mario Hernán Ramírez

CONMEMORACIÓN CUMPLEAÑOS DE MOLINA

Este 17 de abril se conmemora el cumpleaños del bardo más aplaudido en toda la nación a través de todos los tiempos. En San Salvador, donde falleció el 2 de noviembre de 1908, la comunidad hondureña residente allá, celebra jubilosamente la inauguración solemne de una gigantesca biblioteca que lleva el nombre de Juan Ramón Molina, en el Instituto "José Francisco Morazán Quezada" de aquella capital cuzcatleca.

Mientras tanto, en La Esperanza, Intibucá, la Academia de Geografía e Historia, el Instituto Morazánico, La Asociación de Escritores de Honduras, el Comité Pro-Monumentos a Juan Ramón Molina y otras instituciones cívico-culturales del país, en una ceremonia muy especial y en homenaje poeta Molina, presentan un nuevo libro del notable escritor hondureño, Lic. Jesús Evelio Inestroza, extendiendo la actividad hasta Jesús de Otoro, cuna del autor. Aquí en Tegucigalpa, el Centro Básico Juan Ramón Molina, celebra sus 40 años de fundación, con numerosos actos artístico-culturales, alusivos a la efeméride y al nacimiento del poeta, lo que indica que la presencia espiritual del malogrado liróforo sigue vigente en el alma de la hondureñidad y allende nuestras fronteras.

Pero falta mucho todavía, para concientizar sobre todo a las autoridades, de cualquier época, para que se compenetren del valor intelectual de este hondureño irrepetible, que tanta gloria le dio a la Patria, a través de su intelecto. Por ejemplo, recientemente, el Sr. Alcalde Municipal, en una ceremonia teatrista utilizó los predios de la Escuela Nacional de Bellas Artes y el parque La Libertad de Comayagüela, para su nueva toma de posesión, como primera autoridad de la capital de la República, el show dicen que estuvo bonito, pero, el consabido pero, salta de inmediato cuando para este evento tuvieron que destruir parte del citado jardín Comayagüelense rompiendo la verja que estaba frente a Bellas Artes, pero eso resulta poco sin nos damos cuenta que tuvieron que afectar parte del Monumento que el Comité, que en su momento fundara el preclaro abogado Eliseo Pérez Cadalso y su grupo de "Quijotes", cuyo costo sobrepasó el Millón de Lempiras, en una actividad que costó alrededor de 15 años, fue afectada por los organizadores de la toma de posesión del Alcalde, al romper también la verja protectora del monumento que tan magistralmente esculpiera el insigne compatriota Mario Zamora Alcántara en la ciudad de México y cuya inauguración se remonta al año de 1994.

Al pie del Monumento está colocada una placa conmemorativa, cuyo costo sobrepasa los L.30.000.00 y que se encontraba bien protegida también, misma que ha quedado a la intemperie, expuesta a la voluntad de los depredadores, que por milagro no la han arrancado para malvenderla, lo que choca con la función verdadera de un rector de una Alcaldía de una capital como Tegucigalpa, que carece de atractivos, como el que los molinenses con tanto esfuerzo y sacrificio lograron en su momento.

Para no ir tan lejos, solo hay que visitar Nicaragua y ver y admirar como se venera la memoria de Rubén Darío, de quien todos los nicaragüenses se sienten profundamente orgullosos.

El predio donde está el monumento a Molina, así como está ahorita, se ha convertido en defecadero y urinario de los malvivientes que pululan de día y de noche por el parque, que está abierto para sus fechorías. Es necesario que semejante daño a Juan Ramón Molina en el 135 aniversario de su nacimiento, sea reparado a la brevedad del caso, en aras de la cultura y la gloria de este hombre, orgullo de la hondureñidad, pero desconocido, según se ve por quienes rigen en estos momentos los destinos de la capital de Honduras.

CENTENARIO MUERTE DEL MODERNISTA HONDUREÑO

Honduras y toda Centroamérica recuerdan la vida y la obra de Juan Ramón Molina, exponente del Modernismo literario centroamericano.

Varias instituciones académicas y grupos intelectuales de Honduras prepararon en la primera quincena de noviembre una serie de actividades para recordar a uno de los máximos exponentes del Modernismo literario centroamericano.

Su muerte el 2 de noviembre de 1908 es, aunque con tristeza, razón para recordar esta figura muy a menudo olvidada de antologías y estudios generales del Modernismo.

Juan Ramón Molina nació en la capital hondureña el 17 de abril de 1875 y falleció el 2 de noviembre de 1908 en El Salvador, de donde sus restos fueron trasladados a Honduras.

Este poeta hondureño es considerado como la más importante figura del modernismo en Centroamérica después del nicaragüense Rubén Darío, ambos calificados de "gemelos de la luz" por el Premio Nobel de Literatura guatemalteco, Miguel Ángel Asturias.

Como hombre de personalidad atormentada y compleja –imbuido en las contradicciones mismas del Modernismo- Juan Ramón Molina vivió apenas treinta y tres años y osciló entre la intensidad de la creación y aquellos cuidados pequeños de los que hablara Darío.

Entre las obras de Juan Ramón Molina sobresalen "Salutación a los poetas brasileros", "A una muerta", "Pesca de sirenas", "Autobiografía", "Río Grande", "El Águila", "Metempsicosis" y otras recopiladas en "Tierras, Mares y Cielos", libro editado poco después de su muerte por el también escritor hondureño Froylán Turcios.

Una delegación de profesores y estudiantes de literatura de la Universidad Pedagógica Nacional (UPN) colocó una ofrenda floral en la tumba de Molina en el Cementerio General de Tegucigalpa. Otros grupos también realizaron varios actos de homenaje a Juan Ramón Molina, que se extendieron durante la primera mitad de este mes de noviembre.

Se dieron varias lecturas de su poesía y presentaciones de música y danza, además de distribuir un cartel conmemorativo del centenario de la muerte de Juan Ramón Molina y el libro "Molina cien", que recopila parte de su obra.

El libro fue regalado entre estudiantes de varias universidades hondureñas como la UPN, la Universidad Nacional Autónoma de Honduras (UNAH) y la Universidad Tecnológica de Honduras (UTH). Juan Antonio Medina Durón, profesor de literatura de la UPN, señaló a una emisora local de radio el abandono en que se encuentran la tumba de Molina y de numerosas figuras del arte y la literatura hondureñas en el Cementerio General.

ESTUDIANTES C.E.B. JRM RINDEN TRIBUTO AL ILUSTRE JUAN RAMÓN MOLINA

Por ALEJANDRA CANALES/EL HERALDO
TEGUCIGALPA, HONDURAS

Juan Ramón Molina vive ahora más que nunca. De esto se encargan los alumnos y alumnas del centro de educación básica que lleva su nombre, de la colonia San Miguel.

En el marco de la conmemoración del primer centenario de fallecimiento del príncipe de la poesía hondureña, docentes y alumnos ofrecieron en fecha reciente un homenaje para exaltar la vida y obra de este insigne escritor.

A la ceremonia asistieron autoridades de la Universidad Nacional Autónoma de Honduras, miembros del Comité pro Monumento Juan Ramón Molina, así como autoridades educativas regionales y locales.

ACTOS

El evento inició con la entonación de las sagradas notas del Himno Nacional y las palabras de bienvenida de Reyna Galo, directora del centro básico, quien hizo una reseña de lo que fue la vida de Molina y su invaluable obra; mientras que el profesor Marcos Rolando San Martín ofreció la biografía de Juan Ramón Molina.

Como un tributo al insigne poeta, los estudiantes realizaron la representación escénica de "El chele" y "Pesca de sirenas", sus originales creaciones, interpretadas por los alumnos de séptimo y sexto grado de ese centro.

La música también dio vida a sus escritos a través de la adaptación musical inédita del profesor Francisco Valeriano con su poema "La araña", que fue coreada por los asistentes al homenaje.

Como una práctica herramienta para reforzar el aprendizaje y el conocimiento de la cultura en el país, los catedráticos "a través de estas actividades buscamos enriquecer la literatura y que los niños aprendan más sobre la vida y obra del poeta Juan Ramón Molina", dijo Mirza Matute, maestra del centro básico.

A 100 años de su muerte, a Juan Ramón Molina se le reconoce como un notable poeta, narrador y periodista que con su corta existencia dejó un enorme legado en la vida intelectual del país.

LA NOCHE DE LOS 100 DE MOLINA

Por *GERARDO TORRES/EL HERALDO*

TEGUCIGALPA, HONDURAS. Las letras de Juan Ramón Molina recorren Tegucigalpa. El centenario de la muerte de esta incuestionable figura de la literatura centroamericana es recordado por los hondureños y sus poemas llegan a todas las manos.

La Fundación para el Museo del Hombre Hondureño fue la sede de un lírico reconocimiento organizado por el grupo de poetas País Posible que se han dedicado de lleno en dar a conocer la obra del genial autor.

El evento contó con lectura de los poemas más reconocidos el Molina leídos por los poetas Salvador Madrid, René Novoa, Mayra Oyuela y Armando Maldonado.

También tuvo una brillante participación el cantautor Marvin Valladares, quien además de sus ya reconocidas canciones presentó algunos poemas musicalizados del escritor, quien muriera el 2 de noviembre de 1908 en El Salvador.

La noche contó con varias expresiones artísticas como la danza y cerró con la participación de la agrupación nacional Café Guancasco.

Para la celebración de esta magna fecha se han preparado otras varias actividades entre ellas la presentación de la publicación "Molinacien" una edición de bolsillo con gran calidad realizada por el grupo de poetas con la colaboración de la Secretaría de Cultura, Artes y Deportes.

La obra contiene 14 poemas y 5 relatos en prosa como una forma de presentar al pueblo las geniales letras de este orgullo nacional. Es repartido de manera gratuita y se imprimieron 5 mil ejemplares.

"Estamos dedicados en esta labor, hemos realizados entrega de los libros en colegios y puntos de taxi, Molina es uno de los principales escritores centroamericanos, considerado como el gemelo de Rubén Darío", manifestó Salvador Madrid, organizador del evento, quien agregó que "se realizarán más actividades para dar a conocer estas obras que trascienden las épocas.

HOMENAJEAN A POETA JUAN RAMÓN MOLINA EN CENTENARIO DE SU MUERTE

1º. DE NOVIEMBRE, 2008. TEGUCIGALPA. - Instituciones académicas y grupos de intelectuales de Honduras iniciaron hoy una serie de homenajes al poeta Juan Ramón Molina, uno de los exponentes del modernismo en Centroamérica, por cumplirse mañana el centenario de su muerte.

Una delegación de profesores y estudiantes de literatura de la Universidad Pedagógica Nacional (UPN) colocó hoy una ofrenda floral en la tumba de Molina en el Cementerio General de Tegucigalpa.

El colectivo "Paíspoesible" también comenzó hoy actos de homenaje a Molina, que se extenderán hasta la próxima semana, informó a la prensa un portavoz del grupo.

Molina nació en la capital hondureña el 17 de abril de 1875 y se suicidó el 2 de noviembre de 1908 en El Salvador, de donde sus restos fueron trasladados a Honduras.

Este poeta hondureño es considerado como la más importante figura del modernismo en Centroamérica después del nicaragüense Rubén Darío, ambos calificados de "gemelos de la luz" por el Premio Nobel de Literatura guatemalteco, Miguel Ángel Asturias, según refieren críticos literarios locales.

Entre las obras de Molina sobresalen "Salutación a los poetas brasileros", "A una muerta", "Pesca de sirenas", "Autobiografía", "Río Grande", "El Águila", "Metempsicosis" y otras recopiladas en "Tierras, mares y cielos", libro editado poco después de su muerte por el también escritor hondureño Froylán Turcios.

Los miembros de Paíspoesible celebrarán este fin de semana una lectura de poesía y presentaciones de música y danza, además de distribuir un cartel conmemorativo del centenario de La muerte de Molina y el libro "Molina cien" que recopila parte de su obra

El libro será regalado el próximo lunes entre estudiantes de la UPN, la Universidad Nacional Autónoma de Honduras (UNAH), ambas estatales, y la Universidad Tecnológica de Honduras (UTH), privada, y el martes se celebrará un conversatorio sobre Molina.

Un profesor de literatura de la UPN, Juan Antonio Medina Durón, señaló a la emisora local radio América el "abandono" en que se encuentran la tumba de Molina y de numerosas figuras del arte y la literatura hondureñas, e incluso de ex gobernantes, en el Cementerio General.

Las tumbas del antiguo cementerio capitalino sufren un permanente expolio de placas y artes decorativas, sin que ninguna autoridad lo evite a pesar de las constantes denuncias de la prensa.

El homenaje hoy de la UPN a Juan Ramón Molina coincidió con las primeras visitas de familiares de personas fallecidas a depositar ofrendas en el Cementerio General capitalino y otros camposantos del país con motivo de ser mañana el Día de Difuntos. *ACAN-EFE*

COLECTIVO PAISPOESIBLE PREPARA VARIOS EVENTOS EN MEMORIA DEL POETA

Por CARLOS RODRÍGUEZ/LA PRENSA

Este día, en la capital del país, comenzará un programa para celebrar los 100 años de la muerte del poeta Juan Ramón Molina, a quien Miguel ángel Asturias llamó el poeta gemelo de Rúben Darío.

Molina, uno de los grandes exponentes del modernismo en Centroamérica y autor de "Pescador de sirenas", es una de las voces poéticas más importantes de Honduras. Para recordarlo y rendirle homenaje, el colectivo Paíspoesible, con sede en Tegucigalpa, desarrollará "Molina cien", que incluye conversatorios, lecturas y conciertos.

Sobresale en esta celebración del centenario la edición de cinco mil libros de bolsillo, una selección de 14 piezas poéticas y seis prosas integradas bajo el título "Molina cien". La pequeña antología estuvo a cargo de Salvador Madrid, miembro del colectivo Paíspoesible.

Además, junto con la edición popular se regalará el afiche conmemorativo al centenario de la muerte del poeta. Ambas publicaciones se distribuirán en todo lugar donde se realicen los eventos.

Comienzo

Hoy en la mañana, en el parque La Libertad de Comayagüela se desarrollarán actos solemnes y allí se presentarán los jóvenes poetas de Paíspoesible para regalar el libro y el afiche conmemorativo.

Por la noche, el colectivo se trasladará al Museo del Hombre Hondureño, donde, a partir de las 7.30 pm, habrá lectura de poesía, danza y un concierto a cargo de Café Guancasco, integrado por Pavel Núñez y Pavel Cruz. Leerán Armando Maldonado, Mayra Oyuela y René Novoa, entre otros. Además, la joven Alex Zavala ejecutará una danza contemporánea basada en el poema "Autobiografía" y el solista Marvin Valladares musicalizará dos poemas de Juan Ramón Molina.

LA OTRA SEMANA

El lunes 3 de noviembre, el colectivo llegará a tres universidades de la capital: UNAH, UPNFM y UTH, donde regalará libros y montará otras actividades.

El martes 4 será el conversatorio "Molina para conversar", con la participación de los poetas jóvenes y otros reconocidos como óscar Acosta, Rigoberto Paredes y Pompeyo del Valle.

Este evento será en Café Paradiso a partir de las 7.30 pm. El programa incluye la participación del grupo La Iguana.

Cerrarán en el Portal de los Encuentros y en la Casa de la Cultura de Comayagua con lectura de poesía, concierto y distribución de libros y afiches de Molina.

Al interior

Juan Ramón Molina falleció en San Salvador, El Salvador el 2 de noviembre de 1908. Nació en Comayagüela en 1875.

La edición de bolsillo "Molina cien" se realiza con fondos de la Secretaría de Cultura, Artes y Deportes y la Fundación para el Museo del Hombre Hondureño.

El libro contiene textos en prosa: "El chele", "Excelsior", "Tegucigalpa de los domingos" y "Los poetas como educadores de la raza".

"TIERRA, MARES Y CIELOS" DE JUAN RAMÓN MOLINA- FROYLÁN TURCIOS

Tegucigalpa, 17 septiembre, 2008. Como parte de las actividades que realizan las autoridades de la Universidad Nacional Autónoma de Honduras, UNAH, en conmemoración del primer centenario de la muerte de Juan Ramón Molina, se presentó el libro "Tierra, Mares y Cielos", de la autoría del insigne poeta.

La presentación tuvo lugar el 11 de septiembre en el salón de la Biblioteca Central de esa entidad, en donde se reunieron bardos, artistas, personeros de la UNAH, estudiantes y catedráticos.

El programa inició con la participación de Segisfredo Infante, director de la Editorial Universitaria, quien declamó el poema "Una muerta" de Juan Ramón Molina que en las primeras líneas se lee:

> *... Señor: tú te la llevaste*
> *Y ella voló a tu lado*
> *dejándome en la tierra*
> *¿Mi espíritu has mirado?*
> *No es jardín -florecido*
> *De azules ilusiones-*
> > *Sino que inmunda cueva*
> > *de arañas escorpiones…*

"Este verso es una de las expresiones más grandes y profundas de poesía elegiaca (triste) de la literatura castellana de todos los tiempos, desde los días previos hasta la fecha", añadió Infante.

El águila, Una muerta, Río Grande, En el salón de Retratos, Segundo aniversario, Tus manos a un pino, Obertura sentimental, entre otros, son parte de las piezas que contiene el ingenio individual y destreza poética del libro de prosa "Tierra, Mares y Cielos".

Juan Ramón Molina nació en 1875 y murió en el año 1908, es uno de los grandes exponentes del modernismo centroamericano y sus obras de calidad literarias lo consagran como un literato universal.

Para concluir, se realizó una expo venta de libros del escritor. La organización estuvo a cargo del director de Cultura de la UNAH, Armando Valladares, el presidente del comité pro monumento a "Juan

Ramón Molina", Mario Hernán Ramírez, autoridades de la Vicerrectoría Académica y la Biblioteca.

MOLINA: "NACÍ EN EL FONDO AZUL DE LAS MONTAÑAS HONDUREÑAS"

- ***Eso dijo Juan Ramón Molina hace más de cien años***

El 17 de abril de 1875 nació en la ciudad de Comayagüela el notable poeta, narrador y periodista Juan Ramón Molina, cuya breve existencia de apenas 33 años ilumina con luz propia la vida intelectual del país; y si Álvaro Contreras exclamó por entonces -en referencia a nuestro héroe unionista-: "Suprimid el genio de Morazán, y habréis aniquilado el alma de la historia de Centro América", de similar manera puede afirmarse -a propósito del gran poeta hondureño-: "Ignorad la obra de Molina, y estaréis desconociendo al más inspirado cantor que ha producido Honduras.

El ex presidente de la república, General Manuel Bonilla le otorgó el grado de coronel al poeta y lo nombró subdirector de la Academia Militar de esa época.

En ocasión de conmemorarse el próximo 1o. de noviembre el primer centenario de su fallecimiento -ocurrido en El Salvador, en 1908-, la Universidad Nacional Autónoma de Honduras acordó declarar "Año Académico Juan Ramón Molina", al presente 2008, y desarrollar una serie de actividades en homenaje del autor de "Tierras, mares y cielos", libro que en distintas ediciones y reimpresiones recoge gran parte de los cuentos, artículos y poemas escritos por él y publicados inicialmente en periódicos y revistas del istmo.

Con esa finalidad, se ha conformado un comité organizador, que coordina la vice rectora académica de la UNAH, Doctora Rutilia Calderón, y en el cual participan la Dirección de Cultura, la Editorial Universitaria, la Carrera de Letras, el Departamento de Arte, entre otras unidades de la UNAH, lo mismo que la Escuela pública que lleva el nombre de Molina y el Comité pro monumentos del poeta, que preside el periodista Mario Hernán Ramírez.

Las actividades incluyen conferencias, recitales, concursos, exposiciones, reimpresiones de su obra, una edición para niños y jóvenes, inauguración de la Plaza de la Cultura y colocación en dicho predio universitario de un busto de Molina, para culminar con un acto público solemne el viernes 31 de octubre en el auditorio central "Juan Lindo".

La obra poética de Molina ha sido exaltada por escritores de la talla de Rubén Darío, Enrique González Martínez, Rafael Heliodoro Valle, Paulino Valladares, Miguel Ángel Asturias, Eliseo Pérez Cadalso, Oscar Acosta, Roberto Sosa, Pompeyo del Valle, Rigoberto Paredes, Julio Escoto, Humberto Rivera y Murillo, etc.

Asturias, Premio Nobel de Literatura, le llamó bondadosamente "poeta gemelo de Rubén Darío" y abogó por rescatarlo, para que "vuelva a estar presente su cepa tierna, aérea, vegetal, del trópico, tal como él lo presumía y lo dijo alguna vez:

"Pero mi oscuro nombre las aguas del olvido no arrastrarán del todo; porque un desconocido poeta, a mi memoria permaneciendo fiel, recordará mis versos con noble simpatía…"

El periodista Paulino Valladares destacó siempre en Molina "su inteligencia y su vigorosa imaginación de poeta", mientras que para Rigoberto Paredes "su obra y su muerte debieran ser pública fuente de indignación o (cuando menos) rabiante brote de conciencia para los poetas hondureños de hoy".

Como prosista y periodista dejó también una obra admirable, mucha de la cual fue publicada en Guatemala en 1948, y en la que figuran interesantes apreciaciones de Molina sobre algunos de sus más destacados compatriotas. Dice, por ejemplo, de José Cecilio del Valle que era un "varón sabio e integérrimo, capaz de hablar un día seguido con Newton o Descartes"; de Morazán, que "tuvo la dicha de vivir como héroe y de morir como mártir, y a quien Bolívar le hubiese prestado su espada y el llanero Páez su bridón de batalla". Cabañas, apunta "que nunca supo lo que significaba la voz miedo", del Padre Reyes, que era "músico, poeta y erudito"; de Álvaro Contreras, "orador brillante, periodista rebelde y terrible"; de Ramón Rosa, "hombre de Estado, orador y escritor notable"; en fin, de Froylán Turcios -gran amigo suyo y compilador de sus escritos- indica que su frente denunciaba un "alero propicio para todas las aves del pensamiento".

Es de esperar que con las actividades que ha programado la UNAH en memoria de Juan Ramón Molina, se fortalezca el interés de hondureños y hondureñas por este alto exponente de las letras nacionales y por una obra literaria de imperecedera hermosura y calidad.

HOMENAJE A MOLINA EN RADIO LA PRIMERÍSIMA DE MANAGUA, NICARAGUA

Instituciones académicas y grupos de intelectuales de Honduras iniciaron este sábado una serie de homenajes al poeta Juan Ramón Molina, uno de los exponentes del modernismo en Centroamérica, por cumplirse mañana domingo el centenario de su muerte.

Una delegación de profesores y estudiantes de literatura de la Universidad Pedagógica Nacional (UPN) colocó hoy una ofrenda floral en la tumba de Molina en el Cementerio General de Tegucigalpa.

El colectivo "Paíspoesible" también comenzó actos de homenaje a Molina, que se extenderán hasta la próxima semana, informó a la prensa un portavoz del grupo.

Molina nació en la capital hondureña el 17 de abril de 1875 y se suicidó el 2 de noviembre de 1908 en El Salvador, de donde sus restos fueron trasladados a Honduras.

Este poeta hondureño es considerado como la más importante figura del modernismo en Centroamérica después del nicaragüense Rubén Darío, ambos calificados de "gemelos de la luz" por el Premio Nobel de Literatura guatemalteco, Miguel Ángel Asturias, según refieren críticos literarios locales.

Entre las obras de Molina sobresalen "Salutación a los poetas brasileros", "A una muerta", "Pesca de sirenas", "Autobiografía",

"Río Grande", "El Águila", "Metempsicosis" y otras recopiladas en "Tierras, mares y cielos", libro editado poco después de su muerte por el también escritor hondureño Froylán Turcios.

Los miembros de Paíspoesible celebrarán este fin de semana una lectura de poesía y presentaciones de música y danza, además de distribuir un cartel conmemorativo del centenario de la muerte de Molina y el libro "Molina Cien" que recopila parte de su obra.

El libro será regalado el próximo lunes entre estudiantes de la UPN, la Universidad Nacional Autónoma de Honduras (UNAH), ambas estatales, y la Universidad Tecnológica de Honduras (UTH), privada, y el martes se celebrará un conversatorio sobre Molina.

Un profesor de literatura de la UPN, Juan Antonio Medina Durón, señaló a la emisora local radio América el "abandono" en que se encuentran la tumba de Molina y de numerosas figuras del arte y la literatura hondureñas, e incluso de ex gobernantes, en el Cementerio General.

Las tumbas del antiguo cementerio capitalino sufren un permanente expolio de placas y artes decorativas, sin que ninguna autoridad lo evite a pesar de las constantes denuncias de la prensa.

El homenaje hoy de la UPN a Juan Ramón Molina coincidió con las primeras visitas de familiares de personas fallecidas a depositar ofrendas en el Cementerio General capitalino y otros camposantos del país con motivo de ser mañana el Día de Difuntos.

MOLINA VIVE AHORA MÁS QUE NUNCA

DIARIO LA PRENSA. TEGUCIGALPA, HONDURAS

Juan Ramón Molina vive ahora más que nunca. De esto se encargan los alumnos y alumnas del centro de educación básica que lleva su nombre, de la colonia San Miguel.

En el marco de la conmemoración del primer centenario de fallecimiento del príncipe de la poesía hondureña, docentes y alumnos ofrecieron en fecha reciente un homenaje para exaltar la vida y obra de este insigne escritor.

A la ceremonia asistieron autoridades de la Universidad Nacional Autónoma de Honduras, miembros del Comité pro Monumento Juan Ramón Molina, así como autoridades educativas regionales y locales.

El evento inició con la entonación de las sagradas notas del Himno Nacional y las palabras de bienvenida de Reyna Galo, directora del centro básico, quien hizo una reseña de lo que fue la vida de Molina y su invaluable obra; mientras que el profesor Marcos Rolando San Martín ofreció la biografía de Juan Ramón Molina.

Como un tributo al insigne poeta, los estudiantes realizaron la representación escénica de "El chele" y "Pesca de sirenas", sus originales creaciones, interpretadas por los alumnos de séptimo y sexto grado de ese centro.

La música también dio vida a sus escritos a través de la adaptación musical inédita del profesor Francisco Valeriano con su poema "La araña", que fue coreada por los asistentes al homenaje.

Como una práctica herramienta para reforzar el aprendizaje y el conocimiento de la cultura en el país, los catedráticos "a través de estas actividades buscamos enriquecer la literatura y que los niños aprendan más sobre la vida y obra del poeta Juan Ramón Molina", dijo Mirza Matute, maestra del centro básico.

A 100 años de su muerte, a Juan Ramón Molina se le reconoce como un notable poeta, narrador y periodista que con su corta existencia dejó un enorme legado en la vida intelectual del país.

NIETA DE MOLINA DONA FOTOGRAFÍAS PARA ENTIDADES CULTURALES

16 marzo, 2011. Diario La Tribuna Tegucigalpa. Una colección de fotografías del insigne poeta Juan Ramón Molina, fue enviada desde Washington, Estados Unidos de América, para cederlas a varias instituciones culturales del país. Fotografías del poeta hondureño Juan Ramón Molina que fueron donadas a instituciones culturales del país. El Comité Pro-Monumentos a Juan Ramón Molina, que encabeza el periodista Mario Hernán Ramírez, estuvo a cargo de la entrega de las diez instantáneas legadas por la señora Gloria Cáceres Molina, nieta del célebre hondureño.

Juan Ramón Molina, quien nació hace 136 años, (1875-2011), en Comayagüela, Honduras, es uno de los grandes exponentes del modernismo centroamericano y consagrado por sus obras de gran calidad literaria. Al evento realizado el 4 de marzo en la Biblioteca Nacional en Tegucigalpa, asistieron representantes de las entidades que recibieron los retratos del recordado escritor: Centro Básico Cultural Juan Ramón Molina de Tegucigalpa, Escuela Nacional de Música y la Biblioteca Nacional. Mario Hernán Ramírez en su intervención expresó, "la licenciada Gloria Cáceres Molina, ilustre nieta del poeta, obsequió las fotografías con el interés de mantener viva la imagen de su abuelo y como un tributo a la cultura del país."

Durante la ceremonia, también, se juramentó a las señoras: Vilma Castillo y Elsa de Ramírez, como miembros del Comité Pro-Monumentos a Juan Ramón Molina, que surgió en los años 70.

La comisión tiene como propósito vigorizar la imagen del primer bardo hondureño, que salió de Centroamérica para conocer otras culturas y que lo consagra como escritor universal.

UN POETA EN UNA BANCA EN EL PARQUE LA LIBERTAD

Por ÓSCAR FLORES LÓPEZ/LA TRIBUNA

17 abril, 2012. TEGUCIGALPA. Santos Reyes deambula por el parque La Libertad con un saco viejo y sucio lleno de botellas plásticas.

El monumento a Juan Ramón Molina en el parque La Libertad sirve como descanso.

Es un día cualquiera, y en las bancas hay parejas que se besan y un travesti con tacones que se toca vulgarmente los senos postizos cada vez que se le acerca un cliente potencial.

Sentado en su banca de bronce, y con dos tapas de botella que algún ocioso puso sobre sus bigotes, Juan Ramón Molina, el mejor poeta que ha tenido Honduras en su historia, contempla con desgano y tristeza la vida que corre frente a sus ojos.

La misma sociedad mediocre que lo mató en 1908 de depresión lo sigue torturando de la peor forma en que se puede castigar a un artista de altos quilates como él: ignorando su obra.

"Mas, ¿para qué Señor? ¡Estoy enfermo!
¡Me consume el demonio del hastío!
¡Toda la tierra para mí es un yermo
donde me muero de cansancio y frío!
(Poema "Autobiografía").

Apenas recordado por un puñado de intelectuales y unas cuantas escuelas que harán actos en su memoria, Molina llega hoy a su 137 aniversario en medio del olvido y el desdén de una ciudad de la que dijo en 1906 en uno de sus escritos que "Da ganas de suicidarse de las doce a las tres de la tarde, tal es la fúnebre desolación de las calles".

Pero hoy ya no hay desolación en Tegucigalpa. Desde muy temprano, el poeta es despertado por el bullicio. Ruido de buses y gritos de cobradores que a todo pulmón anuncian la ruta. Taxis con pitos extraños. Borrachos que conversan con amigos imaginarios y parejas que se manosean sin pena. Carcajadas de prostitutas.

Sin nadie con quien poder debatir sobre versos, el poeta Molina se conforma con la compañía de personas más humildes, como don Santos Reyes, que únicamente puede hablar de historias que el escritor de "Pesca de sirenas" considera banales y mediocres.

Ni siquiera los diálogos imaginarios de los locos que deambulan por el parque le quitan el aburrimiento. Si pudiera, Juan Ramón Molina se dispararía una y mil veces en la sien. Por desgracia no puede, y debe sufrir el tormento día a día, mes a mes, año a año, eternamente, como dicen que les toca a los pecadores en el infierno.

Cuando se cansa, don Santos Reyes se sube a la banca del monumento que el escultor hondureño Mario Zamora hizo en memoria del poeta. "Ya no aguantaba las canillas", dice tranquilamente el anciano. "Por eso me senté a la par de este pichingo".

Le digo que "el pichingo" costó nada menos que un millón de lempiras en 1994 y entonces don Santos pone cara de asombro, se quita la gorra y pregunta: "¿Tanta cuesta? ¡Púchica, no parece!"

DE HONDURAS PARA EL MUNDO. Nacido un 17 de abril de 1875 (se supone que, en Comayagüela, aunque no hay una prueba contundente), Juan Ramón Molina escribió con genialidad y rapidez, como si hubiera presentido que iba a morir a los 33 años.

Sin penas de ningún tipo, los hombres utilizan el monumento como urinario.

> Tal vez moriré joven… Los amigos
> me vestirán de negro,
> Y entre dolientes y llorosos cirios
> de pálidos reflejos,
> Colocarán con cuidadosas manos
> mi ya rígido cuerpo,
> Poniendo mi cabeza en la almohada,
> mis manos sobre el pecho
> (Poema "Después que muera").

A pesar de que esos versos proféticos se hicieron realidad cuando murió el 1 de noviembre de 1908 en San Salvador, los poemas recopilados en "Tierra, mares y cielos" bastarían para inmortalizarlo a nivel mundial. Sin embargo, ni siquiera es conocido en su propio país.

"Los hondureños desconocemos por completo su obra -sostiene con pesar Mario Hernán Ramírez, presidente del Comité Pro Monumentos a Juan Ramón Molina-. Ha faltado divulgación. En Nicaragua, Rubén Darío está en todas partes. Molina fue tan grande como Darío, pero aquí no nos hemos dado cuenta".

"Ni siquiera en las escuelas o en las universidades están enseñando su obra, ni existe un premio que se llame Juan Ramón Molina… Solamente los niños que van a los centros básicos que llevan su nombre estudian un poco el legado del poeta", se lamenta Ramírez.

Ramírez, un periodista de la llamada vieja guardia que "desayuna, almuerza y cena a Juan Ramón Molina", según dice su esposa Elsa, también lamenta el estado en el que se encuentra el monumento dedicado al poeta.

"Es una decepción terrible… Se ha convertido en defecadero de borrachos y dementes. Por este medio le pido al alcalde de Tegucigalpa que por favor instale la verja que falta para impedir que la gente se meta y siga maltratando el monumento", señala Ramírez.

"Nosotros, como Comité Pro Monumento a Juan Ramón Molina, recolectamos el dinero y se lo encargamos a Mario Zamora, pero dañaron la verja y ha quedado desprotegido", agrega.

¿QUIÉN FUE MOLINA? "Debo confesar que al inicio Molina no me fue simpático. Reconocía ampliamente su brillante mentalidad, como poeta era digno de todos mis aplausos, pero como hombre me pareció detestable con su innata pedantería…", escribió Froylán Turcios en sus "Memorias".

"Por eso estuvimos a punto de llegar a las manos, es decir, a los tiros, porque ambos íbamos, como auténticos hondureños, armados de revólver", sigue escribiendo, para luego agregar que "con el tiempo fue afirmándose día por día nuestro mutuo afecto, que llegó a culminar en un cariño tan hondo".

Don Santos sintió cansancio en las canillas y se sentó un rato al lado del poeta.

"Aunque él y yo presentíamos su próximo fin, la noticia de su muerte me produjo un profundo y tenaz sufrimiento. Nunca he podido conformarme con la prematura desaparición de aquel privilegiado cerebro que se llevó algo de mi propio ser", dijo Turcios en 1908.

Desde ese año la obra de Molina ha sido arrastrada al olvido de la misma forma en que el río al que él le escribió se lleva con las inundaciones de cada año -en sus poderosas y oscuras aguas- los sueños de miles de capitalinos.

Pero mi oscuro nombre las aguas del olvido
no arrastrarán del todo; porque un desconocido
poeta, a mi memoria permaneciendo fiel,
recordará mis versos con noble simpatía,
mi fugitivo paso por la tierra sombría,
mi yo, compuesto extraño de azúcar, sal y hiel.
(Poema "Río Grande")

Para Julio Escoto, uno de los mejores escritores hondureños en las últimas décadas, "Juan Ramón Molina es el más grande poeta modernista centroamericano después de Rubén Darío y uno de los más valiosos de América".

El escritor guatemalteco Miguel Ángel Asturias llamó a Molina "Poeta gemelo de Rubén" y añadió que "murió del corazón decía el parte médico, debido a los excesos del alcohol y la morfina, pero cuanto más justo sería decir que el poeta moría en el desaliento, en el abandono, en el olvido".

Si muero joven; si el dolor me mata
y en la terrible fosa me derrumba,
te ruego que no vayas, dulce ingrata,
con otro amante a visitar mi tumba.
(Poema "Postrera súplica").

Al monumento de Juan Ramón Molina llegan cada noche hombres alcoholizados que duermen cerca de la banca del poeta envueltos en cartones. Por la mañana orinan sin pudor frente a los transeúntes que a paso acelerado van a sus trabajos.

Don Santos Reyes, el hombre del costal con botellas de plástico, pasa la mayor parte del día en el parque. Sigue sin poder creer que la estatua haya costado un millón de lempiras. Le pregunto si sabe algo de este personaje esculpido en bronce. Su respuesta es inmediata: "Sí… Se llama Cristóbal Colón. Fue un gran personaje, ¿verdad?" …

¿QUIÉN ES JUAN RAMÓN MOLINA?

Juan Ramón Molina (1875-1908), nacido en Comayagüela, Honduras, es el primer poeta hondureño que salió de Centroamérica para embeberse en las corrientes culturales de otras latitudes. Es uno de los grandes exponentes del modernismo en Centroamérica y su obra de gran calidad literaria lo consagra como el escritor hondureño más universal. En 1892, en un viaje a Brasil, -en cuyo trayecto escribe "Salutación a los Poetas Brasileños"- conoce al poeta nicaragüense Rubén Darío, quien incidirá grandemente en su estilo. Visitó España, donde colaboró en el recién fundado "ABC" de Madrid, y varios países de Sudamérica, dejando huellas permanentes en su obra. Castelar alabó su canto "El Águila" y Rubén Darío su "Salutación a los Poemas Brasileños".

Admiró a William Shakespeare y dedicó varios sonetos "El rey Lear", "Ofelia", "Yago", etc. a la obra en inglés. Recibió la influencia de Rubén Darío, a quien conoció en su persona y en su obra. La influencia del nicaragüense se dejó sentir por ejemplo en "Tréboles de Navidad", similar a la "Rosa Niña" de Darío, o en "El poema del Optimista", posiblemente el poema que, aisladamente, más haya influido en toda la literatura contemporánea en habla castellana.

Fue Juan Ramón Molina poeta de primerísima categoría y aunque cultivó la prosa en la que logró bellas y armoniosas realizaciones, como su cuento "El Chele", éstas no pueden darse un puesto en la literatura universal como se otorga a su obra poética que está dentro del modernismo más puro y une la calidad poética y lo depurado de la forma con una finísima sensibilidad de que es muestra su soneto "Pesca de Sirenas".

Fue Juan Ramón Molina hombre activo, personal y políticamente, quemó su vida en el afán de vivirla intensamente. Fue colaborador de la candidatura del General Terencio Sierra de quien se consideraba amigo. Presidente de Honduras durante el período 1899-1903, Sierra, molesto por una publicación que hizo Molina en el Diario de Honduras, bajo su dirección, lo mandó a picar piedra, encadenado, en la carretera que se construía al sur del país. El artículo que tanto lo había molestado "Un hacha que afilar", era un conocido apólogo de

Benjamín Franklin, que los acólitos de Sierra consideraron alusivo, hostil y digno de ser castigado con la prisión del poeta

Planfetista y periodista, coronel, político, diplomático, hombre que alcanzó altos cargos públicos y que hubo de seguir la ruta del exilio donde murió. A pesar de esta vida activa no pudo rehuir el pesimismo y el hastío tan común a los poetas hondureños y que él, como su más elevado representante tuvo en grado sumo por "La fatiga que le producía el peso ABRUMADOR DE LO INFINITO", que muestra en el sentido macabro de sus versos "Después que muera" o en el pesimismo vital de su soneto "Madre Melancolía". Falleció en San Salvador El Salvador el 2 de noviembre de 1908.

(ANÓNIMO).

HIMNO A JUAN RAMÓN MOLINA

Letra y música: **MANUEL CASTILLO GIRÓN**

CORO

¡SALVE OH! GRAN POETA GLORIOSO,
PORTALIRA MACIZO GRANDIOSO,
QUE AL PLANETA TUS VERSOS LLEVASTE
Y TU NOMBRE EN LA CIMA DEJASTE.
TRECE LOCOS A TI, TE LOAMOS,
Y HONDURAS ENTERA TE CANTA,
MUY UFANOS DE TI, HOY ESTAMOS,
CON EL ALMA TU NOMBRE COREAMOS.

I

ENTONEMOS CON GARBO Y ALEGRÍA,
CON FERVOR, CON AMOR, DEVOCIÓN,
NUESTRAS VOCES PREGONEN AL MUNDO,
QUE EXALTAMOS A UN ILUSTRE VARÓN.
QUE RENDIMOS HONOR, PLEITESÍA,
A UN INSIGNE E ILUSTRE CATRACHO,
UNA PLUMA DE ORO DEL GUAYAPE,
QUE LA PATRIA MUY ALTO SITUÓ.

CORO

¡SALVE OH! GRAN POETA GLORIOSO,
PORTALIRA MACIZO GRANDIOSO,
QUE AL PLANETA TUS VERSOS LLEVASTE
Y TU NOMBRE EN LA CIMA DEJASTE.
TRECE LOCOS A TI, TE LOAMOS,
Y HONDURAS ENTERA TE CANTA,
MUY UFANOS DE TI, HOY ESTAMOS,
CON EL ALMA TU NOMBRE COREAMOS.

II

JUAN RAMÓN MOLINA, EL BARDO,
AGRACIADO, GENUINO Y DIVINO,
SUS POEMAS Y SU PENSAMIENTO,
POR EL MUNDO ORGULLOSO LLEVÓ,
FUE TAN MAGNO EL VATE MOLINA,
DE TALENTO, JOVIAL, ETERNAL,
QUE, A DARÍO, FROYLÁN Y CHOCANO
CON SU LÍRICA Y DON DESLUMBRÓ.

CORO

¡SALVE OH! GRAN POETA GLORIOSO,
PORTALIRA MACIZO GRANDIOSO,
QUE AL PLANETA TUS VERSOS LLEVASTE
Y TU NOMBRE EN LA CIMA DEJASTE.
TRECE LOCOS A TI, TE LOAMOS,
Y HONDURAS ENTERA TE CANTA,
MUY UFANOS DE TI, HOY ESTAMOS,
CON EL ALMA TU NOMBRE COREAMOS.

BREVE RESEÑA DEL AUTOR DEL HIMNO A JUAN RAMÓN MOLINA

Tegucigalpa, d. C., 1 de noviembre, 2012. Hace como cuatro meses que el ilustre periodista e historiador, Mario Hernán ramírez, "me llamó para decirme que, si podía crear el himno al magno bardo hondureño, Juan Ramón Molina, le contesté que sería un alto honor hacer dicha obra".

Fue así como el viernes 28 de septiembre, 2012 por la noche, recibí de una moliniana y sobrina, Vilma Castillo, el libro "Juan Ramón Molina su obra y su vida", remitido por el presidente del comité, Mario Hernán Ramírez.

El domingo 30 del mismo mes, como a las diez de la mañana, me quedé viendo el libro en referencia; sentí algo extraño, como una voz que me decía, abrilo, abrilo de inmediato.

Empecé a leerlo y poco a poco me entusiasmé, estaba encantado, hechizado, tanto de los poemas del vate Molina, como de los relatos de sus biógrafos.

Me fascinó la narración "lo que dijo don Fausto" escrito por Arturo Oquelí. Mis ojos "se llenaron de lágrimas e ira a la vez, cuando el tirano terencia sierra, puso a este ilustre hondureño "cadenas en sus pies", y lo hizo trabajar con barra y piocha en la brecha que se hacía de lo que fue la antigua carretera del sur".

Igualmente lloré por su muerte en el exilio y la extrema pobreza a sus 33 años, misma edad de nuestro redentor. Y cuando la joven salvadoreña, pastora, enamorada del trovador expresó: "se fue mi poeta señor, partió el hombre que adoraba, ya no escucharé más sus versos de amor". Lloraba y lloraba, su llanto era conmovedor.

Oquelí, refiere que después de una corrida de toros en Madrid; darío, chocano, Froylán y Molina, deciden hacer un poema sobre lo ocurrido en la plaza de toros, turcios no participó, pues lo consideró como "un acto de salvajes y que ya había protestado airadamente en el mismo redondel".

Los tres bardos escribieron sus poemas y les dieron lectura… y esto me enorgullece, porque rubén darío, josé santos chocano y Froylán Turcios, le rindieron homenaje a nuestro máxime poeta, escritor y periodista juan ramón molina, al considerar su poema como 'el mejor de todos'.

Me llena de orgullo patrio saber que el premio nobel de literatura (1967), el guatemalteco, miguel ángel asturias, consideró a rubén darío y a Juan Ramón Molina, "como gemelos de la literatura iberoamericana".

Cuando decidí empezar a escribir el himno objeto de este relato, sentí que los bardos: darío, chocano y Froylán estaban conmigo y que sutilmente me dictaban la letra del himno del macizo bardo hondureño.

Con mi don de autor-compositor y lo relatado en el párrafo anterior, en menos de treinta minutos, plasmé la letra y la música de esta obra musical, dedicada al glorioso bardo hondureño Juan Ramón Molina y que hoy entrego a mi patria Honduras.

Parecerá fatua la aseveración anterior; pero es tan real cómo cuando en 1980 pronostiqué que la selección nacional de futbol estaría en España '82, al mencionar: "y el mundial en España espera y el nombre de honduras en futbol brillará con orgullo cimero" …

Esta es mi contribución a la inconmensurable labor que realizan "los trece locos del guanacaste", comité promonumento a Juan Ramón Molina, por mantener en lo más alto el nombre e imagen de quien considero el alfa y omega de nuestras letras hondureñas.

(Manuel Castillo Girón/Autor-compositor/Premio nacional de arte 2002).

IN MEMORIAM DE ELISEO PÉREZ CADALSO

Por MARCIAL CERRATO SANDOVAL

Numerosas y bien sentidas han sido las demostraciones de pesar que el pueblo hondureño ha expresado en diferentes formas y medios por el desaparecimiento terrenal del extraordinario hombre de letras y gran amigo de las cosas buenas y bellas: Eliseo Pérez Cadalso.

Yo tuve la oportunidad de gozar -por muchísimos años- de la amistad y compañerismo de Don Eliseo- ha visto desfilar las innumerables evocaciones de su personalidad y de su luminosa trayectoria en los estrados del quehacer nacional, en los cuales dejó su nota característica de hombre probo, humanista, patriota, hondureño hasta la médula, humilde, perseverante y ameno. Pero dentro de este calidoscopio de bien fundadas reminiscencias existen dos aspectos de su personalidad que hoy quisiera destacar, no solo porque lo hacen aún más sobresaliente, sino que nos dicen el porqué de su dedicación y apego a uno de sus últimos empeños, inspirado y motivado por su romanticismo y amor por la belleza.

Consideramos que estas dos últimas facetas de su personalidad fueron las que lo motivaron a llevar como un nuevo quijote y por cinco lustros, la responsabilidad anímica de erigir un monumento al excelso poeta Juan Ramón Molina, que no solamente representaba para él, un gran esteta, sino que sintetizaba al hondureño en sus diferentes matices e idiosincrasias y que encarnaba un "adalid de la identidad nacional".

Esta responsabilidad heredada de ese otro gran esteta, Froylán Turcios, inspiró a nuestro amigo a organizar en 1970 y en el seno de la A.P.H., el Comité Pro Monumento a Juan Ramón Molina, cuya actividad se paralizó por varios años debido a la ausencia de su fundador que cumplía misiones diplomáticas en Nicaragua, México y España y no fue sino hasta 1990, en que se reorganiza bajo su presidencia y surge así el grupo de aves raras que bautizó con el sugestivo nombre de los "Trece locos del Guanacaste".

En un artículo publicado por don Eliseo en el Heraldo, en agosto de 1992 y titulado *Los Soldados de Molina,* resume parte de esta gestión: *"La idea de un monumento a la memoria de Molina fue denunciada por el mismo Froylán Turcios, en 1913, al haberse cumplido cinco años de su muerte. Después le dieron su apoyo varios ilustres intelectuales, como Vicente Mejía Colindres, Ricardo Diego Alduvin, Rafael Heliodoro Valle, Ismael Zelaya, Jesús Castro Blanco, Arturo Oquelí y algún otro que se escapa a esta lista, compuesta exclusivamente de hondureños fallecidos.*

El propósito era bueno, pero nunca pasó de las palabras. Y no fue sino en 1970 cuando nosotros, desde la Asociación de Prensa Hondureña (APH) asumimos la romántica aventura, habiendo comenzado por gestionar la emisión de un Decreto Legislativo que creara una estampilla mostrando la efigie del insigne portalira..."

Desde entonces acompañamos a este gran hondureño en esta "locura" a la que le dedicó muchas horas y diversos trabajos físicos e intelectuales, siendo su primera e ingente realización la emisión de un sello postal alusivo a Molina con cuyo producto se logró el financiamiento de la estatua en bronce obra de Mario Zamora. Siempre –hasta que las limitaciones impuestas por su enfermedad se lo permitieron- acudió a las juntas que el Comité realizaba sábado a sábado en el edificio de la APH del barrio Guanacaste.

En 1994 tuvo la satisfacción de presidir los actos de presentación del Libro I, Obra y Vida de Juan Ramón Molina, editado por el Comité y que incluye su obra: el Habitante de la Osa, solemne evento que tuvo como escenario el Palacio Municipal de Tegucigalpa. Posteriormente, el 14 de diciembre de 1994, dejó inaugurada y en manos del pueblo de Comayagüela y de la Patria la efigie de Molina en el parque La Libertad.

Había concluido así una tarea más de altos kilates cívicos y patrióticos llevado por su romanticismo y amor a lo bello.

Pero Pegaso aguarda… y así, como un día lo hizo Molina; nuestro amigo, compañero y mentor, subió sobre su fuerte lomo y creemos que ya se encuentra en el "magnífico Palacio de la Osa". O ¿quién los sabe? ¿Estará con Molina en la Torre de Oro junto a la Cruz del Sur?

MOLINA EN LA ESCUELA DE MÍSTER WHITE

Por JESÚS EVELIO INESTROZA

Con la Reforma, se dio inicio en forma sistemática a la formación de maestros en las escuelas normales y el Código de Instrucción estableció que los preceptores que transcurridos dos años de su emisión no podrían ser maestros sino los individuos que, siendo de notoria buena conducta, hubieran obtenido de la Secretaría de Instrucción Pública, diplomas de Maestros de Instrucción Primaria, después de haber recibido certificado de su aprendizaje en la Escuela Normal o a falta de esta, en alguno de los colegios de segunda enseñanza. Los intibucanos que ejercían el trabajo docente se vieron enfrentados a una realidad donde era evidente su exclusión para dar paso a nuevas generaciones de docentes.

En 1882, en la ciudad de La Paz, a pocas leguas de Jesús de Otoro, se desempeñaba en la escuela primaria de varones de La Paz y servía dos clases en la escuela de niñas, el jamaiquino José Mauricio White quien no poseía el certificado exigidos por la ley citada, y se dirigió al Ministro de Instrucción exponiendo que tenía la experiencia y los conocimientos requeridos, por lo cual solicitaba suplir el requisito con un examen escrupuloso sobre las materias designadas *ad hoc,* y una información que justificara la buena conducta para obtener el diploma. [3]

White era militar. Se incorporó al ejército del Estado de Honduras el 9 de agosto de 1860 como subteniente, ayudante a la expulsión de los filibusteros, renunciando al grado de capitán efectivo el 8 de noviembre de 1874 para dedicarse exclusivamente a la educación de los hijos de su protector, el finado licenciado Valentín Durón (maestro de la Villa de Concepción en 1860) y otros niños que le habían sido encomendados a su cuidado.[4]Desde 1860 ejerció el magisterio en

---

[3] José Mauricio White al Ministro de Instrucción Pública del Supremo Gobierno. La Paz 28 de julio de 1882.
[4] José Mauricio White al Supremo Poder Ejecutivo, Villa de Concepción 8 de noviembre de 1874.

escuelas y colegios de las principales ciudades de la República, a veces fungiendo accidentalmente como director de establecimientos de jerarquía superior.

Después de trabajar en La Paz en 1882, aparece en 1884 como maestro de 152 niños en la escuela de varones de Tegucigalpa; entre sus alumnos se encontraban Antonio Callejas, Marcos Carías Andino, Tiburcio Carías Andino y Juan Ramón Molina. En 1887 se desempeñó como docente de la Escuela Normal de Choluteca.

Esto nos demuestra una particularidad de la época: la vida militar era una circunstancia inevitable y envolvía la vida de todas las personas, inclusive los maestros que en aquellos tiempos era común que se enrolaran en la milicia del Estado o se incorporaran a las fuerzas rebeldes, a veces con algunos de sus alumnos. Además, su condición de individuos letrados les permitía desempeñar algunas funciones especiales en las planas mayores, como sucedió con el maestro Cayetano Castro (maestro de la escuela de Tegucigalpa en 1861) que fue secretario en campaña del general José Santos Guardiola. A principios del siglo XX en Intibucá algunos maestros de la cabecera departamental, Jesús de Otoro y Camasca, cerraron las puertas de sus escuelas y marcharon al campo de batalla en las filas de los generales Gregorio Ferrera y Vicente Tosta.

No solamente las escuelas normales, la escasez del erario municipal, las enfermedades y la apatía, contribuyeron con el rompimiento de esta etapa del apostolado docente. Los reformadores hicieron llegar maestros extranjeros en 1884, entre los que se encontraban los guatemaltecos Carlos Alberto Velásquez, José Clemente Chavarría, Víctor Chavarría, Ángel Ignacio Jordán, Tomás Escoto, Rodrigo Castañeda, Joaquín Tejeda, José María Pérez y J. Inocente Orellana. En el gobierno de Luís Bográn fueron contratados los profesores españoles Francisco Cañizares, Juan G. Ruiz, Arturo Morgado, Andrés L. Martínez, Ángel A. Del Cid, J. Marcos, Manuel Monterio, Robustiano Rodríguez, Tomás Mur, Ciriaco Garcillán, Italo Chizzoni, Juan Lamas Bassó, Antonia Carbo, Manuel Patuarte y Salvador Rodríguez. Todos trabajaban en institutos de Segunda Enseñanza con excepción de Martínez y Monterio que lo hacían también en la Universidad.

MOLINA EN CEREBROS DEL MUNDO

Por ANTONIO OCHOA ALCÁNTARA

Como se ha expresado, Molina es el poeta más importante en toda la historia literaria de Honduras y después de Rubén Darío, la segunda figura del modernismo en Centroamérica.

Prosista extraordinario y periodista combativo. Fundó la revista "Espíritu". En 1899 editó "Diario de Honduras" publicación surgida de la fusión de "El Cronista" y el "Diario". Tomó parte en la revolución contra Terencio Sierra en 1903.

La obra poética de Juan Ramón Molina fue reunida por Froylán Turcios, quien la publicó en 1903 con el título de "Tierras, Mares y Cielos".

Su producción prosística fue publicada por la Secretaría de Cultura y Turismo en 1982.

La poesía de Juan Ramón Molina ha sido analizada y exaltada por Rubén Darío, Miguel Ángel Asturias, Enrique Gonzales Martínez, Max Enrique Ureña y Rafael Helidoro Valle.

Un poeta de la calidad de Juan Ramón Molina, en nuestras latitudes, es como ave de plumaje raro, cuyo trino armonioso estremece los ecos sonoros de la selva y rompe el isócrono modular de arcaicos acentos. El bardo de Honduras —como Rubén Darío en Nicaragua— fue flor exótica de exótico aroma, en nuestra floresta literaria.

El numen del gran bardo que floreció bajo el límpido cielo de Honduras, fue la nota lírica más extraordinaria de fines del siglo XIX, que repercute en el presente y está llamada a perdurar en los tiempos futuros. Llena una época entera con su estro brillante y múltiple, desde que se consideraba que las bellas letras en Centro América estaban todavía en período de gestación, hasta el presente, en que su poesía no ha sido superada.

Juan Ramón Molina en Honduras —con Luis Andrés Zúñiga y Froylán Turcios—, rompió, por decirlo así, los viejos moldes del parnasianismo ochocentista, ya en decadencia. Su euritmia, la fuerza de su verbo, la pujanza de su estilo, la novedad de su expresión y su modalidad nueva, fueron palancas que derribaron los carcomidos andamiajes de arcaicos y alambicados estilos; _no obstante el alejamiento que creaba en su tiempo la falta de comunicaciones rápidas y constantes con el mundo exterior, que naturalmente hacían perder el contacto de nuestros grandes intelectuales con el movimiento que se estaba operando en el resto del mundo civilizado, con tendencias a crear nuevos cánones literarios que todavía imperan; y seguirán imperando a pesar de ese llamado modernismo poético que ha degenerado en prosa insubstancial.

Molina es de los que dio la última expresión de la nueva forma literaria —clasicismo evolucionado—, en Centro América; y si es verdad que no marcó nuevos derroteros, no es menos cierto que su obra literaria dispersa[5] significa un valiosísimo aporte a la poesía castellana. Juan Ramón la presentó a los ojos admirados de sus contemporáneos con el rico ropaje de una fantasía exuberante y varía; y fue su acento como la anunciación de un renuevo rotundo, el más artístico si cabe, y como tal calificado por la crítica hispanoamericana.

"Con estos arreos se presentó en los cenáculos literarios de América del Sur, nuestro vate. Con ellos, este caballero de la pluma, sobre su Pegaso magnífico, sorprendió a los intelectuales del Brasil, cuando los saludó "con una gran fanfarria de roncos olifantes".

Basta lo dicho para revelar lo que Molina fue como poeta: una espléndida gema, cuyo raro fulgor no pudo apagar nuestro medio estrecho, hostil e ingrato. Cantó entre el estallido de los fusiles fratricidas, en los cerros, envuelto en el humo de la pólvora y el grito estentóreo de nuestros macheteros. Con ellos, brazo a brazo, luchó en nuestras montoneras internas.

Espíritus mediocres levantaron airados los puños en señal de impotencia, ante el canto inaudito de belleza suma. Influenciado por el ambiente revolucionario y de desorden, en su juventud, le sabía a gloria lucir sus entorchados de coronel. Y ese mismo ambiente de asonadas sangrientas, lo constriñó a separarse de su camino triunfal,

---

[5] Recogida más tarde con cariñoso esmero por Froylán Turcios. El Dr. Jesús Castro Blanco editó la Apología de Juan Ramón Molina.

no obstante que poseyó una lira de áureo coraje, que unas veces fue látigo y otras flamígeras espadas. Así fue como Juan Ramón Molina fue al destierro.

Como los antiguos aedas de la ilustre Atenas, el gran cantor de la tierra de Lempira __águila de corazón de cisne__ "enderezó a otros climas sus pasos peregrinos", asqueado del ambiente enano, y temeroso de manchar su armiño imperial. Así fue como llegó a las exúbereas de Cuscatlán la generosa, llevando en su alforja de trovador trashumante un caudal de maravillosas rimas, y en su espíritu el luminar divino que lo glorificó en su juventud temprana, y que no pudo extinguirse con la muerte.

Espíritus fraternos fueron a su encuentro, y bajo el cielo hospitalario, acogedor y noble de El Salvador, encontró un nidal para su ensueño y el infinito azul para su vuelo a la inmortalidad.

¡Bendecido sea por siempre el seno hermano de El Salvador, porque arrulló el último sueño del enorme poeta nacido "en el fondo azul de las montañas hondureñas"!

UN POETA ATRACTIVO

Miguel A. Alvarado, amigo y compañero de los hondureños, recuerda: "Los dos jóvenes eran inteligentes y soñadores. Cerrato Andino ocupaba con frecuencia la tribuna pública, en donde sostenía enérgica y valientemente, sus ideas libertarias. Molina se dedicaba con predilección al cultivo de la poesía.

Cuando llegaron Molina iba humildemente vestido. Su continente era atractivo; la frente era levantada; sus ojos chispeaban; usaba, levemente inclinado, un sombrero de paja; se dejaba patillas, por lo cual, unido a su origen hondureño, los estudiantes lo bautizaron con el sobrenombre de "Morazán".

Por aquel tiempo, se verificaban quincenalmente, en el Instituto, unas veladas líricos-literarias. Para estas, Molina escribió varias composiciones en versos y en drama titulado María. Este, según se dijo entre los estudiantes, era un reflejo de los desafortunados amores del poeta con una bella quezalteca".

Molina cultivó estrecha amistad con el sabio Dr. José Antonio Aparicio, profesor de varias clases en el Instituto. Eran compañeros de cuarto y no permitían al sirviente entrar para que hiciera el aseo.

Se publicaban dos revistas en la ciudad. Una de los estudiantes del Instituto; y otra de los alumnos de la Escuela de Artes y Oficios. Las alumnas del Instituto de Señoritas colaboraban en la segunda revista. Las dos revistas entraron en discusión. Y sucedió que varias veces las señoritas vencían a los jóvenes del Instituto de Occidente de Honduras.

Con el tiempo el Dr. Aparicio y Molina desocuparon la pieza y el aseador pudo entrar para hacer la limpieza; y al observar tantos pedazos papel en el piso los recogió; y otro joven los recogió y al recomponerlos leyó los borradores de los artículos que publicaba la señorita hondureña Lucrecia Sierra.

En 1894 Molina sirvió la cátedra de Declamación y en ella los estudiantes declamaron poesías selectas de los poetas Espronceda, Heredia, Núñez de Arce, Díaz Mirón y otros literatos.

El nuevo director del Instituto, profesor Clemente Chavarría, quien después ejerció el magisterio en Honduras, le confirió el título de Bachiller en Ciencias y Letras. Molina hizo que el poeta Flavio Guillén fuera miembro del tribunal del examen general. Guillén dice: "Formé parte de su tribunal examinador, tal vez a petición de él, que me tenía bastante confianza para rogarme como lo hizo: Por Dios, no me vaya a preguntar Álgebra, ¡esa barbaridad de la ciencia! Hágame el favor de decirme, ¿a quién ha hecho feliz La Trigonometría? ¿Y a qué almas redimió la Geometría?

(Fuente La Prensa, San Pedro Sula).

EL BUSTO DE JUAN RAMÓN MOLINA EN EL CEMENTERIO GENERAL

Por ROGER SILVA

7 ABRIL, 2009. TEGUCIGALPA. - Se cumplieron 100 años de la muerte de nuestro insigne Juan Ramón Molina y se dieron varios homenajes a su memoria por parte de varias instituciones y asociaciones culturales, desde lectura de su obra, nuevas ediciones, exposiciones de sus libros hasta visitar su monumento en el parque La Libertad de Comayagüela.

Ahora, en abril, se conmemora su aniversario natal, pues nació un 17 de abril de 1875 y parece que nadie lo recuerda al no escucharse ni ver nada al respecto en los diferentes medios de comunicación por parte de sus admiradores.

Al parecer, esa apatía viene desde siempre, según dice la publicación "Juan Ramón Molina, su vida y su obra", libro que me obsequiara el recordado don Héctor Elvir Fortín (QDDG), quien fue miembro activo del comité pro monumento a Juan Ramón Molina.

Dice en uno de sus capítulos denominado Lo que dijo don Fausto que "no existe en la prensa de entonces la menor huella que atestigüe su paso por estas serranías, salvo el recuerdo de su inteligencia, de niño precoz, amigo de quebrar a pedradas los tejados de las casas de Comayagüela", afirmando también que la verdadera patria intelectual del poeta hondureño fue Guatemala. Allá llegó en 1889; a los 14 años y encontró cariño y corazones ampliamente generosos.

Y sigue contándome esta extraordinaria publicación, que "uno de los primeros periódicos editados en Guatemala, era publicado por cuenta propia del poeta, "El Bien Público", desconocido hasta la fecha en Honduras".

Y es que, así como es desconocido mucho acerca del gran Molina, es poco conocido su busto en el Cementerio General de Comayagüela, así como también se ha desconocido al autor de éste, en el lugar donde descansan sus restos mortales.

Juan Ramón Molina murió en la ciudad de San Salvador, después de una vida azarosa y creativa, de amores y sinsabores, de placeres y de arrobo, como exigía la vida suelta de los artistas de la época, imagen bohemia que algunos creen que subsiste hasta hoy en los escritores y artistas de toda índole.

Pero el rollo es que si los artistas de la época de la repatriación de los restos de Molina a Honduras trataban de llevar una vida entre bohemia y conservadora, como es el caso del autor del busto a Molina en el Cementerio General, don Armando Pérez Sánchez (QDDG), maestro de la Escuela de Bellas Artes durante el periodo 1948 al 1958 de las asignaturas de artes aplicadas (diseño, carpintería, ebanistería, decoración, escultura religiosa) además de dibujo lineal y libre, pintura, cerámica, tallado en madera y escultura, era una persona muy querida y distinguida por sus alumnos pero marcado por sus tormentos al perder una de sus piernas en un accidente casero, producto de su inconformidad al sistema, tal como Molina.

Armando Pérez Sánchez, hermano de mi madre Carmen Pérez de Silva y de mi tía Clarita Pérez de Sánchez me cuentan que había sido nominado para una beca a España; pero que su predilección por la bohemiada le llevó a perderla, asignándosele esta beca a uno de sus más cercanos amigos el artista Miguel Ángel Ruiz Matute, ahijado de Arturo López Rodezno, director de la escuela y entregado en tutela al mismo por el general F. Martínez Fúnez, según pude ver en los archivos de la escuela que muy gentilmente me permitieron acceder sus directivos Dino Fanconi y Rafael Cáceres.

Era un grupo de jóvenes entre los 14 y los 17 años el que visitaba la casa de mi abuelo el general de cerro don Alejo Pérez, la casa quedaba a pocas cuadras de la escuela y en sus ratos libres llegaban a comer y descansar Arturo Guillén, Dante Lazzaroni, Tesla Bardales, Ruiz Matute, Arturo Luna y Moisés Becerra entre otros.

Me impresionó el orden y el celo con que se guardan los diferentes tomos de los archivos de la escuela, que a pesar de que algunos están dañados por el Mitch aún se puede encontrar información de cómo era la incipiente actividad artística de la época, notas de personajes como Graciela Bográn, Felipe Elvir Rojas, embajadores y publicaciones importantes de la época, donaciones, peticiones de apoyo y nombramientos cuentan una historia muy interesante y es aquí donde también encontré que por decreto del presidente Villeda

Morales se le encomendó al maestro Armando Pérez Sánchez, la producción y el diseño del busto que hoy se encuentra en el Cementerio General de Comayagüela, tristemente olvidado y deteriorado en medio de otras tumbas y mausoleos abandonados por sus propietarios, quienes se cansaron de remozarlos año con año ante el descuido de las autoridades que administran esta joya histórica de Comayagüela.

Estas fotos que ilustran este artículo, las tomé yo mismo en medio de las muchas recomendaciones que me hicieron de que podía pasarme cualquier cosa por la inseguridad y delincuencia que impera en esta zona.

Me advirtieron que no era conveniente irme en carro, radio taxi me dijo que no hacían carreras a esta zona porque la consideran de alto riesgo y al final el taxi particular que me llevó me dijo que no me podía esperar allí, que pasaría en media hora y que por favor estuviera listo pues también cuenta que es un peligro para los taxistas hacer carreras al Cementerio General.

El busto de Molina está lleno de moho, laceraciones y se nota que la última vez que lo pintaron fue con cal, las dos piezas que unidas conforman el busto (técnica de vaciado en marmolina con moldes) se están separando por la falta de mantenimiento y está rodeado de vegetación silvestre que ha crecido a su alrededor así como de excremento humano dejado por personas que hace mucho perdieron su identidad, así como sus padres al venirse a una ciudad que no les ofreció mejores derroteros, pues según me dijeron los que trabajan en el cementerio los que vienen a hacer sus necesidades fisiológicas son algunos de los comerciantes que están alrededor del cementerio así como peatones que lo cruzan para acortar camino entre las diferentes barrios y colonias que le rodean y que hasta boquetes han abierto en diferentes partes del muro perimetral.

Y bien ¿qué vamos a hacer con los últimos deseos de Juan Ramón Molina, de descansar en la ciudad que tanto amó? Haga sus conclusiones y avíseme.

CIEN AÑOS DE MOLINA

Por SEGISFREDO INFANTE

Escasos de libros solíamos visitar, a comienzos de 1972, la antigua Biblioteca Nacional. Ahí descubrimos, en una noche inolvidable, una edición de "Tierras, Mares y Cielos" de Juan Ramón Molina (1875-1908), prologada por el poeta mexicano Enrique González Martínez.

Años más tarde llegarían a nuestras manos otras versiones de la compilación poética y de su prosa, incluyendo la prologada por el novelista guatemalteco Miguel Ángel Asturias, y la que nosotros mismos reeditamos en la Editorial Universitaria de la UNAH, a mediados de la década del noventa.

Pero los poemas que ahora mismo rememoro y que me empujan a escribir este artículo, son aquellos que leí por vez primera cuando todavía éramos adolescentes, desprejuiciados como el amanecer. Recuerdo haberme impresionado profundamente con la lectura del poema elegiaco "Una Muerta"; pero también recuerdo con simpatía los poemas "Río Grande", "En el Salón de los Retratos", "Segundo Aniversario", "Autobiografía", "Después que Muera", "Adiós a Honduras", "La Eterna Guerra", "Pesca de Sirenas" y "La Caída de Luzbel".

Por supuesto que habíamos saboreado algunas lecturas previas de los versos de Rubén Darío en la colección "Vidas Ejemplares" que me alquilaban en el viejo Mercado "Los Dolores" de Tegucigalpa, y un estudio de los textos didácticos del profesor Víctor F. Ardón que utilizábamos en el Instituto Central "Vicente Cáceres", todo lo cual facilitaba una especie de calibraje inocente (sin segundas intenciones) de la poesía casi completa de J. R. Molina.

Ahora que se cumplen los cien años de que Juan Ramón Molina falleciera en los alrededores de San Salvador, es preciso que iniciemos un ciclo de homenajes para resaltar la obra del más grande poeta lírico de Honduras de finales del siglo diecinueve y comienzos del veinte.

Subrayamos el concepto de "poeta lírico" porque también existía, en aquellos mismos tiempos, el olanchano José Antonio Domínguez (1869-1903), un escritor inmenso que en términos filosóficos nada le envidiaba al poeta inglés, romántico y materialista, Percy B. Shelley (1792-1822).

Por otro lado, los versos del "Himno a la Materia" de J.A. Domínguez –que colindan con la perfección técnica pero que son desconocidos fuera de nuestros egregios arrabales–, se encuentran esculpidos sobre la roca de la eternidad.

No es descartable que en el marco del primer centenario del fallecimiento del escritor se repitan muchas insustancialidades, como aquella que Juan Ramón Molina era el "poeta gemelo de Rubén Darío". Todos aquellos que hemos estudiado el asunto entendemos que Molina era quizás el mejor discípulo cronológico de la obra modernista del gran poeta nicaragüense, por lo menos en América Central, pues en Argentina teníamos, para la misma época, a Leopoldo Lugones y, en España, a los dos hermanos Machado y a Juan Ramón Jiménez, para sólo mencionar cuatro nombres relevantes.

Pienso que la singularidad de J.R. Molina, en donde tal vez podría superar a su maestro mayor Rubén Darío, es en los poemas conceptualmente sólidos y de tono elegiaco como "Una Muerta" (leído en Río de Janeiro en 1906, y dedicado a su esposa fallecida doña Dolores Hinestroza). También en poemas sugerentes de alta calidad intrínseca como "En el Salón de los Retratos" y "Después que Muera".

Es en esta clase de obras en donde tenemos que buscar al gran lírico hondureño de comienzos del siglo veinte. No en los poemas rimbombantes de ocasión para consumo de lectores desinformados que son fanáticos de la poesía declamatoria.

JUAN RAMÓN MOLINA EN EL TIEMPO

Por ELSA DE RAMÍREZ

¿Recuerda a los Trece locos de El Guanacaste? Hoy les hablaré sobre un tema vinculado con nuestro pasado, con el título "Juan Ramón Molina en el Tiempo". ¿Recuerda usted al autor del soneto "Pesca de Sirenas"?

Pues bien, para honrar su memoria, en la década de los años 70´s del pasado siglo, se creó o para decirlo mejor, se fundó un grupo de intelectuales, con el nombre de Comité Pro-Monumentos a Juan Ramón Molina, conocidos también como "Los Trece Locos del Guanacaste", porque sesionaban sabatinamente en la sede de la Asociación de Prensa Hondureña, ubicada precisamente en ese histórico barrio de Tegucigalpa; cuya misión era incorporar a la gloria de las letras el insigne nombre del autor también del canto al Río Grande, Juan Ramón Molina.

Pues bien, este grupo fue presidido por el ilustre intelectual, Eliseo Pérez Cadalso, acompañándole en tan hermosa jornada los también intelectuales: Antonio Osorio Orellana, Raúl Lanza Valeriano, Dionisio Ramos Bejarano, Héctor Elvir Fortín, Agustín Córdova Rodríguez, Magda Argentina Erazo, Juan Domingo Torres Barnica, Elpidio Alejandro Acosta Navarro, Marco Rolando San Martín, Marcial Cerrato Sandoval, Daniel Vásquez y Mario Hernán Ramírez.

De los llamados Trece Locos del Guanacaste, ya han fallecido nueve, sobreviven tres y uno que se retiró del grupo. Estos quijotes, concibieron entre otras cosas, la colocación de un monumento al excelso porta lira, en el Parque La Libertad de Comayagüela, su ciudad natal; obra que fue esculpida magistralmente en bronce por el mundialmente famoso escultor hondureño residente en México, Mario Zamora Alcántara, y colocada en el lugar antes mencionado en 1994. En esa misma oportunidad se editó un libro, contentivo de tres obras a saber: "Tierras, Mares y Cielos", del propio Molina; "Lo que dijo Don Fausto", del autor nacional Arturo (Pituro) Oquelí y el "Habitante de la Osa" del propio Eliseo Pérez Cadalso.

Para su conocimiento, posteriormente el Grupo Moliniano, logró colocar en la ciudad de Quetzaltenango, Guatemala, lugar donde estudió el malogrado bardo, otro monumento esculpido en mármol por la artista Lucy Matamoros, de la Escuela Nacional de Bellas Artes de esta capital.

En tan solemne acto, se logró reunir a la mayor parte del Cuerpo Diplomático acreditado en Guatemala; merced a la diligente actividad de la entonces embajadora de Honduras en la tierra del Quetzal, doctora Elsa Palau. Un pelotón de la famosa Academia Militar Politécnica, hizo una salva de Veintiún cañonazos y la municipalidad de Quetzaltenango, declaró ciudadanos ilustres a los tres emisarios de la cultura hondureña, que llegaron hasta aquel lugar con tan hermoso propósito, en 1998, siendo ellos: Marco Rolando, Marcial y Mario Hernán.

Finalmente, en el 2008 con motivo del centenario del fallecimiento del ilustre poeta, la misma comisión, acompañada por un grupo de miembros del Parlamento Centroamericano, asistió a San Salvador; en ese lugar, específicamente en el Parque Cuscatlán de esa ciudad, se develizó otro monumento al prócer de la intelectualidad nacional, quien quedó allí junto al poeta chileno Pablo Neruda.

En Tegucigalpa en la mera fecha del fallecimiento de Molina, se desarrolló toda una ceremonia que utilizó el salón principal de Bellas Artes, exactamente frente a donde está el monumento consagrado al más grande varón de las letras hondureñas.

Durante los últimos meses, se ha hecho presente la figura notable de una ilustre dama, residente en la ciudad de Washington, D.C., nieta del eximio poeta, quien ha venido a contribuir a enaltecer la figura del malogrado bardo, al enviar un lote de fotografías agigantadas, únicas, o mejor dicho, inéditas, por cuanto en el ambiente literario nacional no se conocían, para ser entregadas a las diferentes Casas de la Cultura existentes en el país, misión que culminó el pasado sábado 20, con la última entrega que se hizo al periodista Luis Alonso Gómez, Director de la Casa de la Cultura de Danlí, El Paraíso.

Ella es doña Gloria Cáceres Molina, quien reside en la capital norteamericana desde hace varios años, donde una hija suya, médica de profesión, fundó un hospital, el cual goza de mucho prestigio. Esta honorable dama vivió muchos años en República Dominicana, en donde la OEA le había asignado un cargo de mucha responsabilidad; ahora jubilada, está consagrada a mantener vigente la memoria de Juan Ramón Molina.

Micro biografía de Juan Ramón Molina: Nació en Comayagüela, M.D.C. el 17 de abril de 1875 y falleció el 2 de noviembre de 1908, en San Salvador a la temprana edad de 33 años, sus restos fueron repatriados en 1918 y reposan en el Cementerio General de Tegucigalpa.

UN MONUMENTO EN SU MOMENTO

Por WILFREDO MAYORGA ALONSO

Tiene razón el periodista e historiador Mario Hernán Ramírez al estar preocupado con un grupo de selectos compatriotas, para erigirle un monumento al más conspicuo porta lira de la literatura catracha: JUAN RAMON MOLINA.

Desde hace largos años, escuchamos y leemos la intensa campaña que estos connacionales despliegan por los medios a su alcance, en la obra que no será de unos pocos, sino de todo el conglomerado nativo que, desde las aulas escolares, hemos tenido referencias del más grande representativo de las letras patrias.

Mario Hernán preside este Comité, sin que hasta ahora sus empeños hayan tenido el corolario que esperaban. Ninguna oferta formal del Estado, pocas voces solidarias de las instituciones culturales, muy raquíticas propuestas de los profesionales.

No nos pregunten si conocimos a Juan Ramón Molina; porque físicamente, no. Pero desde que aprendimos a leer, no encontramos libro del siglo pasado o del presente, no hay antología nacional e internacional, donde su nombre sea omitido. Ninguna obra literaria del terruño estaría completa si dejara por fuera a esta gloria de

Comayagüela --donde nació en 1875-- y de Honduras a la que cantó en sus momentos luminosos.

Su poema "Salutación a los poetas brasileros" fue inspirado (casi improvisado) durante el Congreso Continental, representando a Centro América con Rubén Darío y Froylán Turcios. Y, no obstante, su sobresaliente participación, siempre se despertaron polémicas. Párrafos de una carta enviada por el Dr. Timoteo Miralda a su pariente, Dr. Adolfo Miralda, publicada en 1950 en el semanario ceibeño "Costa Norte" que dirigían los olanchitos Ramón Amaya Amador y Dionisio Romero Narváez, hace mención de Molina en estos términos:

"Recibí el libro que me mandaste sobre Juan Ramón Molina. Después de hojearlo, encontré muchos errores y mentiras. Te diré: nadie como yo conoció tanto a Juan Ramón. En un periodo de tiempo, fuimos compañeros de todos los días. El viaje de los dos al Brasil, fue por iniciativa mía ante el Gral. Bonilla (Manuel) contra la opinión de Fausto Dávila, a quienes llamaba un par de locos". Del susodicho libro y su autor, no tenemos la más remota idea; quizá alguien más cercano a la Biblioteca o Archivos Nacionales, se encargue de esa interesante labor.

Juicios académicos y valorativos sobre Molina, los podemos encontrar en la voluminosa obra "La palabra iluminada. El discurso poético en Honduras", que recientemente ha publicado la escritora Helen Umaña. Entre las páginas 108 y 116, enfoca el contenido de "Tierras, mares y cielos", publicado en 1913 por Turcios, y comenta:

"Un libro breve con algunos de los mejores poemas de la lírica hispanoamericana del periodo modernista". Y sobre el malogrado panida "Es necesario señalar que Juan Ramón Molina nunca se guareció en ninguna torre de marfil. En su obra abundan las referencias al momento histórico y a las circunstancias sociales del país".

La también poetisa, concluye sus casi ocho páginas dedicadas al lirida, calificando su producción como una "Adjetivación elegida en forma precisa. Paralelismos sintácticos de impacto rítmico. La imagen, la figura literaria (especialmente las reiteraciones léxicas) o el tropo burilados con naturalidad y precisión. El juego libre de la fantasía amenizando las cosas, proyectándoles el soplo de la vida que nace de la sinceridad del sentimiento y de la creativa utilización del idioma".

A Juan Ramón Molina le sucedió lo que, a Francisco Morazán, José Trinidad Cabañas, Juan Lindo y otros próceres: que mientras en El Salvador les levantaban bustos y los llenaban de homenajes bautizando escuelas, colegios, pueblos y departamentos en su honor, en la Patria de origen los ignoraban.

Mientras los egocéntricos --- que los hay en todo el orbe--- se dan gusto cuando pueden, de registrar con nombres antojadizos a centros educativos y de salud, calles y colonias, convenciones, etcétera, las figuras cimeras que ya no están con nosotros, apenas tienen lápidas confundidas entre los difuntos menos recordados.

Ya es tiempo que nos sacudamos esa paisano fobia, y les rindamos los tributos que se merecen a quienes constituyen la esencia de la historia nacional. No permitamos que sean más agradecidos los países vecinos con las figuras que nos enaltecen, porque también son glorias de nuestra Honduras olvidadiza.

DOCE POETAS EXTRAORDINARIOS (Y UNO MÁS)

Por ÓSCAR ACOSTA

Para la mayoría de los escritores hondureños, y para el público lector en general, Juan Ramón Molina continúa siendo el "príncipe" de la poesía nacional, llegando a ser comparado varias veces con el nicaragüense continental, padre del modernismo hispanoamericano, don Rubén Darío.

Sin embargo, Molina fallece en 1908, a la edad de treinta y tres años y medio, quedando incompleta su carrera literaria y dejando un vacío creciente sobre todo en el género de la poesía. Por eso en los albores del tercer milenio es pertinente agregar y considerar la labor literaria de otros poetas extraordinarios. Tanto por la calidad de su obra, por la dedicación a las letras como por el grado relativo de influencia ejercido en las nuevas generaciones de escritores, en el siglo veinte hondureños son insoslayables los siguientes doce poetas:

Alfonso Guillén Zelaya, Rafael Heliodoro Valle, Ramón Ortega, Clementina Suárez, Jorge Federico Travieso, Jaime Fontana, Antonio José Rivas, Oscar Acosta, Roberto Sosa, Nelson Merren, Edilberto Cardona Bulnes y José Luis Quesada.

Excluimos de la lista al formidable José Antonio Domínguez (1869-1903), en tanto que el autor del "Himno a la Materia" produjo su obra sobre todo en la segunda mitad del siglo diecinueve. Cabe señalar que, de los doce poetas mencionados, Antonio José Rivas (QEPD), Roberto Sosa, Edilberto Cardona Bulnes (QEPD) y José Luis Quesada, han dedicado la mayor parte de sus vidas al magisterio casi exclusivo de la poesía, ejerciendo una profunda influencia en la literatura hondureña de los últimos treinta años.

Por su parte Clementina Suárez (QEPD), marcó el sello de la poesía femenina nacional, en tanto que Oscar Acosta introdujo el concepto de lo cotidiano en el verso y Nelson Merren la irreverencia del lenguaje.

Aunque existen varios poetas jóvenes de reciedumbre indiscutible y de reciente data que alumbrarán el camino durante las primeras décadas del próximo siglo, la mayor parte de los estudios literarios nacionales y extranjeros han sido dedicados a Juan Ramón Molina, Roberto Sosa, Oscar Acosta, Antonio José Rivas y Edilberto Cardona Bulnes.

Justamente el poeta Leonel Alvarado se encuentra preparando su tesis de doctorado en Hyatesville, USA, sobre la obra "versal" de Cardona Bulnes, postulado por algunos estudiosos como uno de los más formidables poetas centroamericanos.

¡AY JUAN RAMÓN!

Por ROBERTO QUESADA

"La sencillez consiste en hacer el viaje por la vida, sólo con el equipaje necesario". -Charles Dudley Warner, ensayista y novelista estadounidense.

Juan Ramón trabajó en el gobierno, hecho que no amerita ninguna crítica, como ciudadano hondureño tiene todo el derecho. Y no debe de criticarse, porque es crítica al vacío, a nadie porque trabaje en el gobierno.

Eso sí, puede juzgarse lo que realizó en su gestión, si fue para mal o para bien. Puede que haya gente que trabaje en un gobierno y no necesite hacerlo más porque es posible que en esa pasada, como huracán en escala de cinco, haya arrasado con lo que tuvo al alcance, y con lo que no, y resolver sus problemas existenciales del hambre suya y de su familia, así como el resto de costo de vida como es vivienda y educación para los hijos.

Es un descaro, al menos así lo veo yo, señalar a un intelectual, artista o escritor porque preste sus servicios al gobierno, cuando quien es el dueño del dedo apuntador ha obtenido algún cargo de relevancia, en donde se manejan recursos del pueblo (peor todavía si es en gobierno de dudosa reputación en cuanto al manejo del erario público), sobre todo si cree en el trabajo que está realizando para el gobierno que labora. Existen escritores, por ejemplo, que por años rehuyeron, no sé basados en qué teoría, trabajar para cualquier cosa o causa que oliera a gobierno, tal es el caso de mi buen amigo y extraordinario escritor Eduardo Bähr. Ahora Eduardo trabaja como director de la Biblioteca Nacional y está haciendo una encomiable labor, ¿en qué mejores manos puede estar una biblioteca sino en la de un escritor que tiene demostrada su calidad literaria y su honestidad?

Existen otros que, si bien no han trabajado directamente, han creado publicaciones, revistas y periódicos, que mayormente han subsistido con los anuncios que les han proporcionado entidades gubernamentales, quiérase o no, es una forma indirecta de haber trabajado y colaborado con el gobierno. Y, a la vista salta, eso no es pecado. Otros, en cambio, criticaban a aquellos/as que trabajaban en el gobierno y ahora que son ellos quienes lo hacen, están en un silencio aterrador, estos son los "quítate tú, pa´ ponerme yo".

En la vida de los países existen cantidad de intelectuales que han trabajado para el gobierno, uno de los casos más sonados es el del poeta Pablo Neruda (si no lo ha leído es recomendable y urgentísimo hacerlo para diplomáticos y escritores leer Confieso que he vivido).

¡Imagínense que honor para el gobierno chileno tener a un Neruda de cónsul! Allí muy cerca, México ha tenido a varios escritores representándolo, como el embajador Carlos Fuentes. No digamos Octavio Paz, quien siempre tuvo nexos con el gobierno y le ayudaron a promoverse para obtener el Premio Nobel de Literatura.

El historiador argentino Abel Posse tiene años representando a su país, y así sucesivamente.

También en Argentina, uno de los errores imperdonables del peronismo, fue que, al llegar al poder, por no comulgar con sus ideas, humillaron de manera cobarde y bestial, al gran Jorge Luis Borges. ¡Qué cosas! Borges superó a todos los analfabestias que lo humillaron y aún después de muerto físicamente, sigue dándole gloria a la Argentina, a América Latina, y, ¿por qué no? al mundo. De los analfabestias ya ni yo me acuerdo.

En realidad, a estas alturas ya a nadie importa en dónde ni de qué trabajó Juan Ramón Molina si no su obra. Es cierto, obtuvo varios cargos gubernamentales pero ese tipo de cosas ya ni se mencionan, si hoy lo he hecho es porque conversando con alguien me sacó a relucir que Juan Ramón había trabajado en el gobierno, y había sido colaborador de un desgraciado general, un tal Terencio Sierra de quien se consideraba amigo. Presidente de Honduras durante el período 1899-1903, Sierra, molesto por una publicación que hizo Molina en el Diario de Honduras, bajo su dirección, lo mandó a picar piedra, encadenado, en la carretera que se construía al sur del país.

El artículo que tanto lo había molestado "Un hacha que afilar", era un conocido apólogo de Benjamín Franklin, que los acólitos de Sierra consideraron alusivo, hostil y digno de ser castigado con la prisión del poeta.

¡Ay Juan Ramón! ¡Qué cosas! Sobreviviste al nefasto general y tu estatura es tan grande que sería una ofensa compararla con el infame que te envió a picar piedra.

No obstante, vale la pena enfatizar que el desgraciado general cuando se le menciona es para condenarlo, mientras que a Juan Ramón Molina se le menciona para alabarlo. Y comprobado está que, si bien Molina trabajó en el gobierno, nunca se supo que ostentara riquezas ni mucho menos se pusiera en tela de duda su honradez.

Y es así como Juan Ramón Molina es uno de los grandes exponentes del modernismo en Centroamérica y su obra de gran calidad literaria lo consagra como el escritor hondureño más universal.

En 1892, en un viaje a Brasil, --en cuyo trayecto escribe Salutación a los Poetas Brasileños-- conoce al poeta Nicaragüense Rubén Darío, quien incidirá grandemente en su estilo. Visitó España, donde colaboró en el recién fundado "ABC" de Madrid, y varios países de Sudamérica, dejando huellas permanentes en su obra. Emilio Castelar alabó su canto "El Águila" y Rubén Darío su "Salutación a los Poemas Brasileños".

El próximo dos de noviembre Juan Ramón Molina cumplirá un centenario, como diría Jerónimo (el músico) de haber desencarnado, y qué bueno que a pesar del tiempo transcurrido el poeta Molina tiene seguidores acérrimos que, contra viento y marea, hondonadas y cuestas, empujan la carreta de la historia para que el comején del olvido no se alimente de nuestros ilustres personajes.

Es así como el conocido periodista Mario Hernán Ramírez va al frente vociferando esta fecha para que los hondureños/as no nos olvidemos de este gran poeta y le rindamos el homenaje que se merece. Ramírez y otros ejemplares compatriotas se han dado a la tarea de construir monumentos de Juan Ramón Molina en Centro América.

El año pasado, la comunidad hondureña, residente en El Salvador, organizó el homenaje póstumo al poeta, quien residió en ese país hasta el día de su muerte, el dos de noviembre de 1908. La actividad estuvo a cargo del Comité Pro monumento al poeta Juan

Ramón Molina, la Alcaldía Municipal de San Salvador y el Centro Cultural Salvadoreño (CCS). Este es el tercer monumento que el Comité dedica a su memoria en Centroamérica, siendo los anteriores el del Parque la Libertad de Comayagüela y el erigido en Quetzaltenango. Debemos solidarizarnos con el Comité Pro monumento al Poeta Juan Ramón Molina, pues hacerlo es solidarizarse con la patria. Molina es el único poeta hondureño de quien Bill Clinton, medio masticando el español, pronunció algunos de sus versos. Y así consciente e inconscientemente está en algunos intelectuales hondureños, como en el caso de una carta que me escribiera el embajador Jorge Arturo Reina, que comienza: "Le escribo desde Comayagüela, ciudad natal de los grandes poetas, Juan Ramón Molina, y Luis Andrés Zúñiga...". Este tipo de referencias, o encabezamientos epistolares, es digno de imitar, de alguna manera se rescatan así nuestros valores culturales.

Como mis lectores/as siempre esperan que yo salga con algo raro, pues les contaré que por esas coincidencias de la vida Juan Ramón Molina y yo nacimos un 17 de abril (eso sí, en distintos años).

LOOR A MOLINA

Por: MARIO HERNÁN RAMÍREZ

Juan Ramón, Juan Ramón, tu sacro nombre vuelven a mancillar los adversarios de la cultura, la inconmensurable labor de los Quijotes del Guanacaste comienza a verse frustrada frente al destrozo de tu magistral escultura esculpida fielmente por las manos prodigiosas de Mario Zamora Alcántara.

Juan Ramón, Juan Ramón, cuánta indolencia, da tristeza, da grima y penetrante dolor en el alma y en el pensamiento de los bravos molinianos, que un día sacrosanto vistieron de gloria tu nombre y tu obra y creyeron que eras intocable, que jamás ninguna mano osaría profanar tu estatua, sin embargo, el tiempo nos refleja lo contrario.

Juan Ramón, Juan Ramón, estás abandonado, te han dejado a la intemperie, cualquier chusco de barrio, profana tu escultural figura tallada en bronce como la obra maestra del genio zamoriano.

Juan Ramón, Juan Ramón, un poco más de cien años de tu triste fallecimiento, vuelves a ser víctima de la infamia, del atropello, del desprecio a la cultura, a la ciencia y al arte que deben ser destellos refulgentes de un país que respeta sus leyendas, a sus íconos, a sus ídolos, a los prohombres, auténticos valores de la hondureñidad.

Juan Ramón, Juan Ramón, da grima, tristeza, dolor, amargura, ver el esfuerzo de "Los Trece Locos del Guanacaste" abandonado a su propia suerte, pues hasta la placa conmemorativa de tan memorable acontecimiento, ha sido robada vulgarmente por pícaros de la ciudad, ignorando en su fechoría el enorme daño causado a la nación entera.

Juan Ramón, Juan Ramón, tu nombre es tea, es luz, es relámpago, es fuego, es el misterio de la grandiosidad que en tu genial pensamiento arrulló la madre Naturaleza. Juan Ramón, Juan Ramón, loor a tu nombre, loor a tu gloria. Dios te salve de tanta ignominia...

MI RINCÓN FAVORITO

POR: ELSA DE RAMÍREZ

¿Cuál es su lugar favorito dentro de su hogar?, ese lugar especial donde usted se siente bien, en paz con usted mismo, alejado del mundanal ruido, o de repente, ése lugar no esté dentro de su hogar, sino en la iglesia, la biblioteca, un café, que abundan en la actualidad, o la playa, un parque, el cine, un bar, etc., bien puede ser cualquiera, pero en este momento yo quiero compartir con usted amado lector, sobre mi rincón favorito.

Yo no sé, si es lo reciente de la construcción del sitio que he escogido como mi principal albergue, o mejor dicho, lugar de trabajo, pero, como me considero una fanática del trabajo, sobre todo de oficina, para lo cual he aprendido casi a la perfección, el manejo de los últimos adelantos de la tecnología moderna, vale decir la computadora, paso horas y horas de mi tiempo libre, esculcando todo lo que ese maravilloso invento recoge en su "cerebro".

Cuando digo tiempo libre, me refiero al espacio que manejo, entre el estudio y los quehaceres domésticos, propios de una ama de casa.

Resulta que el lugar es relativamente pequeño, pero sí artísticamente decorado, a mi gusto, perfectamente iluminado, de tal manera que, al solo ingresar a la salita, de la cual estoy hablando, siento una satisfacción enorme.

El ambiente, desde el cual estoy tratando de compartir mis sentimientos, para mí, es, si no el más agradable, por lo menos, el preferido, ya que, por momentos, estoy con la amable compañía de uno de mis hijos, Mario Fernando, o de mi esposo Mario Hernán.

Pues bien, este rinconcito, tiene sabor a Juan Ramón Molina, ya que felizmente pertenecemos a ese gremio quijotesco de los llamados molinianos, cuyos fundadores fueron los también llamados "13 locos de El Guanacaste", entre quienes figuraban: Eliseo Pérez Cadalso, Agustín Córdoba Rodríguez, Dionisio Ramos Bejarano, Raúl Lanza Valeriano, Héctor Elvir Fortín, Antonio Osorio Orellana, Magda Argentina Erazo Galo, Elpidio Alejandro Acosta Navarro, Juan Domingo Torres, Daniel Vásquez, Marcial Cerrato Sandoval, Marco Rolando San Martín y Mario Hernán Ramírez, estos últimos cuatro aun viviendo; siendo mi esposo el presidente del grupo desde 1998, por lo que el ambiente está saturado con el nombre del excelso poeta Comayagüelense, ya que por esa sala han pasado miles de cuartillas o páginas para diferentes trabajos literarios consagrados a su memoria.

Pero la sala, como queda señalado líneas arriba, es pequeña, pintada elegantemente con dos llamativos colores, la pared del fondo de color rosa viejo y la de ambos lados en blanco hueso, con una ventana cubierta por una cortina de seda, doble, color vino, en cuyas paredes se destacan diplomas, pergaminos, títulos, reconocimientos, fotografías artísticas, todo debidamente enmarcado en lujosos cuadros que le dan realce al ambiente; cuatro o cinco sillas permanecen en su interior, lo mismo que un teléfono fijo y dos móviles, un ventilador, el escritorio y la computadora; también como para alojar algún pariente que venga del exterior hay una cama elegantemente preparada, apta para un descanso reparador.

En esas condiciones realizo mi comunicación con familiares, amistades y ex compañeros de trabajo y con el mundo entero a través del internet. Por esas y otras razones, que me alegran mis ratos de relajamiento espiritual y mental, es que considero este huequito, como uno de mis predilectos en mi hogar. ¿Cuál es el suyo?

PARA MI ABUELA, LA HIJA DE JUAN RAMÓN MOLINA

Por PEDRO RAÚL GRAVE DE PERALTA

El día 28 de diciembre de 2006, dejo de existir físicamente un ser extraordinario, único, excepcional, mi amada abuela Aída Molina Castillo viuda de Grave de Peralta, hija consentida del máximo poeta Juan Ramón Molina. Su vida, la mejor obra de Molina, su nombre sinónimo de arte y cultura, sus cien años toda una bendición, su nobleza el legado más preciado, su vejez nuestro mayor regalo, su plática toda una escuela, su amor y orgullo por la familia nuestro eterno recuerdo será.

Mi abuela caminó siempre acompañada de intensos recuerdos, siendo lo más especial su amor por New York, ciudad que fue siempre su segundo hogar; ahí conoció a mi abuelo Pedro y juntos disfrutaron lo mejor de los años veinte, treinta y cuarenta bailando en el Cotton Club al compás del Charleston, Jazz y el Swing, se emocionó con el Tap, se impresionó con el glamour de Broadway, disfrutó el sonido de grandes bandas y solistas como la de Miller, Goodman y Armstrong y sobre todo de la época dorada de Hollywood y las películas de Chaplin, Valentino, Gable y la Garbo.

Su pasatiempo favorito siempre fue jugar Canasta con su grupo de amigas, el cual fundó junto a su entrañable amiga Adriana de Valerio, su bebida preferida fue siempre el "Cuba Libre", su cantante quien otro sino Frank Sinatra, su pasión leer todo lo relacionado a su padre, en especial Pesca de Sirenas, su recuerdo más íntimo la audiencia privada en El Vaticano, donde recibió la comunión de manos del Papa Pablo VI, en la Capilla Sixtina.

Mamita, como le decíamos todos en la familia, vivió sus cien años con gran intensidad, mantuvo una lucidez asombrosa, una memoria privilegiada, estuvo siempre al tanto de lo que pasaba en el mundo, sobre todo de lo que constantemente se escribía o decía sobre mi bisabuelo Juan Ramón, a quien admiraba con demencia.

Por muchos años tuvo el honor de inaugurar escuelas, parques, bibliotecas, puentes, autografiar libros y develizar estatuas de su famoso padre, como lo hiciera en el Parque La Libertad, cuando se le tributó justo homenaje por parte del Comité de los Trece Locos del Guanacaste, constituido por verdaderos molinianos que admiran y respetan la obra del bardo centroamericano.

Junto a ella disfrute momentos inolvidables de mi infancia, sobre todo la época que vivimos juntos en el Barrio Abajo de Tegucigalpa, por el cual siento una gran nostalgia, siempre que paso por allí siento su presencia, en esa casa fue testigo de mis continuas travesuras, me enseñó a jugar casino, juntos mirábamos nuestras series favoritas de televisión, y con mis hermanas disfrutamos muchas de sus anécdotas en New York y Roma, que con gran emoción nos relataba en su sillón preferido. Sus últimos días los vivió en nuestra casa donde fue atendida y mimada por toda su familia, especialmente mi esposa, mi madre, mi hermana y mis hijos, con todo el amor que ella se merecía. La hija del poeta ha muerto; el pescador de sirenas está de luto.

EL PINTOR DE LA RECONSTRUCCIÓN

Por *MARIO HERNÁN RAMÍREZ*

Este ciudadano humilde por excelencia, ha descollado ya con su arte, al plasmar su talento en un gigantesco mural, del Centro Básico Juan Ramón Molina, de la colonia San Miguel de esta capital, en donde se descubrió, definitivamente el don con que la naturaleza le dotó, en medio de la humildad que le caracteriza.

Alexis Castillo, el pintor de la reconstrucción, así conocido desde hace alrededor de doce años, cuando el tristemente célebre Huracán Mitch destruyó gran parte de la república, golpeando con mayor fuerza la capital de Honduras y de otras ciudades del continente, con su prometedora vocación al arte de la pintura, tiene aspiraciones supremas, como todo ser humano, por lo que piensa viajar a países como Japón y Suecia, que han sido cooperantes de Honduras, precisamente en la reconstrucción del país después del paso destructor del fenómeno mencionado.

En el puente Juan Ramón Molina, en uno de sus costados, puede observarse como la imaginación de este hombre trasluce paso a paso los trabajos que, con fondos del gobierno japonés, hicieron posible una nueva obra que hoy día luce orgullosamente como uno de los principales pasos que unen Tegucigalpa con Comayagüela, por lo que de esa manera él trasmite el pensamiento de la población capitalina, pensamiento de gratitud hacia el noble, heroico e hidalgo pueblo y gobierno japoneses.

Por otro lado, a inmediaciones del puente Estocolmo, que también es toda una obra de arte, el pintor Castillo nuevamente plasma su talento con un pequeño mural, en el que se exhibe gran parte del trabajo realizado a favor de la capital de Honduras, resumido en dicho puente.

Alexis Castillo, manifiesta ser un moliniano consumado, y para ello está preparando una serie de trabajos en marmolina y otros materiales utilizados por los escultores, en los que configurará la imagen del excelso poeta en pequeños bustos, que serán colocados en diferentes centros culturales que llevan el nombre del eximio bardo Comayagüelense lo que agiganta mucho más su vocación y talento artísticos al servicio de la patria e incluso de otros países amigos de Honduras.

Es preciso señalar que el pintor Castillo, en su artística agenda laboral, pretende llegar hasta la ciudad de San Pedro Sula, en donde existe una colonia que lleva el nombre de Juan Ramón Molina y ubicar en la entrada de la misma, un artístico busto del malogrado porta lira.

Alexis Castillo es un auténtico artista del pincel, por lo que es preciso que su nombre y su arte sean conocidos por la población nacional e internacional y que el gobierno y la empresa privada, le preste la cooperación y ayuda indispensables para que este ciudadano pueda salir adelante con sus anhelados proyectos, todos orientados al arte y la cultura.

CENTRO JUAN RAMÓN MOLINA CELEBRA 42 ANIVERSARIO

Por PATRICIA CÁLIX

En el centro educativo se rindió homenaje a los Molinianos, quienes durante 40 años se han encargado de difundir y exaltar la obra del "príncipe de la poesía".

TEGUCIGALPA, Honduras. Eventos culturales, homenajes y reconocimientos se dieron cita en el centro de educación básica Juan Ramón Molina.

Y es que ayer maestros, alumnos, padres de familia e invitados especiales se unieron para celebrar el 42 aniversario de este centro de enseñanza ubicado en la colonia San Miguel.

La actividad también coincidió con los 104 años del nacimiento de quien la historia literaria de Honduras reconoce como el "príncipe de la poesía": Juan Ramón Molina.

"Celebramos un doble acontecimiento con el aniversario de la escuela y el nacimiento de uno de los poetas más insignes del país, así que estamos de fiesta", apuntó Mirtza Matute, coordinadora del evento.

El centro educativo en el que se forman 1,400 alumnos en diferentes áreas desarrolló un nutrido programa de actividades.

Una de ellas fue los reconocimientos a los Molinianos, grupo integrado por Mario Hernán Ramírez, Marcial Cerrato Sandoval y Marco San Martín, quienes a lo largo de 40 años se han encargado de difundir y exaltar la vida y obra del poeta.

Asimismo, se reconoció la labor de un grupo de maestras jubiladas del centro educativo.

Otro de los puntos esperados fue la desvelación de un mural dedicado a la memoria de Juan Ramón Molina.

La obra está basada en el soneto "Pesca de sirenas", una de las piezas literarias más famosas de Molina.

"Además de ofrecer una educación de calidad, basada en valores, nos proponemos exaltar la vida y obras de ese poeta que habló de los niños, la mujer y la vida, por eso este centro lleva con orgullo ese nombre", declaró Matute.

En la celebración se leyó poesía de Molina, se decoraron murales y se expusieron las obras: "Tierras, mares y cielos" y "Molina 100", editada en el primer centenario de su nacimiento.

JUAN RAMÓN MOLINA – EL POETA Y EL HOMBRE

(CHARLA DICTADA POR EL PERIODISTA E HISTORIADOR MARIO HERNAN RAMÍREZ, EL DIA JUEVES 23 DE OCTUBRE DEL 2008, EN LA ACADEMIA MILITAR "GENERAL FRANCISCO MORAZÁN", EN HORAS DE LA TARDE).

Para hablar de la personalidad del alto poeta hondureño, JUAN RAMON MOLINA, hemos apelado a su Autobiografía, enfocándola a nuestro criterio, tal como lo han hecho varios intelectuales al analizar su vida, ya que, de otra manera, sería complicado encontrar información sobre la intimidad de su ser, para hablar de un Molina hombre, con todas sus excelsitudes espirituales y todas sus flaquezas humanas. Su corta existencia de soñador iluminado estuvo salpicada de amargura, de luchas contra el medio asfixiante y opresor, y saturada de inmensas tristezas.

Molina fue un perenne atormentado, pero un buen patriota. Quiso a Honduras como se quiere lo más grande en la vida: "Nací en el fondo azul de las montañas hondureñas" –proclama a todos los vientos, con todo el entusiasmo de su inquieta juventud. Sintió un apasionante amor por la naturaleza que circundó su cuna. Las montañas fueron para él como un símbolo sagrado. Los vientos susurrantes que se desprenden con locura desde el Cerro de Hula, desde la Montaña de San Juan, y los frescos vientos del Norte que se cortan repentinamente en las filadas crestas de El Picacho, fueron su obsesión.

Amó las lejanías que lo hicieron suspirar y la pureza de los montes llenos de misterio. Amó como el divino Rubén Darío, todo el azul del cielo y de distancia: "Detesto las ciudades y más me gusta un grupo de cabañas perdido en las remotas soledades". Aquí parece comprobar su misantropía al declarar que le causaba malestar la convivencia con personas que no eran de su talla espiritual. No quería el bullicio ensordecedor de las grandes ciudades; soñaba con el retorno a la naturaleza en pos de una vida franciscana, humilde, como la del Santo de Asís; una vida plena de meditaciones y sin ataduras con gentes y cosas.

Se sintió salvaje, huraño, indisciplinado como las fieras prisioneras que sueñan con volver a su madriguera; y tal vez se sintió, dada su gran sensibilidad, como el pájaro que abre surcos en el viento con el filo dorado de su canción mañanera.

"Meditabundo, triste, pensativo, melancólico y esquivo a los goces de su infancia", todos estos estados de conciencia que lo abrumaron, nos dicen que vivió divorciado de la vida real y corriente, y por eso fue distinto de los demás hombres de su tiempo; distinto de quienes pretendían ser equilibrados espiritualmente y vivían apegados a las reglas que exigía cumplir una sociedad inconsciente, anhelada en un ridículo pasado.

Analizó los actos de su vida, y después de un largo y minucioso inventario, habló de su comportamiento como hombre: "no he sido un hombre bueno. Ni tampoco malo. Con mucho de cuerdo, algo de loco, mucho de abismo y algo de montaña". Aquí está el problema de una pluralidad que vivió en él y para él. Sin embargo, hombre al fin, pesó sus acciones en la balanza de su conciencia y encontró que había tenido actos buenos y actos malos.

Cuando cayó en los tenebrosos abismos de la tristeza, de los vicios de toda esa gama de flaquezas de que somos víctima los hombres sensitivos, tuvo el valor suficiente para erguirse de repente ante todo desajuste anímico; sacudió gloriosamente su cabeza de titán y, como el águila de su poema, arrancó sin temor hacia la altura y buscó, como ella, la elevación espiritual, la elevación de sus ideas. Su estado de conciencia dio un vuelco, su mentalidad descubrió rumbos nuevos y nuevas dimensiones, y apareció el poeta; el alto poeta, desafiante, cimero, luminoso y torrencial, haciendo brotar, milagrosamente, la belleza que ocultaba su alma, en florilegios de palabras que caían como cascadas de luz maravillosa.

Habla en su Autobiografía de "una existencia asaz contradictoria, de placer y dolor, de odio y de arrullo", dos polos opuestos en su mundo íntimo, antes y después de la tormenta; antes y después del reto con el destino. "Tal es la historia de mi sinceridad y de mi orgullo", dice fríamente. Fue sincero, es verdad, pero también fue orgulloso; sumamente orgulloso como Júpiter; carácter que lo hizo a veces perder la dulzura de poeta a cambio de la pose intransigente y dura, como la de un retador que no da ni admite tregua.

Se lamentó de haber "despilfarrado su vida sensitiva", de haber "abusado de repente", de esas bebidas embriagantes de mágicos efectos con que los deprimidos creen alejar la tristeza que a diario les embarga; de la tortura de pensar, de crear; de los silicios mentales, del alma sensitiva como la carne desnuda que vive; del medio miserable; de la sed de alcanzar un chispazo de gloria, que llega tarde; de saber que se lucha sin victoria final y sentir la derrota en pleno vuelo...

¿Quién puede reprocharle al poeta su eterna floración de angustias y el hervor de sus inquietudes líricas con retazos de locas y divinas ambiciones? Era él un universo en formación; pero un universo lleno de vibraciones cósmicas que se destruía al empezar la vida. Era como una luz de cegador destello perdida repentinamente en la soledad del caos. Era como el gorjeo de un pájaro divino diluido dulcemente como un eco en la montaña. Como ave en pleno vuelo, semejando una flecha encendida por el sol que no deja ver la herida que le produce el viento. Como la flor que no amanece y nos deja el recuerdo de su perfume y la imagen mental de su color.

Juan Ramón Molina era chispazo y caos, amanecer y noche, vibración constante y marcado estatismo, amabilidad y fiereza, dulzura y amargura, espiritualidad y materialismo; en fin, una personalidad en un estado cambiante, en constante formación lírica; ser y no ser en el espacio señalado al hombre para el desempeño de una noble misión. Molina fue una sublime misión que se quedó inconclusa.

Vivió consciente de su autodestrucción, como vivió el genial poeta del Cuervo y de los Cuentos Fantasmales, Edgard Allan Poe; recordó su "primera juventud, la cierta", y reconoció que la dejó "como una loba muerta", asesinada por su jabalina...

Murió joven, apenas 33 años, la edad compleja y peligrosa, llena de reacciones sentimentales; la edad en que murió el divino Jesús de Galilea, ésta fue la que puso fin a la naciente trayectoria del poeta de las grandes concepciones artísticas; el sublime, el grande y delicado constructor de "El Aguila", "Salutación a los Poetas Brasileros" y otros poemas, cuya fuerza quedó trunca apenas en los primeros versos de su ardorosa juventud. De haber sobrevivido a Darío, a González Martínez, a Lugones, a Silva, a Chocano, y a otros grandes de América y del mundo, a esta hora contaríamos con un merecido Premio Nóbel de Literatura en el país.

El recordado poeta y fabulista hondureño, Luis Andrés Zúñiga, que fue su amigo íntimo, describe a Molina así: "Alma tempestuosa, espíritu de otros tiempos, nunca pudo adaptarse a la mezquindad del medio en que vivía, por lo que huyó del contacto espiritual del vulgo de los hombres, y aislado, desde la cumbre de su alta torre marfil daba a los vientos la música de sus estrofas que llevaban algo de su soberbia nativa, algo de las hoscas rebeldías de su alma de dictador. Satánico y divino, había en su interior algo de casos y algo de la luz empírea-mezcla monstruosa para las medianías pero que existe en la naturaleza de todo ser superior".

Lo anterior confirma nuestro criterio acerca de Molina, al señalar su vida complicada y llena de desesperanzas, que bien merece un estudio psicológico. El padre de la nueva ciencia del psicoanálisis, Sigmund Freud, dice: "Es necesario que el arte de los poetas, músicos, escultores y pintores se someta a un análisis psicológico, porque el inconsciente tiene un papel principal en la creación artística. El poeta se siente acosado por una fuerza interior que lo obliga a escribir. Se ha dicho que nuestros poetas escribieron sus versos en trances sub hipnóticos, como en sueño; y otros necesitaron del alcohol o de los estupefacientes para permitirse la libertad creadora."

"Los psicoanalistas hablan también del proceso de sublimación, que es una transformación de los sentimientos y deseos reprimidos en la obra de arte. Las energías sexuales se transforman en creadoras de valores artísticos, sociales, científicos o económicos, porque la lívido de sexualizada se encausa por vías nuevas y puede motivar producciones de alto valor espiritual. No se rebaja el arte suponiendo su origen sexual".

"El fundamento erótico del arte es muy antiguo, ya Platón afirma que los seres por muy insensibles que sean, en cuanto los toca Eros, se tornan poetas". Este es quizás el caso de Juan Ramón Molina como artista: vivió tocado por Eros en su corta existencia.

Y según el psiquiatra, Ernesto Kretschmer, de la famosa escuela tipológica de Marburgo, "El individuo tiene ciertas correlaciones entre la complexión corporal, su temperamento y su carácter".

Después de algunas lecturas de tratados de psicología, siguiendo al distinguido científico, nos aventuramos a creer que, Juan Ramón Molina, pertenece al carácter esquizotímico, cuyos rasgos más sobresalientes, según Kretschmer, son:

"Un sistema subjetivo altamente organizado, un caro sentimiento de su individualidad y una profunda emotividad. Es hermético y reservado. Jamás se le conoce cabalmente. Le vemos desde hace mucho tiempo, pero ignoramos el valor de su verdadera personalidad". Kretschmer afirma que, "los esquizotímicos son como casas romanas, de fachada pobre y desnuda, herméticamente cerradas, pero en cuyo interior bulle la fiesta".

"El esquizotímico es idealista, no se adapta a la realidad circundante. Puede ser respetado, pero no querido. Así fue Montalvo, Martí, Schiller, de severidad espartana, fuerza estoica. Piden libertad, nobleza y elevación. Sólo el ideal y la voluntad existen para ellos".

"Se mantienen en una vida interna compleja, con emociones reprimidas y con pocas relaciones externas; caen en la fantasía, en castillos de aire. Tienen una personalidad ética, pero les salta el impulso animal como enemigos. En el amor son amigos del tipo ideal, que nunca encuentran; como Don Quijote con Dulcinea, Dante con Beatriz".

"Entre los genios del tipo esquizotímico están los poetas líricos, como Enproceda, Bécquer, Wordsworth y Casal; dramaturgos trágicos: Schiller y Calderón; filósofos: Descartes, Kent, Spinoza y Locke; matemáticos: Copérnico, Kepler, Newton, Leibnitz; políticos: Bolívar, Washington, Máximo Gómez; déspotas fanáticos; Calvino, Felipe II, Robespierre y García Moreno".

Rubén Darío, gran admirador y amigo entrañable de Molina, al lamentar la muerte del poeta dice: "Buen poeta, fuerte poeta; pereció víctima de aquel medio matador de todo anhelo intelectual que apaga el alma de Centro América. Lo poco que pudo ser, lo fue con el machete en la mano, en guerras de su tierra. Apenas una vez pudo ver un mundo propio para su talento, cuando lo enviaron como secretario de la Delegación de Honduras a las Conferencias Panamericanas de Río Janeiro. Volvió a su país y a pesar de que a ruego suyo logró que "La Nación" le nombrase corresponsal en Centro América, se encontró allá de nuevo aplastado moralmente, no envió ninguna correspondencia y a poco se suicidó".

A propósito del carácter violento de Juan Ramón Molina, recordamos una entrevista hecha al poeta argentino, Jorge Luis Borges, en la que se refiere a su paisano Leopoldo Lugones, contemporáneo de Molina, que también se suicidó, aunque de otra manera, apurando una copa de cianuro y cuya vida fue bastante parecida a la del cantor nacional.

Dice Borges: "Yo le traté varias veces, era un hombre altanero, soberbio, un hombre solitario, desdichado. La prueba es que se suicidó en 1938. A Lugones todo el mundo lo respetaba, pero nadie lo quería. Eso debe ser bastante triste. Con Lugones el diálogo era imposible. Bastaba que uno insinuara algo para que inmediatamente manifestara lo contrario y ni siquiera era posible la discusión. Usaba revólver. No se sabe por qué. Y además, tenía un apodo para el arma. No decía revólver sino "la nena". Decía "me olvidé de la nena", o "voy a buscar la nena".

Molina también se suicidó como apunta Darío, tuvo duelos a tiros, igual que Lugones y que el poeta mexicano, Salvador Díaz Mirón; ambos caracteres tienen mucho parecido al de Molina. He aquí un documento que reproduce la Revista "Anales del Archivo Nacional" de Honduras de septiembre de 1973, que confirma lo anterior.

DUELO DE JUAN RAMÓN MOLINA Y ENRIQUE PINEL

"Motivos de índole personal dieron margen el sábado a las tres de la tarde a un desafío entre los señores Juan Ramón Molina y Enrique Pinel, el cual debía verificarse en las afueras de Comayagüela, cerca de la falda occidental de Sipile. Llegados al sitio indicado, después de haber caminado juntos, el señor Molina trató de medir la distancia dentro de la cual debían dispararse, lo cual le fue impedido por un terciazo que el Señor Pinel descargó sobre su cabeza, terciazo que en vano pretendió esquivar. Al recibirlo Molina sacó su revólver y disparó sobre Pinel, causándole una herida en el bajo vientre.

Al notar Molina los efectos del disparo, considerando a Pinel gravemente herido, le dio su brazo para que se apoyara hasta conducirlo a una casa próxima.

Allí mismo fue capturado Molina y conducido a la Policía, de donde pasó a la Penitenciaría. Pinel inmediatamente fue trasladado al Hospital General, donde los doctores Fest y Hernández, por medio de una hábil operación, lograron extraerle el proyectil, el cual no interesó ningún órgano importante. Contra Molina se ha instruido el correspondiente proceso y dadas las buenas relaciones existentes entre los protagonistas de este incidente, se estima que el asunto será resuelto favorablemente. (Revista Tegucigalpa, No. 222, 1932).

El poeta guatemalteco, Miguel Ángel Asturias, Premio Nobel de Literatura, le nombra: "Juan Ramón Molina: poeta Gemelo de Rubén" al prolongar una antología de verso y prosa del hondureño; y atribuyéndole a los dos un helenismo muy marcado en sus versos, dice:

"La luz de Centro América es la misma luz de Grecia, pues una y otra nacen de una misma intimidad de agua y tierra, y acaso se deba a esta semejanza el que, en poetas como Darío y Juan Ramón Molina, el tema griego ocupe lugar principal, herido en forma directa, o se siente en sus estrofas, circulando internamente".

"Darío y Juan Ramón no hubieran podido manejar la luz como la manejan, como circula en sus poemas, si no hubieran nacido en Centro América, por qué, ¿qué puede darse demás poético, que este mundo oculto y presente en la luz, de lo que no es sino sol, devuelto en reflejo por una superficie luminosa? ¿Qué puede ser más carne de poesía que la realidad en que se vive en esa luz irreal, fantasmagórica, propia para gente que sueña con los ojos abiertos?"

Luego los cataloga como simbolistas cuando dice: "Pero la relojería interna de estos dos cantores tiene ruedecillas simbolistas; se valen de símbolos para decir ciertas cosas, y esta raíz honda, sabia de savias ancestrales, debe buscarse en sus orígenes, en el remoto antecedente racial, ya que sus antepasados, veinte siglos atrás, se habían valido de signos ideográficos para expresarse simbólicamente".

"La influencia de los simbolistas franceses, tan notoria en Darío y en Juan Ramón Molina, musicalidad verbal en la que se confunden, en ademán de verso libre, colores y perfumes, tenía en ellos un antecedente americano, ajeno por completo a Europa, en sus abuelos los rapsodas, en sus abuelos los Netzahualcóyotls, en sus abuelos que fraccionaban en símbolos poéticos el mundo para hablar de los dioses, la tierra y la mujer".

Rafael Cardona Peña, poeta costarricense radicado en México, enjuicia a Molina de esta manera: "Pertenece Molina a una casta de hombres casi desaparecidos. Visto a través de nuestras inquietudes actuales, parece un espíritu de postrimería, una de esas almas en que remata y se desenvuelve una cultura. Sin ser un enfermizo era, no obstante, un atormentado en quien el artificio literario y la influencia de otra literatura, sobre todo la francesa, derivaba inesperados momentos del ánimo".

"Molina supo conservar, sin embargo, cierta identidad de fondo y forma que le hacen único en medio de esa paradoja moral y política que se llama Centro América. Darío tuvo para él cierta profunda admiración y casi receloso respeto; y Darío mismo no tiene sobre Molina sino el logro de toda una trayectoria, porque éste es un malogrado".

"Molina llena por completo a Honduras, tierra de pinares y de caudillos individualistas. El asoma por sobre los riscos de la montaña lluviosa como un genio paternal sobre una heredad mutilada. Como hombre, fue enérgico, amargo y tierno; su melancolía es casi una actitud, la "negra bilis" de los latinos, y por eso es creadora. Pero su dulzura, su poder de maravillarse, son únicos. Hay tanto sol en él que su poesía no admite noche".

Este es el poeta hondureño que nació en la ciudad de Comayagüela, el 17 de abril de 1875, y murió en un suburbio de San Salvador el 2 de noviembre de 1908. Fue uno de los poetas más ilustres de su tiempo, de tendencia modernista que siguió la escuela de Darío.

El gran poeta post-modernista de México. Enrique González Martínez, al prolongar la segunda edición del libro de Molina," Tierras, Mares y Cielos" se expresa así: "De un poeta queda un libro, un poema, una estrofa, un verso quizás...; pero en la obra inconclusa del poeta hondureño hay realizaciones líricas que no han de morir mientras no muera nuestra poesía americana, poemas que han de salvarse del naufragio pavoroso del tiempo. Y ha de sonar por muchos años aquel grito sensual de ansia infinita: "Péscame una sirena, pescador sin fortuna... Aquí el poema:

PESCA DE SIRENAS

Péscame una sirena, pescador sin fortuna,
Que yaces pensativo del mar junto a la orilla.
Propicio es el momento, porque la vieja luna
Como un mágico espejo entre las olas brilla.

Han de venir hasta esta ribera, una tras una,
Mostrando a flor de agua el seno sin mancilla,
Y cantarán en coro, no lejos de la duna,
Su canto, que a los pobres marinos maravilla.

Penetra al mar entonces y coge la más bella,
Con tu red envolviéndola. No escuches su querella,
Que es como el llanto aleve de la mujer. El sol,
La mirará mañana- entre mis brazos loca –
Morir – bajo el divino martirio de mi boca –
Moviendo entre mis piernas su cola tornasol.

Juan Ramón Molina no sólo fue un poeta de altura que ejerció el periodismo en Honduras, Guatemala y El Salvador; en este campo merece un estudio especial. - Fue maestro del epigrama y se inició como militar.

El poeta Luis Andrés Zúñiga lo retrata así: "Juan Ramón Molina fue un ser excepcional, el tipo cabal del poeta; vidente, visionario, que se puso sobre la realidad de la vida como sobre un pedestal, y con la cabeza llena de la divina locura de la poesía, adivinó y cantó, de la manera más bella, la misteriosa armonía de las cosas".

"Era mediano de estatura, de complexión maciza, de tez sonrosada; su rostro era ovalado, fuerte el mentón, la boca sensual y hermosa; la nariz recta, de suave azul los ojos, su frente elevada, y las cejas figurando dos arcos prefectos. Sus manos eran pequeñas, sus pies breves, su cuerpo hermoso, y tenía una fuerza extraordinaria y la docta agilidad de un gimnasta.

Era su carácter violento, su voz varonil, y había en su mirar cierto desde compasivo, que debe ser el que sienten los dioses por las bajas y oscuras miserias de los hombres. Sus fuertes mostachos, altaneros, dábanle cierto aire de capitán gascón, y servíanle, no como para ostentar jactancias, sino para acentuar más su natural altivez y señorío. Era su porte airoso, su paso señorial. Jamás conocí hombre alguno que estuviese envuelto en aura más apolínea y revelase de modo más pleno cómo es de sutil, lumínica y grandiosa el alma de todos los poetas".

Molina tenía conciencia de su grandeza espiritual, de la magnitud de su obra poética, y de su permanencia en el Parnaso Americano. Siempre pensó en que jamás sería olvidado y, su profecía, se ha cumplido, él vive y vivirá eternamente en la sagrada magnitud de su obra poética. Molina no será olvidado, como él mismo lo proclamó en los siguientes versos:

Pero mi oscuro nombre las aguas del olvido
No arrastrarán del todo, porque un desconocido
Poeta, a mí memoria permaneciendo fiel,
Recordará mis versos con noble simpatía,
Mi fugitivo paso por la tierra sombría,
Mi yo, compuesto extraño de azúcar, sal y hiel.

Tal fui porque fui hombre, OH soñador ignoto,
Pálido hermano mío, que en porvenir remoto
Recorrerás las márgenes que mi tristeza oyó.
Que el aire vespertino refresque tu cabeza,
La música del agua disipe tu tristeza
Y yazga eternamente, bajo la tierra, yo.

JUAN RAMÓN MOLINA

Acaba de penetrar en el misterio solemne de la muerte un raro espíritu que se lleva algo de mi propio ser y de mi pensamiento.

En verdad que mi afecto por este fraternal compañero era más profundo de lo que antes pensara y que su partida hacia el país de la sombra ha impresionado hondamente mi corazón.

La palabra no puede reflejar el matiz de ciertas emociones. Los estados íntimos del alma humana no podrán grabarse en un trozo de papel. El sutil estremecimiento, la conmoción recóndita se escapan, se esfuman al querer darles forma; y por eso hoy mi frase incolora no puede encerrar la tristeza lacerante que me domina, pensando en el gran poeta difunto.

Era un ser atormentado por las hostiles fuerzas de la vida, que nació bajo un signo funesto, para mirar las cosas grandes y resplandecientes. Su cerebración singular, que hizo de él uno de los mayores poetas de habla castellana, absorbió los tósigos de las más desconsoladoras filosofías y las heces de los más negros fastidios. Apenas si de su sonora selva de amor brotó, en alguna mañana de azur, un clavel de coral o un lirio de nieve. Las más agudas espinas se clavaron pertinazmente en sus plantas en el árido sendero y conoció como ninguno la desolación de los hombres vencidos en la lucha diaria.

Nació mi amigo, indudablemente, en un día fatal. Le persiguió un hado adverso y su existencia fue de contrariedad y desventura. De un carácter reservado y taciturno, orgulloso por la seguridad de su valer, se mostraba hermético y frío, inaccesible al trato familiar. Eran en él extraordinarios un ademán cordial o una expresión cariñosa. Pues su temperamento grave, poco expansivo, no le permitía extremarse. Por eso no podré jamás olvidar las continuas demostraciones de su fraternidad.

Fue en una lejana tarde, en un paseo crepuscular por la mágica bahía de Río de Janeiro, que nos juramos una noble y sincera amistad. Recuerdo que él me insinuó ese deseo de una afección fuerte y alta, tendiente a todo lo que se revistiera de poesía y de gloria.

—Seamos dos hermanos ligados por la inteligencia y por el corazón. Que sean mutuos nuestros dolores y nuestras esperanzas. Unámonos para luchar y vencer y tendamos hacia todas las cumbres las alas unánimes.

Y desde aquella hora fuimos amigos, en el sentido profundo de esta frase. Nada empañó nunca aquel afecto que el tiempo fortalecía engrandeciéndolo.

He aquí dos párrafos de una de sus últimas cartas:

"Es bueno que sepas, ahora, que estás lejos, que te quiero, no como amigo, sino como hermano de veras; hermano por la lira, por el arte, por el corazón, y hasta por la miserable gloria que hemos conquistado a la par. Si alguna vez nos hemos visto mal, por esa equivocación inherente a la naturaleza humana, cuando nuestro deber era juntarnos para ser más fuertes y salir Víctoriosos, ya que poseemos el mismo don de dolor, idéntica visión de arte y un talento igual, aquellas pequeñeces han sido olvidadas para siempre, cediendo el lugar a un cariño que sólo matará la muerte".

"Tal vez antes no tuvimos del todo buenas relaciones, a causa de haber creído, en muy mala hora por cierto, que el uno podía estorbar al otro. Hombres formados ya, golpeados por la vida, desgraciados por diferentes motivos, aunque ambos víctimas de cierta Providencia fatal que persigue a las almas de selección, de un modo o de otro, hemos comprendido por fin que somos mitades de una sola entidad, que el uno completa al otro, que nuestros nombres vivirán unidos, y que resumimos una época literaria de nuestra patria, nada menos que los últimos cincuenta años. Recuerdo que una vez, moribundo de un negro mal, escribí una carta que nunca conociste, nombrándote testamentario de mis producciones. Esto te demostrará que siempre te he querido".

Yo conocí a fondo su extraño mundo interior, y sus fuertes torres de ensueño, y las mandrágoras de su fantasía. Azúcares y sulfatos se mezclaban en los abismos de su yo; pero las dulces cosas eran tenues y se desvanecían y quedaba siempre su alma náufraga en el amargo mar de la desilusión.

Conocí, mejor que nadie, su concepto doloroso de la vida, su inquietud y su melancolía; y así pude apreciar su tedio incurable.

Y de improviso llega a mí la noticia de su muerte, rápida como un rayo...

Nada sé aún de sus postreros momentos. Escribo estas líneas fugaces abrumado de pena. Cumpliendo su deseo, yo haré, al regresar a Honduras, una edición acerca de su personalidad. En ella brillará, una vez más, el insólito fulgor de su cerebro y el vibrante metal de su producción. Haré conocer los cánones de su estética y su visión del arte futuro. Hoy sólo repetiré que fue un prosista sobrio, elegante y vigoroso y un poeta de primer orden, que dominó magistralmente su maravilloso instrumento. Poseyó la fuerza y la gracia. Y así voló como las águilas y cantó como los ruiseñores. En su lira vibraban el dolor y el amor, y era épica y bucólica y sabía de los epitalamios y de los responsos. ¿Qué secreto guardó para él la musa heroica que viste armadura y casco broncíneo? ¿Qué caricia le negó la musa amorosa de los ojos azules y de la risa de oro?

El cortó las más brillantes rosas en los jardines encantados de la fantasía; e hizo versos de una música profunda y de un férreo pensamiento. Versos magníficos que honrarían a cualquier literatura y darían gloria a cualquier país. Versos de bronce y de terciopelo, que son como sutiles melodías imponderables, como largos lirios marmóreos, como luminosas cintas multicolores. Sus poemas de serena hermosura perpetuarán su memoria y los vientos del porvenir impulsarán su nombre hacia todos los horizontes.

Juan Ramón amaba las cosas trascendentales que llevan en sí un latido profundo de la humanidad. Tenía una vasta concepción de los misterios y sobrehumanas inquietudes que agitan las testas de los grandes pensadores, y le gustaba sumergir su espíritu en el insondable mar de las abstracciones y de las quimeras. Los más arduos problemas científicos le interesaban extraordinariamente. Nutría su cerebro con lecturas selectas y pensaba que la ciencia y el arte deben unirse para producir obras definitivas y perdurables. De aquí su complejo saber y la rica variedad de su léxico. Labraba su estilo como se pule un medallón heráldico, con perseverancia de orfebre, lenta, fría, parsimoniosamente, y recordaba su trabajo al de Flaubert, obcecado y pertinaz sobre las páginas inmortales. Esto en las prosas y poesías de su predilección, pues con frecuencia daba a la imprenta manuscritos que sólo una vez había corregido. Así sucedió con los artículos que iban a las columnas de los diarios, a veces sin firma, triste labor anónima en la incesante persecución de la vil moneda, que todo lo bastardea y empequeñece, hasta el arte.

Su esfuerzo más personal y potente está en sus poemas, fulgurantes joyeles exornados de mágicas piedras preciosas. En ellos agotó la estupenda riqueza de su numen en increíbles labores de lapidario que persigue lo infinito en una forma de absoluta belleza. Su palpitante inspiración más bien tendía a LA NOCHE de Miguel Ángel que a las minúsculas maravillas de Cellini. Los temas de sus intensas exaltaciones cerebrales son siempre grandes y viriles y aspiran a abarcar cosas fabulosas y magníficas; no hay un gran trozo de mar, sino todo el piélago sonoro; el deslumbramiento de una aurora boreal; el viento veloz que riza las selvas; el pesado galope de los elefantes; el rugir de los leones y de los huracanes; las voces todas del cielo y de la tierra y los sublimes y trágicos escalofríos sobre la piel de los hombres. Aletazos de águila eran entonces sus versos que rubricaban el espacio con ondulaciones resplandecientes.

Ansiaba conocerlo todo y Compenetrarse con las eternas fuerzas ocultas que rigen la altura del alma exaltada, ansioso de recoger un átomo de lo invisible. Las miradas de sus serenos ojos verdes se anegaban en la contemplación de los azules firmamentos, interrogativos y meditabundos. Era un ser ávido de sabiduría sideral y ciencia terrena, que buscaba, en largas noches de estudio, el vasto enigma y el cáliz de una flor; y que se avenía con los secretos de las esfinges. Por eso lo interesaban primordialmente todas las formas móviles o inermes de la Naturaleza, procurando obtener de cada una de ellas un sentido simple y concreto que no estuviera reñido con la lógica de los hechos humanos.

Hace apenas dos meses paseábamos por los alrededores de San Salvador, en una tarde tórrida. Hablábamos de las cosas vistas, cambiando impresiones sobre los acontecimientos y sobre nuestro porvenir.

De pronto interrumpió el rumbo de sus alegres ideas y me habló del presentimiento de su próxima muerte.

—No creas en nada —me dijo—. Mi panteísmo me llevó en una época a una región ideológica cuya memoria me hace sonreír. No hay nada. Todo es polvo. Y siento ondular sobre mi cuerpo el necróforo que me roerá en el sepulcro. ¿Recuerdas el gusano omnipotente de que habla Poe? Pues en ciertas noches su frialdad roza mi corazón.... Sin embargo, si hay un más allá en donde el espíritu se magnifica en una radiante atmósfera de perfumes, cuando yo muera buscaré tu espíritu y le haré un signo de reconocimiento.

¡Duerme en paz, hermano en la quimera y en la lira! ¡Duerme lejos de tus pinares sonoros! Descansa de la carga abrumadora de la existencia, de tu amargo tedio, de tu mal mental, del dolor de vivir y de pensar, bajo tus laureles noblemente ganados, húmedos de sangre y de lágrimas...

Mi espíritu no ha recibido del tuyo el signo de ultratumba... No lo ha recibido... Ni lo recibirá jamás.

FROYLÁN TURCIOS

(En Guatemala, el día de difuntos de mil novecientos ocho).

DOCE LOCOS Y UNA MÁS

Por MAGDA ARGENTINA ERAZO GALO

Siempre en el Guanacaste.
Sábado al mediodía,
Once a.m. para más.
Allí estamos, invariables.
Trece, o menos… nadie más.

Es locura semanal
Avivar nuestro entusiasmo,
De sellar con la presencia
Un compromiso formal
Hecho así, a nuestra conciencia
Y ante el alma nacional.

Trece locos, sin igual.
Con sus años y experiencias
Un grupo que evidencia
Su disciplina integral

Vamos en pos de un anhelo,
Alimentando un ideal
En procura, cada vez,
De cristalizar el momento
Cuando allá, en Comayagüela

Se descubra el monumento
Del más grande porta lira
Que registra nuestra historia.
¡Sí!, ¡Somos los molinianos!
Los que juntamos las manos
Nuestra voz y el corazón
Para vivificar la memoria
De nuestro ¡Gran Juan Ramón!

JUAN RAMON MOLINA

Por GUSTAVO CHAVEZ MOLINA

Sobre la cara borrada
Del río grande
Sobre la piedra que respira
Madurez de juventud.

Los ojos dispersos del tiempo
Articulan la distancia
Para que los roncos olifantes
Despierten de la ausencia.

Y las voces juveniles orgullosas
No se petrifiquen en los años
Sin conocer
La realidad de un bardo
Que regaló su recuerdo
A la luz de los rayos
Que rompen el destino.

Para Molina
No existió el tiempo
Ni el pasado ni el futuro
Solo la realidad de sus huesos.

El talento de Molina
Segó a los mediocres
A los faltos de personalidad
A los cubiertos de envidia
A los egoístas de corbatín negro
Que nunca alcanzaron
La jerarquía de su piel.

A los perseguidores de su luz
Que en su vanidad no entendieron
El umbral realista de su estilo
Ni la dulce levadura de su sueño.

Ayer, hoy y siempre
Su genio se agiganta
Ante los faltos de personalidad
Sus versos marginados
En el pasado de los mediocres.
Tienen el saber de la patria
Y los conceptos filosóficos
Humanos y sensibles
Propios para subir
A los azules espacios
Cabalgando en su Pegaso
Hasta llegar al pensamiento vivo
De la historia.

Juan Ramón Molina
Construyó su poética
Sus vientos azules
Su vida conmovedora
Orgulloso y noble
En un espacio contradictorio.

Por eso debió volar
Más allá de los parnasos
Sin mirar su estrella declinada
Sus ojos ya cansados
Para reconocerse en el infinito
Y destruir con un grito portentoso
La melancolía divina
En una "pesca de sirenas"

Una noche en Comayagüela
Es un elogio de Molina
Creador de lo sublime
Realista de la esencia
Es reflexión y realidad.

Son las huellas revolucionarias
Es un existencialismo de verso
Viento azul nostalgia de la ausencia
Desde el humilde caserío de Aculhuaca

Hasta el río debatiéndose
En el drama del dolor
Llenando los días de leyenda
Hasta "tus manos"

Enlazados en las manos
Como las manos de un ángel
O como las manos
De Juana de Aragón
Hasta el hastío de vivir agonizante
Como "un salvaje"
Huraño y silencioso
Prisionero soñando en la caverna

JUAN RAMÓN MOLINA, PROSISTA

Por SARA ROLLA

Con entera justicia, Juan Ramón Molina es considerado una figura cumbre de las letras de Honduras. No obstante, los trabajos críticos realizados en el país en torno a la obra de este escritor son aún escasos. Se han publicado ensayos muy encomiables, pero faltan estudios analíticos suficientemente amplios y sistemáticos que permitan a los lectores nacionales y extranjeros adentrarse con más provecho en el rico mundo expresivo del gran autor modernista. Es por ello que decidimos realizar, como un mínimo aporte a esa empresa necesaria, esta aproximación a un segmento de la producción moliniana.

A Molina se lo conoce principalmente como poeta. Sin embargo, su labor en prosa revela también la calidad de su pluma y permite conocer más a fondo su pensamiento, así como el contexto cultural en que se forjó su personalidad, tan singular y al mismo tiempo paradigmática.

Los escritos en que hemos basado nuestro estudio se publicaron por primera vez en Guatemala en 1948, y en Honduras fueron editados por la Secretaría de Cultura y Turismo de la República en 1984, con el título Prosas. A esta edición pertenecen todas las citas textuales del presente trabajo.

Los textos que componen el volumen pueden agruparse, según consideraciones genéticas de tipo tradicional, en las siguientes categorías: poemas en prosa, ensayos, artículos periodísticos, discursos y páginas narrativas.

Probablemente esta división peque de arbitraria, ya que los límites entre los diferentes tipos de textos a menudo se tornan borrosos, evidenciando la fragilidad de toda clasificación genérica. No obstante, para proceder con cierto orden, hemos agrupado provisionalmente los materiales del modo antedicho.

Los poemas en prosa están concebidos en la línea que arranca de Baudelaire (Le spleen de Paris. Petits poemes en prose) y pasa por Azul de Rubén Darío. Estas páginas de Molina representan auténticos ejercicios de estilo, en que el lenguaje se regodea y centra sus expectativas en su propio esplendor y poder de sugerencias. El referente, muchas veces nimio, se desdibuja y se convierte en un pretexto para el despliegue de imágenes y el efectismo léxico. Claro que, como sucede con sus ilustres antecedentes, en general estas prosas están impregnadas de esplín y de un ánimo evasivo que se orienta en ocasiones hacia las reminiscencias clásicas u orientales. A este grupo pertenecen, entre otros, los textos titulados "Copo de espuma", "Luciérnagas", "Incógnita", "Profética", "Cántico del amor y del dolor", "Lloviendo", "Mística", "el himno de Oriente", "Dialogando con el agua" y "Sol de octubre".

En "Copo de espuma" el paisaje marino da lugar a una auténtica sinfonía de imágenes de esencia pictórica, a la manera rebendariana:

"El cielo parece la paleta de un pintor. Todos los tintes están en él, desde el rojo subido, color de sangre, basta el suave morado de las violetas campestres.

El azul, un azul profundo, domina en el fondo. Grandes celajes, como si fueran los jirones del opulento manto de purpura de un rey, flotan al sur; y al occidente, sobre la infinita línea de lapislázuli del horizonte, se suspende un millar de nubes, semejando una maravillosa bandada de palomas que volaran bacia el sol...".

El paisaje es el punto de partida para los juegos de orfebrería verbal; y es, al mismo tiempo, el estímulo para una meditación donde resalta la vena neorromántica y escapista que distingue a los cultores del modernismo. El texto concluye así:

"Siento la nostalgia de un mundo muerto, y, como el dulce Musset, creo que be nacido tarde, que esta época no es la mía, que son otros mis tiempos.

Porque yo, hijo enfermo de este siglo, producto de una civilización sin ideales, fruto de un árbol ya viejo, semibárbaro del Nuevo Mundo debí haber venido en los albores de la humanidad, en la aurora del paganismo...

Entonces, oh, mar, oh sol, oh viento, habría cantado en el grandioso ritmo helénico, acompañándome de la lira de tres cuerdas de Orfeo, un himno religioso y sereno, que tal vez hubiera sido propicio a los amados dioses inmortales".

La calidad fónica de los poemas en prosa decisiva en este género se sustenta, como es sabido, en una estructuración cuidadosa de sus componentes sonoros. Algunas de las estrategias verbales que obedecen a esa búsqueda de efectos melódicos son: la selección de vocablos por su poder de sugestión acústica, la distribución de los acentos y pausas, la longitud de los períodos y la disposición de los elementos oracionales en el párrafo. En este sentido, se observa en la prosa poética moliniana una notoria tendencia a las estructuras rítmicas reiterativas, con abundancia de anáforas y paralelismos, como se aprecia en este fragmento de "Luciérnagas".

"Sólo tú. Hermana de Beatriz, hermana de Leonora, hermana de Ofelia, hermana de todas las pálidas vírgenes, de todas las doncellas dolientes, de todas las castas mártires del amor, pasas tristemente por mi tenebroso espíritu, aureolada de un nimbo de polvo de oro, envuelta en una gasa de argentina luz...".

Entre los poemas en prosa de Molina, resulta particularmente interesante el "Canto del amor y del dolor", que, con ciertas reminiscencias formales del "Cantar de los cantares", presenta un diálogo amoroso de voces contrastantes: la amada ingenua, candorosa y esperanzada, y el amante angustiado y fatalista, auténtico representante del espíritu atormentado del autor. Es un dueto bien concebido, que termina con una especie de armonización de tonos a favor de la perspectiva sombría del amado. Este es el final del diálogo:

Ella. —Inmortalizaremos el amor.
El. —Inmortalizaremos el dolor.
Ella. —Sólo el amor es eterno.
El. —Sólo es eterno el dolor.
Ella. —Oh, mi amado, el amor es la vida.
El. —Oh, mi amada, el amor es la muerte.
Ella. —La horrible muerte?
El. — ¡La muerte! ¡La horrible muerte!

ENSAYOS

Dentro de la prosa ensayística, sobresale el texto denominado "Excelsior", de extraordinaria fuerza expresiva y profundo valor moral. Su estructuración rítmica y el tono enfático de confieren ciertos rasgos de pieza oratoria. La actitud exhortativa rige la formulación sintáctica, en la que se encadenan, ágilmente, una larga serie de oraciones breves encabezadas por verbos en imperativo. He aquí un fragmento de la parte inicial.

"Vuelva siempre bacia arriba, bacia la cúspide del monte coronado de águilas, bacia la gloria de la luz. No lleves en tu garra de hierro las piltrafas de las carnes de tu enemigo (...) Vuela a lo alto, limpio el plumaje del limo de la ciénaga de la vida. No seas el buitre de ningún Prometeo. (...) Sé generoso.

Sé noble. Sé leal. (...) Sube, sube, sube; y si bajas, si quieres bajar, baja prendido a la crin de los huracanes. Vive con dignidad bajo el sol".

Otros ensayos que se destacan en el volumen son "El beso", "El estilo", "Un año más ", "Humo", "la tristeza de libro", "El dolor de pensar", "Nuestra emancipación", "Desarrollo de la prensa centroamericana", "Morazán y Barrios", "los congresos hispanoamericanos", "El nuevo mundo", "El progreso de la ciencia", "Por qué se mató Domínguez?", "Nietzsche" y el "Prefacio a la novela "Annabel Lee" de Froylán Turcios".

En la prosa titulada "el estilo" formula Molina su credo estético, de inequívoco corte modernista:

"Los que piden a prosistas y versificadores que se expresen con claridad, de tal modo que pueda entenderles el vulgo, ignoran que la literatura, como la ciencia, tiene su lengua única, incomprensible para la muchedumbre. Esta lengua, purificada, refinada y quintaesenciada por todos los artífices del verbo, es como un secreto sacerdotal, cuyo conocimiento exige una iniciación previa. Los léxicos no son más que opulentas minas, donde están, entre las brozas del idioma, que son los tópicos piles y comunes, confundidos los metales preciosos, el oro y la plata. El genio del escritor debe extraerlos y separarlos, acunándolos después en sus troqueles".

En el texto "¿Por qué se mató Domínguez?", analiza Juan Ramón con gran lucidez la problemática sociocultural que habría de determinar, irónicamente, el fin de su propia existencia. Esta prosa se convierte, pues, en una pieza central de su ensayística por su carácter en gran medida especular y profético.

El ensayo está dividido en cuatro partes, en las que se abordan los diferentes factores que contribuyeron a generar la crisis espiritual que condujo al suicidio del poeta olanchano José Antonio Domínguez.

El primero de esos factores es "el medio circundante", que el autor describe como un ámbito de "sorda agresión o de indiferencia", en el que el intelectual auténtico sólo cuenta con dos modos de escapar a la "muerte por asfixia".

"...o se aísla soberbiamente en su cima, envuelto en su nube, de tal modo que no se digne ver a los genios municipales, acaparadores de gloria barata y al por menor, o les degüella—como si fuesen carneros de un holocausto propiciatorio aparte—sobre su altar de ripios, pacientemente acumulados...".

Pero, según Molina, Domínguez era un ser demasiado humilde para asumir la primera actitud, y excesivamente altruista e indulgente para la segunda, de modo que carecía de armas para enfrentarse a su entorno y había de sucumbir fatalmente ante él.

Comparando esta problemática vital con la del propio Juan Ramón, podemos decir que él intentó las dos clases de escapatorias que propone aquí: aislarse olímpicamente en la cima de su superioridad intelectual y también fustigar a los literatos mediocres, como lo revelan sus filosas críticas; pero es evidente que esto no representó un alivio para su espíritu atormentado, que, si bien no buscó la puerta falsa del suicidio de un modo directo, persiguió otra forma de evasión del medio (el "abuso de nepentes" a que se refiere en su poema "Autobiografía"), que igualmente terminó aniquilándolo.

El segundo factor analizado es la "carencia de horizontes definidos". Según nuestro autor, Domínguez no tenía un objetivo existencial claro, como podrían haber sido "el amor, la política, la gloria literaria o el acaparamiento de riquezas." Se hallaba sumido en un estado de inercia espiritual y despreciaba cualquier clase de lucha, condenando de antemano por estéril todo esfuerzo por superar su postración emocional.

El tercer apartado del análisis se titula "Asimilación mental deletérea", y se refiere a la clase de lecturas que frecuentaba Domínguez.

Aquí Molina asume una perspectiva generacional, incluyéndose en el fenómeno analizado. Dice así:

"Lecturas malsanas y disolventes de que nos hemos impregnado todos los jóvenes cerebrales de la América Latina, contribuyeron poderosamente a su desnivelación moral".

El autor compara la situación de Domínguez con la de otro gran poeta suicida, el colombiano José Asunción Silva, y termina reconociendo que también él se ha hundido en estados de doloroso escepticismo, pero sin llegar a hacer, como José Antonio, "un código moral del pesimismo". Sin embargo, esta declaración de Molina suena más como una aspiración momentánea que como un logro permanente, ya que de hecho su muerte, como ya señalamos, tuvo que ver con una crisis espiritual similar a la aquí descripta.

El último factor abordado en el ensayo se refiere a los "ideales políticos y religiosos". Aquí enfatiza el autor algo apuntado en el primer inciso: la personalidad contrastante de Domínguez con respecto a los valores que imperaban en su medio social. Habla del "gran fondo de altruismo de aquel corazón magnánimo, enemigo en una época de fuerza y exterminio, de la fuerza y del exterminio".

El ensayo se cierra con una reflexión amarga, en la que Molina perfila una vez más, oracularmente, su propio destino. Se basa aquí, explícitamente, en la teoría darwiniana, que tanto influyó en el pensamiento de muchos escritores latinoamericanos a partir de la segunda generación romántica. Dice Molina, refiriéndose a Domínguez:

"Tal hombre (...) es una especie de paloma entre aves de presa, y desde luego está condenado a perecer tarde o temprano, víctima de los demás o de él mismo. En este bajo mundo, de perpetuas luchas y feroces instintos, o se es verdugo o se es víctima. O mata uno, o le matan. Darwin se encarga del resto de la explicación".

ARTÍCULOS PERIODÍSTICOS

Muchos de los escritores que recoge el volumen de "Prosas" son artículos extraídos de periódicos de Honduras, El Salvador y Guatemala en los que colaboraba el escritor.

En el apartado que se titula "Cartas", fechado el 6 de abril de 1906 en Tegucigalpa, se incluye una serie de artículos enviados en carácter de colaboración al Director del periódico "la Nueva Época" de Comayagua. En uno de ellos, Molina pone al descubierto, con derroche de ironía, la falsedad que alienta en los festejos locales de Semana Santa. Comenta que en Tegucigalpa "todos se preparan para lucir sus ropas nuevas. Hay un gran tráfico en los almacenes de la población...".

Sin embargo, el autor trasciende el mero cuadro de costumbres al introducir elementos subjetivos que dan al texto un contenido más profundo. A la manera de Proust —su gran coetáneo—, las sensaciones externas despiertan en él emociones muy recónditas:

"Las acres emanaciones de la cal fresca, vanando las paredes a grandes brochazos, que salpican las aceras de lluvias lechosas; el perfume capitoso de las flores de coyol, que empiezan a llegar; un no sé qué de triste que flota en el aire caldeado por un sol ardiente, todo nos recuerda por extraña evocación, la niñez lejana, la fe perdida para siempre".

La descripción de la Semana Santa en el ambiente capitalino se convierte de este modo en una evocación nostálgica brillantemente plasmada mediante la acumulación de imágenes instantáneas que destacan, con cierto ordenamiento libre propio de la memoria asociativa, una serie de notas típicas. Véase este fragmento, donde un único verbo inicial es sucedido por un extenso sujeto cuyos núcleos, yuxtapuestos, van señalando, con ritmo expeditivo, los elementos rituales característicos de la ocasión. Adviértase, además, la sutileza con que el desfile de las imágenes que cierran la descripción, se asocia, como en una secuencia fílmica, con un desarrollo temporal:

"Llenan la mente mediodías de llamas; trajes y sombreros nuevos; bojas de palmera; altares pobres y deslucidos; lluvias de flores de coyol; procesiones lentas y solemnes; matracas voltejeando pesadamente; ángeles rosados y resplandecientes en andas; sermones gangosos sobre muchedumbres de rodillas; la Virgen con los siete puñales; el Cristo exangüe y sangriento, descendiendo de la cruz, amortajado en la vitrina. El silencio profundo, la gran melancolía de la angustiosa noche del Viernes Santo. Luego la Gloria del Sábado, la procesión triunfante del Domingo de Pascua, a la luz matinal, bajo el cielo alegre sobre la multitud risueña".

En otro artículo, el autor analiza, a raíz de un decreto de indulto emitido por el Congreso, el fenómeno de la delincuencia. Acogiéndose, algo híbridamente, a doctrinas deterministas centradas ya en aspectos genéticos, ya en factores ambientales, Molina hace el siguiente balance de las causas de este flagelo social:

"Yo creo, sin llegar, por supuesto, a los extremos de los antropólogos contemporáneos, que hay mucho de congénito en el criminal, mucho de atávico. También, aunque no siempre, en que su fisonomía difiere de la del hombre normal, bien equilibrado, que si comete un delito, lo hace por fuerza irresistible o por exceso de pasión. Claro que el medio en que se desarrolla el individuo, influye enérgicamente en él, y que tal vez un pobre diablo, pacifico como un borrego, que sólo hubiera matado moscas durante toda su vida, termina por darle punto y raya al Manco Mena, si hay una serie de circunstancias, —vagabundez, miseria, malas compañías, alcoholismo, prostitución—que despiertan en él al hombre de la caverna". (p.174)

Como periodista de opinión, tampoco le es ajeno a nuestro autor el tema de política económica, y aquí denota un acendrado antimperialismo. Al referirse al próspero comercio del banano en la costa norte, denuncia fuertemente la amenaza del colonialismo norteamericano y pronostica también su ocaso. Al respecto, manifiesta:

"El progreso de la costa norte es lógico. Un aspecto especial de la civilización del continente colombino tiene que manifestarse en la vasta cuenca del Mar Caribe (...) Queda por saber si ese mar, ceñido de una costa ubérrima y lujuriante y esmaltado de islas edénicas, esta destinado a ser un gran golfo internacional, o simplemente un lago norteamericano, donde ondee, en el más alto mástil de los grandes acorazados, el pabellón de las barras y de las estrellas. Todo parece, hasta hoy, indicar lo segundo; pero nadie sabe qué le reserva el porvenir al apoplético boxeador yanqui (...) Recuérdese, si no, la pedrada de David en la frente de Goliat, que sigue silbando a través de los siglos".

A través de la prosa periodística de Molina, podemos admirar su personalidad recia, valiente y beligerante, que se evidencia al expresar sus fuertes convicciones cívicas y sus discrepancias con la visión ortodoxa de la religión, así como en sus juicios punzantes y demoledores en el terreno de la crítica literaria.

DISCURSOS

Otro género que Molina cultivó sin duda con agrado, dada su propensión al estilo enérgico y elocuente, fue la oratoria. El volumen de Prosas recoge varios discurso, entre los que se destacan los de tema fúnebre, como los dedicados a la memoria de Manuel Molina Vigil y Adolfo Zúniga.

El primero de ellos, titulado "Palabras ante la tumba de Manuel Molina Vigil", es un modelo en su género, con una fina elaboración de los niveles temáticos, estructural y lingüístico.

El exordio es una cita de Menandro, referente a la circunstancia de que los hombres más amados por la divinidad mueren tempranamente.

El cuerpo del discurso contiene una exaltación de la personalidad del brillante poeta malogrado y algunas reflexiones sobre el doloroso destino de los humanos, no sin algún destello de esa ironía tan cara a nuestro autor. Al respecto, cita el primer verso del epígrafe utilizado por Espronceda en el comienzo de su "Canto a Teresa", que dice: "Bueno es el mundo, bueno, bueno, bueno". Aquí aprovecha Molina para contrastar con expresivas imágenes lo dulce y lo amargo de la existencia, con un énfasis muy natural —dada su propensión al pesimismo— en lo segundo.

Inscribiéndose en una larga tradición de las letras hispánicas, Juan Ramón Molina concibe una alegoría para narrar la muerte de Molina Vigil. Presenta a la Muerte como una celosa enamorada que viene a llevarse al poeta recién desposado:

"...La Muerte, celosa de él, enamorada de él, se acercó de puntillas y le dijo al oído: — ¡Ven! Es muy temprano todavía, contestó con dulzura el poeta. —Ven, mañana será tarde y te puede sorprender la noche de la vejez en la jornada: vámonos, amor mío; y empujándolo dulcemente, ganaron los dos la puerta de la alcoba nupcial, y se perdieron a lo lejos, entre las brumas del no ser...".

El discurso se cierra con otro tópico del género: la despedida

y el anuncio esperanzado de un reencuentro en el más allá. Pero el genio de Molina sabe sortear el riesgo de los estereotipos y conferir una belleza muy digna a esa conclusión:

"Un día, tarde o temprano, te iremos a buscar nosotros. Entonces, en un lenguaje desconocido para los mortales, volando con invisibles alas en una atmósfera de oro, hablaremos de la Tierra, de este mundo opaco, de este planeta execrable, que girará a muchos miles de millones de leguas de nosotros, si acaso la voluntad del Señor no ha suprimido ese átomo de las constelaciones de los abismos. ir basta mañana!".

Todo el texto evidencia un manejo muy cuidadoso de la prosa. Alternan oraciones breves y contundentes con cláusulas extensas cuyos elementos sintácticos se estructuran armoniosamente, con un ritmo basado en pausas regulares y profusión del recurso anafórico, como en el segundo párrafo:

"Manuel Molina Vigil era un amado de los dioses. Por eso se fue tan pronto de aquí; por eso nos abandonó para siempre jamás, por eso, en una mañana azul, en tanto que los pájaros saludaban al sol, en tanto que las fuentes se desataban en espuma, en tanto que la naturaleza cantaba un gran epitalamio, él, sentado en el tálamo nupcial, en el tálamo de sus dulces y fugaces amores, alumbrado aun por los últimos reflejos de las antorchas de Himeneo, echó mano al revólver, después de recibir el ultimo beso de la mujer amada, y se mató, se mató taladrándose las sienes, despedazándose el cerebro y cayendo graciosamente sobre el lecho, como caen los jóvenes combatientes de la Ilíada. Homero lo hubiera comparado a una flor o a una espiga segada".

Este discurso, como en general la prosa de Molina, abunda en referencias cultas: se menciona a Menandro, Homero, Humboldt,

Lamartine, Espronceda, Lucrecio, Leopardi, Schompenhauer y Manuel Acuña, y se evocan diversos elementos de la mitología clásica, como los Campos Elíseos, Himeneo y Venus. A este rasgo de erudición característico del modernismo, se agrega el empleo de uno de los símbolos centrales del repertorio precionista de Rubén Darío: el cisne. Molina llama a Lamartine "el gran cisne blanco" y expresa que Molina Vigil "cantó las frentes más puras y más blancas que el plumaje de un cisne intacto".

PÁGINAS NARRATIVAS

Quizás sea éste el sector más importante de la prosa moliniana. Lamentablemente, el escritor no llegó a desarrollar al máximo su potencialidad en este género, pero, los textos que dejó lo muestran como un narrador muy fino, de prosa ágil y concisa, con gran habilidad para la captación de ambientes y caracteres.

A este grupo de obras corresponde "Mr. Black", aunque en rigor no es propiamente un relato, sino más bien una evocación, predominantemente descriptiva, de experiencias escolares ingratas en la escuela de este personaje sombrío ya desde su nombre mismo, cuya figura domina el texto.

Mr. Black tiene un evidente parentesco con el tipo del maestro cruel e hipócrita que circula por tantas páginas de la literatura universal y, en las letras hispánicas, fue inmortalizada por Quevedo.

El retrato moliniano está claramente inspirado en el del licenciado Cabra del "Buscón", pero ello no le resta méritos, ya que el autor hondureño hace gala de una agudeza e ingenio que compiten muy dignamente con la habilidad verbal de los conceptistas. El propio Molina no oculta su deuda con el gran autor barroco y menciona directamente al célebre mentor del Buscón al inicio del extenso retrato humorístico, que citamos fragmentariamente:

"Era un hombre cerbatana, como el dómine Cabra de Quevedo; una alta osamenta cuyos huesos chocaban a cada instante; una como momia colosal metida en una levita milagrosa, del color de la miseria, cortada por la desgracia, raída por el hambre y empolvada por el tiempo.(...) La pechera de una camisa o de una mugre que parecía tal, enemiga de lavanderas, desconocida del agua, mal vista con la plancha, asomábase por entre el chaleco, o "centro", como decía él, flojo sobre su abdomen inverosímil, digo, sobre su espinazo, porque lo que es vientre no tenia, ni le hacía falta para maldita cosa, No tenía color su rostro, sino era cuando montaba en ira, que entonces se banaba del de la muerte (...), Terminaban sus flacos brazos en manos más flacas, que terminaban en dedos más flacos aún, de donde salían diez unas enflaquecidas de tanta flaqueza. (...) La cabeza, cabo de aquella tranca de hombre, era nido de terquedades, terreno ingrato para retóricas, hosque virgen para los peines, refugio seguro de las pulgas proscritas, de su pescuezo (...) Sentado me pareció un número 4; de pie, un gran número 1; y encogido sobre el pizarrón, un número 7".

Este personaje no puede concebirse independientemente de su ámbito, tan sombrío como él. La descripción del edificio de la escuela es, en efecto, una admirable creación de ambiente, que se logra, como el retrato, mediante un arsenal de hipérboles y chistes conceptistas. Molina llama a esta escuela "sucursal de la Inquisición" y la caracteriza de este modo:

"Imaginaos una antiquísima casa, llena de telarañas, con las tejas cubiertas de musgo y con un patio empedrado de guijarros volcánicos, probablemente del período paleolítico; patio desconocido de los pájaros del cielo y donde jamás babia nacido una sola flor. Horribles paredones negros aislábamos de toda comunicación con las vecinas casas, y solo de cuando en vez, por una rara casualidad, asomábase a él, desde lo alto, uno que otro gato perdido, que lo examinaba atentamente lleno de asombro, con los bigotes erizados, huyendo en seguida a grandes saltos. Los murciélagos y las lechuzas, a la luz de la luna, aleteaban en él; los ancianos pilares proyectábanle sus sombras y los grillos lo asordaban con sus monótonos chirridos. En las noches tempestuosas, el viento aullaba sobre el edificio, sacudiendo aquella vieja armazón, cubierta del polvo de cien años, como si quisiera arrastrar su descarnado esqueleto de vigas. El sol, por la mañana apenas calentaba aquellos corredores húmedos, donde sonaban huecas las pisadas y los ratones tenían sus agujeros. Un fuerte olor a moho, a vejez, a bongos podridos, se cernía de continuo en aquel ambiente, que, como el agua de ciertas fuentes las raíces que va mojando, tenían la cualidad de petrificar lentamente las carnes de los niños, dándoles el color de la piedra pómez y cubriéndolas de un polvillo terroso".

Otra pieza antológica de la prosa narrativa de Molina es "El Chele", cuento que se inscribe en la corriente del realismo costumbrista y en el que el autor exhibe un manejo diestro y vivaz del diálogo, así como un gran verismo lingüístico y psicológico.

Los personajes centrales son "El Chele" y "la Tomasa", a los que el narrador presenta, en los párrafos iniciales, como el "macho" y la "hembra", denominación genérica con que los ubica en la esfera instintiva, casi irracional, en que se desenvuelve su conducta atávica.

Mostrando gran calidad en el oficio narrativo, el autor entra directamente en el conflicto, sin elementos introductorios. El relato se inicia, así, "in media res", y los presupuestos anecdóticos irán apareciendo oportunamente.

Los dos primeros párrafos y el diálogo que sigue son un modelo de prosa llana y chispeante, con un oportuno aprovechamiento del nivel de lengua popular.

"Cuando ella le llevó el almuerzo —un plato de cocido hecho de prisa— aguardábala él a la reja, agarradas las manos a los barrotes. Era un mocetón membrudo, tirando a rojo, de mandíbulas fuertes, velloso como un perro de aguas, de barba viril. Un macho como pocos.

La hembra se acercó, rimando con las caderas, de amplio paréntesis, la estrofa del amor carnal. Era de mediana estatura, trigueña, rica de carnes, fresca como una sandia. Terciado el pañolón café, haciendo chillar los botines, pasó entre los soldados, despidiendo de su enagua una brisa ardiente y perturbadora, impregnada de perfumes baratos.

—Chico —dijo ronroneando la voz como gata— aquí está el almuerzo.

—¿Por qué has venido tan tarde?—replicó el reo con una voz entre áspera y dulzona.

—No pude estar antes. Tengo mucho que hacer.

—¡Mentira! Es que vivís entretenida con ese tinterillo. Ya sé que me vivís engañando. Pero ve, por Dios —e hizo una cruz con la diestra y la besó— que te doy una lección cuando salga de este enchute. Y lo que es a él...

Aquí la cara del Chele hizo un gesto feroz, enarcándose las pobladas cejas de sus ojos atigrados.

—A él —siguió iracundo— lo degüello con éste. —Y a hurtadillas de los soldados sacó un cuchillo, no se sabe de dónde, terriblemente afilado—. Lo degüello, ya lo sabés.

En la faz de la mujer se pintó una mezcla de miedo y de odio. Esta, de repente, tiró al suelo el almuerzo, alejándose de la reja.

—Oíme, negra —gimió él arañando los barrotes—; oíme un momento.

Mas ella, caminando precipitadamente, como a pequeños saltos, ganó la entrada de la guardia".

Observase, en el fragmento citado, la naturalidad y la gracia caricaturesca, que campean en el relato; las certeras pinceladas descriptivas concebidas desde una perspectiva psicológico—lingüística identificada con el contexto ambiental. Ello se evidencia en las comparaciones, que apelan humorísticamente a referentes típicos de ese mundo elemental en que se desenvuelve la trama: "velloso como un perro de aguas", "fresca como una sandía", "ronroneando la voz como gata". Véase también la fluidez y movilidad teatrales con que se desarrolla el diálogo de la pareja central.

Molina muestra en este texto su enorme ductilidad idiomática. Como en una especie de reverso del léxico culto y refinado que desgrana en la mayoría de sus prosas, en este cuento —como corresponde a su vena realista— el vocabulario abunda en términos jergales y regionalismos, como "enchute", "jeruza", "guazangas", "amasia", "jumas", "emberrinchinada", "sobiqueándose", "jeme", "se endamó" y "chancletudo".

Contrastando con ese realismo desenfadado, Molina nos ofrece, en "La Siguanaba", una evocación muy lírica de este personaje legendario.

El texto empieza con una rememoración de una balada de Heine referente a Lorelei, la versión alemana de tal mito. La prosa de Juan Ramón se engalana entonces con sus habituales recursos melódicos y adopta un aire muy emparentado con la estética rubendariana de "Azul":

"Yo me acuerdo de una dulce canción alemana, de una canción de Heine, tan triste como algunos versos del "Intermezzo", tan llena de susurros como los pinos de la Selva Negra, tan impalpable como las pálidas nieblas del otoño...".

El narrador adopta, desde el principio, una actitud melancólicamente rememorativa, y pronto despunta en el texto su verdadero eje temático, que ya hemos apreciado en otras páginas molinianas: la elegíaca evocación de la niñez poblada de fantasías y animada de una fe ingenua que su espíritu hoy desengañado quisiera recuperar. El autor reelabora así el viejo motivo de la infancia como edad de oro o paraíso perdido, desde la perspectiva de un heredero de los románticos.

Esta pieza que, como la mayoría de las prosas de Molina, se resiste a una clasificación genérica, ya que contiene ingredientes narrativos y líricos, concluye con esta reflexión que resume el dilema espiritual de fondo:

"¡Que no diera hoy por volver a creer en la Siguanaba, por volver a sentir los temores que me hizo sentir en mi infancia!

Todo lo que he aprendido sobre los pedantes libros de los retóricos griegos, de los poetas latinos, de los brumosos filósofos alemanes.

Todas las negaciones y afirmaciones de Heráclito y Demócrito; todas las odas de Horacio de Virgilio; todas las dudas de Hegel y los sublimes pensamientos de Kant.

Todo, todo eso, diera. En cambio me quedaría un corazón puro, un alma sencilla y límpida, llena de creencias vulgares, pero inofensivas; y la fe, sobre todo, la fe en el Dios de mis abuelos que estaba medio oculto entre grandes nubes, con los brazos extendidos sore el mundo terrestre, la barba celestial caída sobre el pecho y los ojos cargados de siglos".

En el texto titulado "La niña de la patata" se reiteran algunas de las características del anterior. Ratificando la propensión de Molina al lirismo, este trabajo presenta un mínimo marco anecdótico y mucho de prosa poética.

El encuadre de esta estampa se relaciona con una situación autobiográfica. En una helada mañana otoñal, el narrador se encuentra en la cubierta de un transatlántico que ha salido del Canal de la Mancha y se interna en el océano Atlántico. Indudablemente, la circunstancia está inspirada en el viaje de regreso de Molina a América después de su gira por Brasil y Europa.

Hay una descripción del espectáculo marino que hace énfasis en los tonos grises y el tumulto de las olas. Como cabe esperar, el paisaje se convierte en un "estado de alma", al modo romántico. Para ratificar esa tendencia, el autor asocia, o más bien funde, los elementos de la naturaleza observada como una reminiscencia literaria muy sugestiva de su estado anímico y de sus preferencias librescas: menciona las gaviotas que "chillan angustiosamente en los odioses de Byron".

Trazado el entorno natural, pasa Molina a enfocar el objetivo humano que ha de constituirse en el centro de esta prosa. Refiere que cuando iba, huyendo del frío, a refugiarse en el salón de fumar, descubrió un espectáculo imprevisto: apretados como en un rebaño, debajo de unas lonas que resguardaban el puente, vio una muchedumbre de pasajeros de tercera, inmigrantes pobres del norté de Europa que iban en busca del sueño americano. Entre ellos, destaca el narrador una diminuta figura que llamó poderosamente su atención y que describe con habilidad pictórica:

"En medio de aquel maremágnum cosmopolita, alegre en su angelical inocencia, toda encendida del frío, muy regordeta, con los ojos que parecían dos lagos azules, con los burdos zapatitos rotos y el traje raído, envuelta la rubia cabecita en una mala manteleta, una preciosa niña, no mayor de tres años, un lindo querubín entre aquella soez hampa, quería comerse una gruesa patata caliente y medio cruda, que acababa de tomar de un cubo próximo".

El texto se impregna de una fuerte corriente afectiva y denota la gran sensibilidad del escritor más allá de lo estético, en la esfera de los valores éticos sociales.

Tras imaginar las diversas perspectivas vitales que aguardan a la niña en el suelo americano y desearle el mejor de los destinos, Molina cierra la composición con este párrafo de gran musicalidad, cuyo vaivén rítmico, basado en el polisíndeton, parece armonizar con el paisaje marino evocado:

"Tal desea este pálido viajero, este taciturno sonador, que, en esta fría mañana otoñal, iluminó su noche interior con tu risueño amanecer, y gozó del perfume de tu infancia, y bebió el rocío de tus azules ojos, y derramó su angustiosa piedad sobre tu cabecita blonda, y te amó, en un fugitivo momento de su vida, bajo el plomizo cielo septentrional, entre la áspera vocinglería de las olas del Atlántico".

A la vertiente realista de la narrativa moliniana pertenece el singular trabajo titulado "La renuncia del escribiente (Capítulo olvidado de una novela perdida)".

Aunque el título presenta este relato como un fragmento, funciona muy bien como un texto independiente, con un desarrollo orgánico que lo ubica en la línea del cuento.

Con estilo directo y escueto, y empleando un lenguaje culto aunque desprovisto de todo matiz idealizador, Molina relata aquí una anécdota sencilla pero trascendente: José Ángel, un joven amanuense municipal, hastiado del rutinario ambiente de mediocridad e injusticia que lo rodea, renuncia a su puesto con una actitud de rebeldía que da a su conducta matices heroicos.

El detonante de tal acción es una escena que José Ángel presencia en la oficina, cuando dos pobres mujeres —madre e hija— que han sido llevadas por un policía ante el secretario de esa dependencia, son sentenciadas por éste a pagar una multa por el delito de comprar víveres para revenderlos, infringiendo una ordenanza municipal. Como la cantidad establecida excede notoriamente su capacidad de pago, de hecho ambas mujeres son condenadas a la cárcel.

Este texto nos recuerda la visión punzante y la atmósfera opresiva y melancólica que caracteriza a los cuentistas rusos del siglo XIX. Es estupenda la elaboración del ambiente burocrático, con su entorno miserable traducido en oportunos detalles (vieja alfombra de cáñamo", "salón cubierto de un antiguo tapiz", "patio estéril como una roca") y con sus figuras grises, resentidas y mezquinas, como la del viejo portero asmático que envidia al joven escribiente, y la del secretario, brillantemente caracterizado con pocos pero certeros trazos ("enlazados los dedos de las manos, la cabeza cónica ligeramente inclinada, el semblante ceñudo...").

El clima moral sórdido que impera en este ambiente típico es adecuadamente descripto desde la perspectiva del protagonista, cuando, en estilo indirecto libre, el narrador lo hace trazar este balance:

"Y luego las intrigas inevitables, los chimes de unos con otros, aquel trabajo embrutecedor de escribir notas y más notas, miserablemente remunerado; las injusticias, las represiones diarias, las miserias de aquella vida monótona sin horizontes, sin ideales...".

El relato contiene una fuerte dosis de crítica social, pero la habilidad el autor le impide caer en el panfleto. Se fustiga el sistema desde la óptica psicosocial del personaje protagónico, que acaba de observar sus mecanismos injustos, y la profeta suena natural:

"Sí, aquello era una injusticia, una brutal injusticia. ¿Quitarles a las infelices su cesto de provisiones, y enviarlas en seguida a la cárcel! Había mayor falta de piedad? ¡Y esto lo bacia el secretario en nombre de la ley, que violaba según su conveniencia! ¡Revendedores!; ¿qué tenía eso? ¿No babia una porción de tenderos y tenderas al por menor, que hacían lo mismo, que negociaban impunemente en mayor escala? No estaba entonces el agio de moda? ¿No traficaban judíos y comisionistas con el sueldo de los empleados, favorecidos por el gobierno, que de propósito no pagaba puntualmente el presupuesto? (...) Ellos, los agiotistas, no iban a la cárcel, no irían nunca".

El final muestra un interesante cambio de focalización. Producido el desenlace de la historia, con la renuncia de José Ángel, el narrador abandona el estilo indirecto libre, recurso esencial con el que ha ido mostrando los acontecimientos desde el ángulo de dos personajes (el protagonista y el portero) y asume un papel de observador externo, provocando una impresión de distanciamiento. No obstante, sutiles detalles nos revelan una fina ironía en la percepción de los hechos narrados y su entorno. Así, cuando el protagonista sale a la calle, se establece un eficaz contraste entre la alegría de la naturaleza y la tristeza del ámbito humano decadente:

"Eran las diez de la mañana, una alegre mañana de sol, que reía sobre los seniles y amarillentos edificios coloniales, sobre las carcomidas baldosas, rociando de oro los árboles del parque".

El texto se cierra con una escena en apariencia trivial pero, en el fondo, muy significativa. José Ángel toma un tranvía y se aleja, y el hecho, enfocado desde la perspectiva del narrador observador, está plasmado con gran finura, haciendo un énfasis deliberado en la desagradable rutina que rige las acciones humanas y a la cual el protagonista parece no poder escapar.

"Llegó el próximo tranvía, cuyo rumor se iba acercando. Llegó el vehículo tirado por dos mulas béticas, castigadas por el látigo del conductor, azuzadas por una lluvia de ternos y de insultos. Habiendo subido a la plataforma algunas personas, en cuenta José Ángel, volvió a chasquear el látigo, volvió el conductor a lanzar blasfemias, volvió el carro a deslizarse trabajosamente por los enmohecidos rieles".

Dentro de la prosa narrativa de Molina, se destaca asimismo un exquisito cuento típicamente modernista titulado "Muerte de Dionisio".

Aunque se inspira en el mundo clásico, el autor rehúye toda solemnidad y emplea un tono conversacional, ligeramente burlón, para anunciar su versión de la muerte de un personaje legendario: Dionisio, tirano de Siracusa. Utilizando el viejo recurso que Cervantes aprovechara en su "Quijote", dice haber hallado la historia en "un antiguo pergamino encontrado en una empolvada biblioteca de las ciudades del sur de Italia".

El relato comienza con la descripción de un espléndido festín ofrecido por el tirano, al que asisten artistas y filósofos, entre los que se cuenta el mismo Platón. El banquete está llegando a su fin y Dionisio se encuentra ya borrado. Su retrato está muy bien trazado:

"Luenga barba innoble orlaba su rostro, pálido por las frecuentes libaciones. Era tan encendida la purpura de su manto, que parecía que acababan de sumergirlo en un baño de sangre. Descansaba su corona de oro sobre un trípode cercano, y la pulimentada calva de marfil resplandecía bajo el riquísimo techo, de donde colgaba una fulgurante espada de acero, amenazando a los comensales".

La imagen del manto cuyo color se asocia con sangre encierra un claro simbolismo y tiene carácter premonitorio, como se verá en la escena final.

En el fragmento citado puede apreciarse que la famosa espada de Damocles juega un papel importante en la trama. Ignorando su amenaza, el tirano se dirige con jactancia a los comensales, alardeando de su hospitalidad y burlándose del propio Damocles, allí presente. De pronto, se escuchan unos fuertes lamentos y Dionisio explica a sus invitados que se trata de unos prisioneros próximos a ser ejecutados.

El narrador ha creado muy apropiadamente la atmósfera de presagios, jalonando la historia con imágenes como la del manto, la siniestra espada y los ayes de los condenados. Ha preparado así, cuidadosamente, el fantástico desenlace. Este no es otro que el castigo del tirano, muerto por oba de la mitológica espada, metamorfoseada en serpiente. La acción es resuelta con dinamismo y amalgama adecuados efectos visuales y acústicos:

"Agonizaba la luz de las antorchas; dejaron de vibrar las liras y una semiobscuridad invadió la sala del festín. De repente la espada retorciose como si tupiera vida, cayendo sobre la mesa y ondulando, serpiente de fuego, después de lanzar un silbido siniestro. Un grito de horror se escapó de la boca de los convidados, y sus semblantes se pusieron lívidos al reflejo trémulo de las antorchas. El reptil serpeó entre las ánforas y las fuentes de plata, lanzándose sobre la cabeza del tirano e hincando en ella sus colmillos. Enderezóse Dionisio rugiendo para caer en seguida inerte sobre la alfombra, en tanto que la fantástica culebra desaparecía en una de las sombrías esquinas del salón".

Al final reaparece la imagen del manto, afianzándose su carácter simbólico. La escena es muy plástica y resalta en ella el contraste entre el color purpúreo de dicha prenda y la palidez de la cabeza de la víctima:

"Cuando llegaron los áulicos y los guardias, el rey yacía muerto sobre la alfombra de cachemira, estrujando bajo la espalda su soberbio manto purpúreo, semejante a una fresca degollación, de donde surgía resaltando su cabeza pálida, bajo el bosque de los brillantes sables desenvainados en lo alto de las antorchas traídas por los esclavos atónitos".

Finalmente, deseamos referirnos con brevedad a "El niño ciego", un relato que funciona como una pancarta a favor de los menores desprotegidos. Se trata de una historia alegórica, con personajes y espacio genéricos e innominados. Su protagonista es un niño de la calle, víctima de malos tratos que lo condujeron a perder la vista, que vaga sin rumbo y al final es recogido por una institución de caridad.

El primer párrafo entra de lleno en la materia narrativa y hace énfasis en la indiferencia de la sociedad ante el desamparo del personaje:

"Le encontraron en la calle vagando, sin rumbo fijo, un día de estos en que el sol llameaba sobre las baldosas y los duros empedrados. ¿A dónde iba el infeliz? A ninguna parte. Caminaba al azar, arrastrando trabajosamente sus pies doloridos, que habían tropezado en todas las piedras y resbalado en todas las aceras. Caminaba en medio de la ciudad hostil, ante la indiferencia de los transeúntes, poniendo el oído a los sordos rumores callejeros, estremeciéndose al ruidoso paso de los tranvías, temblando a los gritos de los vendedores de sorbetes".

El relato, aunque cargado de elementos patéticos en función de su interés de sensibilizar al lector, está escrito con fluidez y solvencia formal. No es, claro está, una de las grandes páginas de Molina, pero manifiesta de modo transparente su espíritu solidario, al servicio de las nobles causas sociales y humanas.

CONCLUSIONES

Hemos hecho un recorrido panorámico por la obra en prosa de Molina, tratando de destacar en ella algunos rasgos fundamentales de fondo y forma. Hemos procedido, no lo ocultamos, con bastante parcialidad, seleccionando los textos que juzgamos más representativos en función de parámetros de calidad expresiva, pero sin desdeñar aquellas páginas que arrojan luz no sólo sobre el estilo sino también sobre la personalidad del autor.

Leer a Molina significa adentrase en un universo rico y variado, que refleja la sólida formación libresca del escritor. Como sucede, en general, con los modernistas, son abundantes en sus páginas las referencias y alusiones a la mitología clásica y a una gran variedad de obras y autores universales. Esas menciones impresionan muchas veces como un alarde de erudición, pero de ninguna manera suenan como vacías e improvisadas, sino que revelan al lector voraz y acucioso. Sería muy útil realizar un catálogo de tales datos con su correspondiente interpretación, ya que dicen mucho sobre las preferencias estéticas e ideológicas de este autor.

Nuestro trabajo ha intentado reflejar el carácter multifacético de la producción de Molina; su habilidad para fascinarnos tanto con su diestro manejo del lenguaje como con la profundidad y agudeza de su pensamiento, así como su capacidad para provocar en nosotros una respuesta sinfónica.

En fin Molina prosista nos seduce tanto como poeta. Resulta impostergable la tarea de estudiar más sistemáticamente toda su obra, ya que constituye un patrimonio esencial de la cultura de los hondureños.

Tegucigalpa, M.D.C., 14 de diciembre de 2001.

(Trabajo leído por Sara Rolla en el acto de su incorporación como miembro de número de la Academia Hondureña de la Lengua).

ASPECTOS PSICOLÓGICOS DE LA OBRA LITERARIA DE JUAN RAMÓN MOLINA

Por ALFREDO LEÓN GÓMEZ

El poeta Juan Ramón Molina es considerado en Honduras como el máximo exponente del Modernismo, solamente superado en Centro América por el genial Rubén Darío, el nicaragüense excelso que revitalizó la lengua castellana, al inyectarle nuevas fuerzas remozadoras que le dieron brío, lustre y pujanza.

Nació Molina en Comayagüela, en la capital de Honduras en el año de 1875, de ascendiente español por el lado de su padre y de origen mestizo de parte de su madre. Mostró desde niño gran precocidad por el conocimiento y por la lectura, devorando todo lo que encontraba a su paso, digno de ser leído. Era extraordinariamente inquieto y dio muestras de un carácter fuerte y agresivo que se puso en evidencia desde sus primeros años en que asistió a la escuela. Estos rasgos aparecen pergeñados en un artículo periodístico del mismo Molina, en que hace recordatorios de sus días en la escuela de Mr. Black, un norteamericano que fundó un instituto primario en Tegucigalpa, en las últimas décadas del siglo XIX.

Curiosamente, el poeta hondureño hace reminiscencias extrañas en su memoria, afirmando que a él le sucede lo mismo que al escritor estadounidense Edgar Allan Poe, quien recordaba con terror la escuela del dómine Brandsby, a la que asistió en Londres. El propio Molina recuerda la similitud de su personalidad, con la del gran escritor y poeta norteamericano, llenas ambas de vicisitudes trágicas en el curso de vidas agitadas y tormentosas.

A temprana edad su padre lo envía a Guatemala con el fin de que haga estudios de bachillerato y que luego prosiga en la universidad. Ahí conoce a Rubén Darío que permanecía transitoriamente en ese país. Su contacto con intelectuales chapines lo estimulan a escribir y en este período se inicia como poeta modernista, y comienza a colaborar en la prensa. Asiste a la universidad, la cual abandona muy pronto con el fin de dedicarse a las letras, en especial al periodismo y a la poesía.

Ya en 1897 está de regreso definitivo en Honduras, donde el presidente don Policarpo Bonilla le confía la subsecretaría de Fomento y Obras Públicas e intenta a la vez estudiar la carrera de Derecho, todo lo cual abandona para dedicarse a la publicación de un periódico "El Cronista" en 1898, que posteriormente se funde con "El Diario", para formar "El Diario de Honduras". Esta dedicación al periodismo le trajo la ira del presidente Terencio Sierra, quien atentó contra él, sometiéndolo a tratos injustos y confinándolo a la cárcel, y a trabajos forzados en la construcción de la carretera del sur.

Por este tiempo el poeta Molina se convirtió en un crítico despiadado, arremetiendo contra muchos literatos nacionales y extranjeros, y haciéndolos objeto de sus más acerbos ataques. Dejó ver claramente su carácter irascible, altanero, y pendenciero que se agravó con el uso sin medida que hizo del alcohol, y que eventualmente lo llevaría a la muerte pocos años después.

Un ejemplo de nuestra afirmación puede verse en el artículo "A propósito de una Elección Académica" que publicó en el Diario de Honduras, en relación con la pugna suscitada en la Real Academia Española de la Lengua, cuando se trató de sustituir al gran orador Emilio Castelar, a raíz de su muerte, vacante para la cual fue electo el novelista Jacinto Octavio Picón, cargo que obtuvo por apretada mayoría, dado el conservadurismo de la antigua institución.

Su carácter, soberbio y esquivo le trajo muchas enemistades, aunque invariablemente tuvo la amistad franca de Froylán Turcios, quien siempre trató de ayudarle en sus continuas dificultades y perennes problemas. Gozó también de la benevolencia del presidente Manuel Bonilla, quien lo nombró subdirector de la Escuela Militar. Por ese tiempo se le veía en brioso corcel, uniformado en traje marcial europeo, recorrer la Calle Real desde el puente Guacerique hasta la Catedral, con poses de dómine y noble patricio.

En 1906 viajó junto con don Fausto Dávila y Froylán Turcios al Congreso Panamericano de Río de Janeiro, en el cual tuvo la oportunidad de conocer y de entrar en relaciones con distinguidos literatos hispanoamericanos. Esta gira se convirtió en periplo, cuando con Turcios continuó a través del Atlántico hasta España y Francia, donde permanecieron por cuatro meses, para luego regresar por Nueva York, en diciembre del mismo año.

Ya para entonces su producción literaria era abundante y muy conocida, encontrándose sus versos y artículos desparramados por la prensa nacional y centroamericana. Rubén Darío había reconocido la excelencia de sus poemas y en general su estilo literario era ya claro, elegante, castizo y dotado de singular belleza y distinción.

Desgraciadamente Juan Ramón Molina estaba destinado a morir joven. En noviembre de 1908, cuando vivía en el exilio en San Salvador, después de la caída del gobierno de don Manuel Bonilla, se vio afectado de una crisis de alcoholismo agudo, asociado a otras drogas, lo que le causó la muerte. Su desaparición fue una enorme pérdida para las letras nacionales e hispanoamericanas, que tenían en Molina una de las figuras más destacadas del movimiento modernista, que se había incubado esencialmente en raíces criollas de nuestro continente.

CONSTANTES PSICOLÓGICAS EN LA POESÍA DE J. R. MOLINA

La poesía revela indudablemente muchos rasgos de la personalidad del autor. En ella se manifiestan aspiraciones, anhelos, ilusiones, esperanzas, desilusiones, frustraciones, y muchas otras características del poeta que refleja en los versos su grandeza y sus miserias. Es su propia creación y por consiguiente tendrá que poner en evidencia diversas facetas de su personalidad.

La poesía de Juan Ramón Molina es extraordinariamente rica en constantes psicológicas que configuran un retrato de su propia idiosincrasia. Aunque en Honduras ha sido muy común explicar muchas características de los poemas de Molina como un producto del medio, como un resultado de la mediocridad del ambiente en que vivió, que lo arrinconó y lo condenó a vivir una vida hundida en el alcoholismo, en la desesperación y en la angustia, que eventualmente lo condujo a la muerte por un suicidio en las garras del vicio, hay también muchas manifestaciones en sus escritos, sobre todo en los versos que dan una clave que nos lleva a determinar a través del análisis psico-literario una serie de constantes psicológicas que surgen de su extraordinaria creación poética.

Estas constantes que se encuentran presentes en la mayoría de sus poemas permiten establecer la existencia de una personalidad que sufría de un desorden depresivo bipolar con hipomanía que se puede percibir con claridad en muchas de sus composiciones poéticas. La bipolaridad de la depresión que afectó al poeta hondureño aparece nítidamente al estudiar su producción, en la que se encuentran alternativas que van desde un pensamiento profundamente depresivo hasta otras en que se notan estados de ánimo fuertemente matizados por la euforia y el optimismo.

Hay numerosas constantes psicológicas en la poesía de Molina. Con el objeto de hacer un estudio más preciso, hemos limitado la elección de éstas a aquéllas que se encuentran con más frecuencia y que aportan mayor significación desde el punto de vista de la evaluación psico—literaria. Estas constantes son las siguientes: 1) El Tema de la Muerte, 2) La Tristeza, 3) La Melancolía, 4) La Nostalgia, 5) El Autodesprecio.

EL TEMA DE LA MUERTE

De las setenta y cinco composiciones poéticas analizadas que aparecen en Tierras, Mares y Cielos, en diecisiete de ellas la preocupación con la muerte como tema más importante es lo que a primera vista llamala atención. Molina se ve como asediado, como obsesionado con la idea de la muerte, la que también recurre en numerosos escritos en prosa. Para Molina la muerte tenía cierta calidad de fascinación que se entreveía a las claras en sus versos, en sus artículos y en sus discursos. Con ocasión del aniversario de la muerte del médico Manuel Molina Vigil, quien se suicidó y fue un poeta de importancia en el período de Reforma de Soto y Rosa, expresó entre otras cosas lo siguiente:

"Oh, poeta, oh dulce poeta, oh pálido hermano del infeliz Acuña; hiciste bien en irte en una tibia mañana de sol, porque si te quedas un momento más, tal vez hubieras visto que la muerte, tu taciturna querida, te era infiel con otros de mis amigos, a quienes he visto dormidos en sus brazos. Hiciste bien en marcharte a su palacio de mármol negro, donde hay un jardín de eternos cipreses, y a donde jamás llega el murmullo de la vida. Vive allí feliz, en tanto que nosotros sentados en el festín de la vida, en el templo del arte, vemos con tristeza que tu asiento está vacío y que la copa de vino, apenas desflorada por tus labios fríos, permanece llena hasta los bordes".

Hay aquí franca ideación suicida con aceptación del suicidio.

La preocupación con la muerte es una de las manifestaciones más importantes de la depresión, como entidad clínica desde el punto de vista médico. Aunque existe normalmente en todas las personas, es más intenso este sentimiento en aquellas dotadas de un fuerte poder reflexivo y de mayor y más profundo razonamiento. La teoría de los instintos que se fortaleció con los estudios de Sigmund Freud, se elaboró en base a la existencia del instinto sexual (Eros) y el instinto de la conservación, que posteriormente modificó para mantener el instinto sexual (Eros) y un nuevo instinto, el de la muerte (fanático), cuya misión según él es hacer retornar todo lo orgánico animado al estado inanimado. Habría un proceso fisiológico especial de creación y de destrucción.

Son notables los siguientes poemas por la preocupación con la muerte: Una Muerta; Segundo Aniversario; Autobiografía; Después que Muera; La Fosa Olvidada; La Calavera del Loco; La Hora Final; La Muerte de Caín; Tus Manos; Del Libro del Alma; Lúgubre Fantasía; Postrera Súplica; La Muerte del León; Ofelia; Yago; Desdémona; Mariposa Nocturna; y En la Alta Noche.

Un ejemplo de gran interés lo tenemos en el poema "Una Muerta" escrito en memoria de su esposa Dolores Inestroza, en el año de 1905, en el día de difuntos. Es un poema elegíaco de impresionante fuerza, en el cual brota a raudales la depresión del autor:

Señor: tú la llamaste/ y ella voló a tu lado/ dejándome en la tierra/ ¿Mi espíritu has mirado? /

No es jardín—florecido de azules ilusiones—/ sino que inmunda cueva/ de arañas, escorpiones/ y víboras. Un pozo, / de horror y de amargura/ en que está con cadena/la trágica locura/.

La copa de mi vida, / donde escanciaba mieles, / llena está hasta los bordes/ de ponzoñosas hieles, / más álgidas que aquella/ bebida ignominiosa, /que recoció tu lengua/ en la cruz afrentosa/...

En estos primeros versos del poema, que es todo él una constante angustia y un lamento desolador, expresando que su espíritu no es ningún jardín florecido, sino que es una inmunda cueva llena de alimañas, lo cual refleja un sustancial elemento de depresión, matizado con un fuerte componente de autodesprecio.

El poema muy extenso se extiende con versos modernistas en los cuales la angustia por la muerte aparece a cada paso:

Mas tú, Señor, dijiste/ el ángel de su guarda:/ ve por ella a la tierra:/ hace tiempo que tarda/. De noche, cuando el ábside/ del cielo se entenebre, / mis ojos, encendidos/ por una lenta fiebre, / a través de un enjambre/ lumínico de estrellas, / siguieron por las nébulas/ el rumbo de sus huellas...

Esta composición poética es de belleza extraordinaria y revela la enorme capacidad de Molina en el manejo del castellano, ya que se caracteriza por su casticismo y los reflejos modernistas cargados de áureos destellos, dentro de la pesadumbre que sirve de hilo al poema.

"Segundo Aniversario" es otro poema que podemos poner como ejemplo para mostrar la depresión de Molina:

La noche lentamente envejecía. / Sentado en la mortuoria habitación/ mudo, como en la boca de un abismo, / me sumergí en la fiebre del dolor/; en tanto que la noche envejecía/ sobre el planeta miserable y yo/ le preguntaba al cielo indiferente/ en dónde estaba la piedad de Dios.

En "Después que Muera" el instinto fanático se ofrece con enorme claridad: Tal vez moriré joven... Los amigos/me vestirán de negro, / y entre dolientes y llorosos cirios/ de pálidos reflejos, / colocarán con cuidadosas manos/ mí ya rígido cuerpo, / poniendo mi cabeza en la almohada, / mis manos sobre el pecho. /

En una huesa lúgubre y profunda, / en un hoyo siniestro, /colocarán para arrojarle tierra, / el imponente féretro. /Enterrado seré... La comitiva, / "descanse en paz", diciendo, / me dejará, me dejará muy solo, / en brazos del misterio/. Después, cuando tú mueras, una noche/de calma y del silencio, / arrojaré con las huesosas manos/la tierra de mi féretro;/ y a la luz de un doliente plenilunio, / contemplarán los muertos, / con los brazos en cruz y de rodillas, orando un esqueleto!

La preocupación y el tema de la muerte es una constante muy importante en la poesía de Juan Ramón Molina. Existe en la mayoría de sus poemas y se encuentra frecuentemente a través de la mayoría de su producción.

LA TRISTEZA

La voz tristeza se origina del latín "tristis" y "tristitia" que significa aflicción, pesadumbre y de carácter melancólico. Es voz castellana desde 1220.

Es una constante muy común en los poemas de Molina, observándose en la mayoría de su producción, a excepción de aquellos que están dotados del elemento eufórico, como ocurre en la "Salutación a los Poetas Brasileros", poema escrito en 1906.

La tristeza como un sentimiento aparece con extraordinaria frecuencia en la poesía de este poeta, atormentado por las pasiones y por las angustias que nacen de su propio espíritu. Un ejemplo de esta sensación que afligía su pensamiento, lo tenemos en el poema "Autobiografía", donde afloran constantemente los desgarros de sus fibras intimas:

Nací en el fondo azul de las montañas/ fue mi niñez como un jardín risueño/ de muchos compañeros olvidados, / que fue segando sin piedad la fría/hoz implacable de los negros hados/... Todos cayeron en la fosa oscura!... Desde mi infancia fui meditabundo, / triste de muerte. La melancolía/fue mi mejor querida en este mundo/ pequeño, y sigue siendo todavía. /

Los siguientes versos revelan algo de la interioridad del bardo:

No he sido un hombre bueno. Ni tampoco/malo. Hay en mí una dualidad extraña:/tengo mucho de cuerdo, algo de loco, / mucho de abismo y algo de montaña. / Todo conspira a hacer horriblemente/ triste al que asciende las mentales cumbres/y a que cruce—con rostro indiferente/o huraño—entre las vanas muchedumbres/!

La tristeza es la constante más frecuente en este poema autobiográfico:

La gran angustia, el espantoso duelo/de haber nacido, por destino arcano/ para volar sin tregua en todo cielo/ y recorrer sin rumbo todo océano/.

Para sufrir el mal eternamente/ del ensueño; y así meditabundo, /vivir con las pupilas fijamente/ clavadas en el corazón de mundo/; en el misterio del amor sublime, / en la oculta tristeza de las cosas, / en todo lo que calla o lo que gime/en los hombres, las bestias y las rosas;/ y no dejar para mis labios nada/y vivir, con el pecho dolorido, / para ver que, al final de la jornada/ mi sepultura cavará el olvido/.

Mas ¿Para qué, señor? ¡Estoy enfermo! / ¡Me consume el demonio del hastío! / ¡Toda la tierra para mí es un yermo/donde me muero de cansancio y frío! /

Son innumerables los poemas en los cuales la constante tristeza aparece formando parte del cuerpo de la expresión. Este sentimiento matiza con tenacidad el pensamiento del poeta que se duele con angustia de su propia suerte.

Siempre en "Autobiografía", expresa lo siguiente:

Al mirarme al espejo ¡cuán cambiado/ estoy! No me conozco ni yo mismo; /tengo en los ojos, de mirar cansado, /algo del miedo del que ve un abismo/. Tengo en la frente la indecible huella/ de aquel que ha visto, con la fe perdida/palidecer y declinar su estrella/ en los arcanos cielos de la vida/.

Este poema de poderoso sentimiento depresivo expresa, como en una fotografía los terribles sufrimientos psicológicos, de carácter depresivo que atormentaban a Juan Ramón Molina, y que su genio literario tradujo a través de su canto modernista, teñido muchas veces de un romanticismo decimonónico.

Un buen ejemplo del sentimiento de la tristeza lo encontramos en "Lúgubre Fantasía", compuesto de versos que se caracterizan por una fantasía aterradora:

Inviernos fatídicos/y enormes del polo/ donde el escorbuto taladra los huesos/ y los navegantes viven como locos;/necrópolis viejas/ entre muros rotos/ donde esperan los muertos que suene/ el Ángel del Juicio su clarín sonoro;/

En estos versos recuerda los marineros en el polo asediados por el escorbuto y por la locura, y a los muertos que esperan el juicio final.

Extraños jardines de los manicomios/ donde vagan los tristes reclusos/ recitando inconexos monólogos;/ cruces olvidadas/ de maderos toscos/ que señalan lugares de crímenes/y que nadie les pone un adorno/; fríos hospitales/ abiertos a todos/impregnados de olores de pócimas/ que llenan enfermos de lívidos rostros/; féretros que clavan/ martillos monótonos, / mientras lloran los huérfanos niños/ con su madre en el cuarto mortuorio;/.

Hay enorme preocupación con la locura, los manicomios, los tristes reclusos, las cruces, los camposantos, los hospitales, los huérfanos y el cuarto mortuorio.

En lúgubre fantasía aparece con toda claridad el proceso depresivo que sufría el poeta y que lo asediaba a través de un simbolismo de desesperación y angustia. Hay manifestaciones de psicosis compatible con depresión mayor.

La constante tristeza se dibuja con obstinación en el fondo de la obra literaria de este gran poeta nacional y se mezcla en diferentes tonalidades con otros sentimientos característicos del trastorno depresivo bipolar.

LA MELANCOLÍA

La palabra "melancolía" se originó en el griego melasmelan que significa negro y khole que quiere decir bilis. Se encuentra ya este vocablo en la lengua castellana en el año de 1490.

La melancolía es una tristeza vaga, profunda, sosegada y permanente que puede haber nacido de causas físicas o morales, que hace que no encuentre el que la padece gusto ni diversión en ninguna cosa. Antiguamente se aplicó a lo que se llamó bilis negra. En psiquiatría este término se aplica a una forma de monomanía en que dominan las afecciones morales cargadas de tristeza.

El poema más significativo de Molina en este aspecto es "Madre Melancolía":

A tus exangües pechos, Madre Melancolía/ he de vivir pegado, con secreta amargura, / porque absorbí los éteres de la filosofía/ y todos los venenos de la literatura/.

En estos versos Molina afirma que ha vivido nutriéndose de su madre la melancolía, y que a su vez ha absorbido los éteres de la filosofía y los venenos de la literatura.

El poema sigue así: En vano—fatigada de sed el alma mía—/ sueña con una Arcadia de sombra y de verdura/ y con el don sencillo de un odre de agua fría/ y un racimo de dátiles y un pan sin levadura/. Todo el dolor antiguo y todo el dolor nuevo/ mezclado sutilmente en mi espíritu llevo/ con el extracto de una fatal sabiduría/.

Su alma dice el poeta, está fatigada de sed, y busca en sueños una "Arcadia de sombra y de verdura", y sus sufrimientos antiguos y presentes se mezclan con la fatalidad de la sabiduría.

Continúa así: Conozco ya las almas, las cosas y los seres/he recorrido mucho las playas de Citeres.../ ¡Soy tu hijo predilecto, Madre Melancolía!

Afirma Molina conocer las almas, las cosas y los seres, y confiesa haber recorrido mucho las playas de Citeres. Se refiere aquí a las playas de Chipre, también conocida como Cipris o Citerea, isla del Mediterráneo en donde se le elevaron numerosos templos a la diosa Venus (en griego: Afrodita) una de las divinidades más célebres del mundo antiguo, que presidía los placeres del amor. Era la Diosa "nacida de la espuma", que fue dada como esposa por Júpiter a Vulcano; tuvo amores con Marte y con Adonis y fue la madre de Eros, Cupido, de Eneas y de infinidad de mortales, ya que sus devaneos amorosos fueron infinitos.

Confiesa el poeta su vida bohemia, la que recuerda con melancolía, y reconoce haber gustado de los placeres de la Diosa Venus.

Al final del poema, en forma exclamatoria se declara hijo predilecto de la Madre Melancolía.

En el poema "Para un Anciano", Juan Ramón Molina expresa:

Tu experiencia no influye sobre la mente mía/ Guarda, anciano, tu libro de inútiles consejos,/ y aprende en los volúmenes de mi sabiduría,/ enseñanzas sutiles que vienen de muy lejos./Tu corazón no sabe de la melancolía/ de los que—ayer nacidos,—hoy nos miramos viejos,/ y tenemos el alma como esa luna fría,/hastiada y pensativa, de pálidos reflejos./

Rechaza en estos versos los consejos inútiles del viejo y se atiene a enseñanzas sutiles que vienen de muy lejos, a la vez afirma su sentimiento melancólico y además su sensación, de tener el alma fría como la luna, hastiada y pensativa. En el verso "Enseñanzas sutiles que vienen de muy lejos" hay un fuerte tono de tristeza profunda que se remonta al pasado y que sale de muy adentro de las fibras íntimas del vate.

Continúa el poema:

Tu alma es sencilla y crédula como el alma de un niño, /y tienes la pureza del cisne y del armiño/ en tu cabello augusto, gloriosamente cano/tus inviernos son una florida primavera/ mientras en mis abriles el crudo invierno impera.../ ¡Entre los dos sin duda yo soy el más anciano! /

Molina se lamenta de ser más viejo que el anciano, en quien ve sus inviernos como una florida primavera. Por otro lado en sus abriles hay un crudo invierno que lo hace a él más anciano.

La melancolía, esa sensación de vaga tristeza, esa languidez, ese sentimiento que se traduce hacia cosas del pasado, está presente en versos que revelan la preocupación del poeta en el hecho de hacerse viejo.

El poema "Anhelo" está fuertemente saturado de melancolía:

Viviese yo en los tiempos esforzados/ de amores, de conquistas y de guerras, /en que frailes, bandidos y soldados/a través de los mares irritados/ iban en busca de remotas tierras! /

No en esta triste edad en que desmaya/ todo anhelo—encumbrado como un monte— y en que poniendo mi ambición a raya/ herido y solo me quedé en la playa/ viendo el límite azul del horizonte/.

Todo este verso está matizado de un estado de ánimo que conduce al que lo siente hacia el pasado. Habla de vivir en otros esforzados tiempos, de conquistas, de guerras, de amores, que traducen el deseo de llevar su espíritu a remotas tierras, pero que tuvo que conformarse con quedarse en la playa, contemplando el límite azul del horizonte.

LA NOSTALGIA

La palabra "nostalgia" deriva del griego "nostos" que significa regreso y "algos" dolor. Se comenzó a usar en 1866 y define la pena de verse ausente de la patria o de los deudos o amigos. Es también el pesar que causa el recuerdo de algún bien perdido. Es por lo general el deseo doloroso de regresar.

Este sentimiento es bastante común en los versos de Juan Ramón Molina. Se aprecia con sobrada claridad en el poema "Nostalgia":

Oh bosques silenciosos y salvajes/ en los que armado de la elástica honda, /seguido de mis locos compañeros/ penetré audaz, y de la fresca copa/ de los árboles hice con mi tiro/caer a las selváticas palomas/ entre aleteos raudos y convulsos/ y una explosión de plumas y de hojas/.

El retorno al pasado se manifiesta en el deseo de volver a la niñez cuando con los compañeros de infancia cazaba palomas en los bosques.

Continúa así:

¡Oh patrio río a cuya margen húmeda/ crecen las ceibas y los lirios brotan/que vi correr mientas tendido estaba/ sobre el áspero dorso de una roca/; o, que, incansable y sin temor partía/ nadando de una orilla hasta la otra, / en tanto que la turba de los niños/ gritos lanzaban en la revuelta poza! /

El sentimiento recurre en la estrofa al recordar tiempos pasados en los baños en el río, en compañía de sus amigos.

En los siguientes versos el sentimiento se va tiñendo de inmensa tristeza. Ambas emociones, la tristeza y la nostalgia, se amalgaman muy bien, al decir Juan Ramón de esta manera:

Inmensos llanos de fragante grama/ que un sol canicular tuesta y agosta, / donde pasé, cogiendo florecillas, / dulces instantes de mi infancia loca! /Monte florido que a su falda agreste, /atada con las lianas trepadoras, /se alza una cruz, en la que puse un día/ ramos de pino y rústicas coronas! /

El poema en los siguientes versos toma un tono con claras características depresivas, con manifestaciones de dolor, tristeza, desolación y angustia:

Humilde cementerio donde yacen/ bajo modestas y olvidadas fosas/, muchas que me quisieron en un tiempo/y que olvidó hace tiempo mi memoria:/seres queridos que sin penas duermen/ de los árboles viejos a la sombra, /sin que una mano adorne sus sepulcros/ que la lluvia y los vientos desmoronan. /

Evidentes matices de nostalgia aparecen en el poema "Adiós a Honduras" escrito a bordo del vapor Costa Rica, en 1892, cuando el poeta tenía 17 años y se alejaba del puerto de Amapala, en viaje a Guatemala:

Voy a partir: adiós! La frágil nave, / deslizándose suave, /lanza a los cielos su estridente grito;/y el humo ennegrecido que respira, / en colosal espira/ asciende a la región de lo infinito. /

Por qué, por qué con la mirada incierta/ sigo, desde cubierta, /la dirección del puerto de Amapala, / si el vapor, con seguro movimiento, / sobre el blando elemento/en busca de otras playas se resbala? / ¡Oh, tarde melancólica! ¡Oh, astro/ que luminoso rastro/dejando sobre el mar, en él te hundiste/ ¡Oh vagabundas nubes! ¡Oh, rumores:/afanes punzadores/llevo en el alma, dolorida y triste! /.

En este poema hay un lamento angustiado ante el hecho evidente de alejarse de su patria, que se realiza ante sus ojos en la forma que el vapor deja atrás la costa de la Isla del Tigre. En los siguientes versos hay una tácita confesión de los sentimientos que apretujan el alma del adolescente que abandona su tierra natal:

No es el amor el que a sufrir me obliga/ el corazón me hostiga/al despedirme de mi tierra ruda/ ni la ciega ambición desenfrenada/que a la mente exaltada/ cual venenosa víbora se anuda/

Es un oculto y hondo sufrimiento, / algo como un lamento, /el recuerdo de lúgubres escenas, / el horrible chocar de los cuchillos/ el roce de los grillos y el siniestro rumor de las cadenas. /

¡Oh pobre patria! El que de veras te ame, / en indolencia infame/no mirarás el ridículo sainete, /sin que encamine, trágico y austero, / el paso al extranjero, / o a los histriones con las armas rete.

Estos sentimientos de nostalgia se mezclan, como constreñidos, en el fondo del espíritu del joven, con la congoja que le trae la suerte de la Patria, desgarrada por las luchas intestinas de sus hijos tentados del demonio. Estos versos lo revelan:

Yacen allí, tras las batallas cruentas, / las torvas osamentas/de tus hijos más dignos y valientes/ y que rodaron en su rabia loca, / de una roca a otra roca/ el cartucho mordiendo entre los dientes. /

¡Ay! A pesar del largo despotismo/ que te empuja al abismo/a la nostalgia sin hallar remedio, /mares cruzando y anchos horizontes/ tornamos a tus montes/ porque nos mata un incurable tedio. /

Vi humillada en el polvo la bandera, /extinguida la hoguera/del patriotismo, alzados los protervos/hundido el pueblo en vergonzosas cuitas/las águilas proscritas/ por una banda de voraces cuervos/.

Vi... Mas pudiera el pensamiento mío/ describir el sombrío/lúgubre cuadro de baldón y mengua/ que me llenara de indecible espanto? /Vigor falta a mi canto/ y siniestros vocablos a mi lengua!

Se revela aquí una preocupación morbosa con el pasado típico de la depresión mayor.

EL AUTODESPRECIO

Un elemento de gran importancia clínica en la depresión es el sentimiento de autodesprecio, que se ve traducido en los versos de Molina. Hay una tendencia hacia el pensamiento negativo, con incapacidad hacia los estímulos externos y tenacidad en la concentración en su propio interior. Todo esto lleva a una distorsión de la realidad, con conceptualización de situaciones específicas, todas ellas relacionadas con sentimientos de autodestrucción.

En el poema elegíaco "Una Muerte" hay varios ejemplos de su menosprecio hacia él mismo:

Investigando ciencias/y oscuras nigromancias, /que esconden de las cosas/ y seres las substancias;/ consumido, en estudios/y locos devaneos, / nervios y sensaciones, /sentidos y deseos, / hasta tener, enfermo/ de un incurable hastío, /encima, un cielo mudo, / quimérico y vacío, / y en mi conciencia, a rumbos ignotos impelida, / horror por la natura/y espanto por la vida./

En ocasiones el sentimiento de "Autodesprecio" se mezcla con un componente de masoquismo, el cual expresa un cierto gozo ante el sufrimiento. "Postrera Súplica" participa de ambas constantes psicológicas:

Si muero joven: si el dolor me mata/
y en la terrible fosa me derrumba, /

te ruego que no vayas, dulce ingrata/
con otro amante a visitar mi tumba;/
porque al sentir vuestros iguales pasos/
romper la paz que para siempre anhelo, /
levantaré los descarnados brazos/
para pedirle que me vengue al cielo.

LA DEPRESIÓN DE LA MANO CON MOLINA

Hemos visto que hay cinco constantes, entre otras, que aparecen con frecuencia en la obra de Juan Ramón Molina, como una manifestación de la depresión bipolar que sufría. Repetimos, que estas constantes son: el tema de la muerte, la tristeza, la melancolía, la nostalgia y el autodesprecio. Unas de ellas son más frecuentes que otras en diferentes poemas, pero en algunos, como es el caso de "La Fosa Olvidada", tienen en sus versos la presencia de todas ellas:

Iba en féretro muy solo/ por una calle desierta, / sin que nadie, ni un amigo, / ni un extraño lo siguiera. /—Quién es? Ninguno lo sabe, / ni los mismos que lo llevan;/ algún oscuro extranjero/ que vino de extrañas tierras/.

Amigo—le dije—es triste/ que así los hombres se mueran, /es nuestro hermano, sigámosle:/la caridad nada cuesta. /El cielo estaba nublado/ amenazando tormenta, / y en nuestra ropa caían/algunas gotas dispersas/. Tras el ataúd nos fuimos/ callados por la tristeza, / y pronto, del cementerio, /atravesamos la puerta. /

En un rincón olvidado/ en medio de las malezas/abrieron la sepultura, / echaron la caja negra, / arrojándole de prisa/ las paletadas de tierra. / Quién descansa en esa fosa/que cubren malignas yerbas? / No tiene una humilde lápida/donde su nombre se lea;/ nadie responde quien duerme/allí: ninguno le lleva, / con el semblante contrito, / una guirnalda modesta. /

¿Cuántas veces, cuántas veces, / voy a la olvidada huesa, /que en el viejo camposanto, / ante mis ojos abrieron, /a meditar largo tiempo/ sentándome en una piedra, / en el oscuro extranjero/ que vino de extrañas tierras/ y que se pudre olvidado/ bajo un montón de malezas!

En "La Fosa Olvidada" encontramos esas constantes con características de implicación psicológica. El tema de la muerte como es lógico, domina a profundidad el contenido de la poesía. Es la muerte del extranjero la preocupación esencial del pensamiento del poeta.

Hay a través de todos los versos de la composición una tristeza infinita, que se materializa en aquél: /es triste/ que así los hombres se mueran/...Todo el poema en sí lleva en sus versos una aflicción penetrante que refleja la angustia de Molina.

La constante melancolía se mezcla aquí con el sentimiento anterior; es por lo general un sentimiento vago y profundo que se matiza con ansiedad y desolación. Lleva implícito en sí una sensación de impotencia ante la inexorabilidad de la muerte.

La nostalgia matiza también este poema, al referirse al extranjero, alejado del terruño, olvidado, y quien tendrá que descansar en tierra extraña, para podrirse bajo la maleza. Era un oscuro extranjero, llevando la implicación "oscuro" de un hombre alejado de su propia patria, y que vive como ermitaño en otros lares.

El autodesprecio como otra constante no parece en forma evidente en el poema, todo él saturado de pena y dolor, y que se tiñe con la desesperanza y el tormento. Esta constante es la menos frecuente en su obra, pero aparece en muchos poemas con sentimientos de culpa y frustración, tan propios de estos estados depresivos.

La belleza de la poesía de Molina va en gran parte con una fuerte carga emocional de naturaleza depresiva, que refleja así estados de ánimo imbricados dentro de su propia personalidad.

LA OTRA CARA DE LA MONEDA

Todas estas constantes psicológico—literarias que hemos observado en la obra, contrastan con manifestaciones de euforia, de optimismo, de ampulosidad y de pomposidad que se encuentran en otros poemas, y que corresponden a períodos de remisión de la depresión, en los cuales se presentan ya evidencias del estado opuesto. Ejemplo de este estado anímico lo encontramos con gran claridad en "Águilas y Cóndores"...

Portaliras ilustres de nuestro Contiene:/ miremos el futuro con ojos de vidente, / con ojos que irradiasen—de sus cuencas sombrías— /la luz de las más grandes y fuertes profecías;/... El destino nos lleva a grandes pasos de luz por el camino/ que se hunde en las abruptas gargantas de la historia/. Calienta nuestros éxodos un almo sol de gloria; de otras razas cargamos los cíclicos escombros/ para oprimir en ellos nuestros hercúleos hombros;/ cortamos en los bosques las más ilustres palmas/ fundimos en las almas antiguas nuestras almas.../

Otro ejemplo muy digno de mencionar es el conocido poema "Salutación a los Poetas Brasileros", escrito, según dice Froylán Turcios en sus Memorias, por Molina a su regreso a Tegucigalpa en diciembre de 1906. Pérez Cadalso en El Habitante de la Osa discute con amplitud las distintas opiniones que hay sobre la génesis de este monumental poema:

Con una gran fanfarria de roncos olifantes, / con versos que imitasen un trote de elefantes/ en una vasta selva de la India Ecuatorial, / quisiera saludaros—hermanos en el duelo—/ en las exploraciones por la tierra y el cielo, / en el martirologio de los circos del mal. /

Mi Pegaso conoce los azules espacios. /... Venir pude en la concha de Venus Citerea/...Me voy hacia el azur/ ¿Acaso os interesa mi suerte misteriosa? / ¡Buscadme en mi magnífico palacio de la Osa, / o en mi torre de oro, junto a la Cruz del Sur! /.

Son versos de este inmenso poema modernista, una verdadera gema de la poesía castellana. En él puede apreciarse el estado de ánimo del poeta, pletórico de lozanía, de exaltación y de entusiasmo que refleja la condición de su espíritu después del prolongado viaje por la América del Sur y por Europa en unión de Turcios. Eran estos versos, la otra cara de la moneda, que se contrapone a aquellos saturados de pesimismo, en los cuales el poeta parece que anhela su propia destrucción. En estos ejemplos podemos apreciar con claridad que el estado anímico de Juan Ramón Molina presentaba las características de la depresión bipolar, teniendo etapas de depresión pura que alternaba con períodos de euforia, con matices de manía.

EL SUICIDIO COMO FINAL DE LA VIDA

De lo que hemos dicho anteriormente podemos concluir que el poeta Juan Ramón Molina fue afectado durante toda su vida de una depresión bipolar, mayor con hipomanía, que se reflejó en su obra a través de ciertas constantes psicológicas que ya hemos descrito, así como manifestaciones de euforia, presentes en los períodos de remisión.

Estas crisis depresivas bien conocidas en Juan Ramón Molina se vieron agravadas por el uso del alcohol y de las drogas, que él usara en cantidades crecientes en sus últimos días en San Salvador. Falleció el 2 de noviembre de 1908 en una cantina en San Salvador, aparentemente después de haber recibido una dosis de morfina.

Las últimas estrofas de "En la Alta Noche" son reveladoras en este sentido:

Han venido después a mi memoria/ los sarcasmos de Heine, / las amargas blasfemias de Lord Byron, / en medio del placer;/ la infinita tristeza y los dolores/ del pálido Musset;/ las penas de Leopardi y los sombríos/ versos de Beaudelaire./ Entonces he querido anonadarme/sin saber lo que fui,/morirme lentamente, lentamente,/sin gozar ni sufrir;/ sin saber cómo vine a este planeta,/ cómo me voy al fin;/ sin saber si tuve alma o no la tuve,/ si viví o no viví./

Se ha pretendido que la causa de la suerte de Molina haya sido el medio ambiente de la Tegucigalpa de comienzos del siglo. Sin embargo el análisis psico—literario revela con claras evidencias la existencia de una neurosis depresiva bipolar. Su genio, sin embargo lo convirtió en uno de los más notables poetas modernistas de Hispano América, solamente superado en el istmo por Rubén Darío.

El poema "Ojos Negros" que parece calcado del Siglo de Oro lo dice todo: Ojos terribles y puros/ que me lanzáis el reproche, / ojos que sois cual la noche, / que sois cual la noche obscuros, / ojos que miráis seguros/luz derramando en derroche:/plegad los párpados, broche/de esos radiantes luceros, / no me miréis tan severos, / ojos que sois cual la noche! /

JUAN RAMÓN MOLINA, POETA DEL MODERNISMO CENTROAMERICANO

"Caminamos a oscuras en el fuego"
José Emilio Pacheco. Islas a la Deriva

Por JULIO ESCOTO

Prácticamente desconocido, su reedición adquiere visos de descubrimiento. Muerto en 1908, a los 33 años de edad, su obra poética rebasa con facilidad los límites comarcales de la literatura Centroamérica profusa en nombres menores a todo lo largo del Modernismo, con excepción de Rubén Darío, y ahora de Juan Ramón Molina. No existe riesgo crítico alguno al señalarlo como el más grande poeta modernista centroamericano—después del nicaragüense—y uno de los más valiosos de América. Miguel Ángel Asturias no vaciló en nominarlo "hermano gemelo de Rubén", tanto en el desplazamiento de las formas verbales como en la inclinación simbólica y parnasiana de sus creaciones similares, a pesar de que uno escribiera desde París, la Meca cultural de entonces, y el otro —Molina—desde uno de los más empequeñecidos ambientes culturales del istmo, provinciano y soporífero, estremecido únicamente por los zarpazos periódicos de las guerras civiles.

En Tegucigalpa (una ciudad hundida en el cuenco húmedo de tres montañas) transcurrió la mayor parte de la vida de Juan Ramón Molina. Encerrado en sus calles coloniales asimétricas, rodeado por familias que sustentaban su razón de vida en la prosapia de un ridículo abolengo nobiliario, condenado a no tener un espíritu de su altura con el cual entablar los duelos polémicos de la inteligencia o los acordes de una vibración superior común, sus ideales murieron por irrealidad y, desesperado, se sumergió en los placeres municipales de la cantina y el prostíbulo.

París, el París—faro de los modernistas, fue, cuando lo visitó en 1906, como la encarnación de un sueño largamente apetecido y añorado. Sólo una vez—en la Conferencia Panamericana de Río de Janeiro—supo por experiencia propia de la existencia trajinada y multitudinaria de las grandes urbes. Vuelto a su tierra natal, el ambiente lo absorbió voraz, pegajosamente entre sus arenas movedizas y dos años después murió.

Pero, quién era en realidad este hombre de quien Darío guardaba "cierta profunda admiración y casi receloso respeto", que hizo a Emilio Castelar manifestar elogios y sorpresa, a quien Chocano dedicara un elaborado soneto, Rafael Arévalo Martínez un estudio póstumo, Enrique González Martínez un delicado retrato, Cejador y Frauca su reconocimiento, Anderson Imbert una penetrante identificación sicológica, Cabrales un rudo ataque, Chaney una exegésis cuidadosamente meditada, Asturias un parangón con Darío, y que, sin embargo, está ausente en la mayor parte de las antologías y estudios sobre el Modernismo americano, y no menos desconocido hoy que ayer en toda la grandiosidad y perfección de su pequeña obra?

Juan Ramón Molina (1875—1908) nació en Comayagüela, ciudad gemela de Tegucigalpa, la capital de Honduras. Se graduó de Bachiller e inició estudios de Derecho en Guatemala (ver Cronologia específica en este libro). Nada sorprendente revela su juventud, con excepción de una incontrolable voracidad por la lectura. Hombre—descubridor en esencia, Molina expurga todos los mitos y ánimas de las literaturas y las filosofías: clásicos y modernos, nihilistas y teólogos, esotéricos o superficiales, en su prosa queda el recuento consecuencial del estudio y la asimilación.

Sus biógrafos relatan anecdóticamente la vida estudiantil de Molina en Guatemala. Su tradicional oficio entonces: permanecer en cama, más allá del mediodía solar devorando volumen tras volumen de Hugo o Esquilo, de Zola o de Homero, ya de Byron, Shakespeare, de Campoamor, Rimbaud o San Agustín. Las referencias continuas de esta dedicación obsesiva en su poesía obligan a citarlo brevemente.

"Autobiografía", por ejemplo, refiere haber sido su vida un "enorme hacinamiento de lectura" porque

"He abrevado mis ansias de sapiencia
en torda fuente venenosa y pura,
en los amargos pozos de la ciencia
y en el raudal de la literatura".

O, "Los Cuatro Bueyes", en que desea (4a. Sección) "un mundo más aromático, /lejos de todos los libros/hechos por los hombres vanos, /cuyo veneno corroe/mi corazón lacerado".

Sin embargo, es el soneto "Madre Melancolía" el que revela con mayor sinceridad emotiva la honda pesadumbre de un hastío existencial:

"A tus exangües, pechos, Madre Melancolía,
be de vivir pegado, con secreta amargura,
porque absorbí los éteres de la filosofía
y todos los venenos de la literatura".

Otros poemas, especialmente sonetos, surgen provocados por el calor de una próxima lectura o reflejan un acopio vasto de conocimiento logrado a través de la palabra escrita.

Mas, opuestamente de servir esta experiencia transcrita como un medio purgativo—además de iluminativo—en su concepción de mundo, como una forma de purificación interna capaz de elevarlo en concepciones y conceptos vitales, lo hunde en un descreimiento de valores, despierta en él agudamente la "duda metafísica" por todo lo que sobre el orbe se mueve y le conforma un carácter y una personalidad donde anidan la soberbia y la altivez, el orgullo y el desprecio.

Tres son básicamente los resultados de esta acre absorción intelectual: una fuerte fe evolucionista del Universo, el conflicto del ser y su relación con Dios, y la visión del mundo como un inmenso campo de batalla, donde el triunfo será del más fuerte sobre el débil, idea esta última de penetrante raíz nietzscheana.

J. Cruz Sologaistoa dice de Molina, en el libro de Jesús Castro: "Era un evolucionista seguidor de Darwin y Lanmark. El transformismo le merecía una creencia incondicional: la selección era para su espíritu de triunfador una razón de vida". Su concepto del evolucionismo iba más allá del campo puramente natural. Se proyectaba al sentido religioso de la existencia, a sustentar la posibilidad de una evolución del alma en una continua rotación de perfeccionamientos a través de distintos reinos (mineral, vegetal, animal) tal como la mejor doctrina brahamánica habría estipulado. Molina extraía gran parte de su altivez de este concepto. Él era superior a su medio, más grande en su inteligencia y esto que los hombres que lo rodeaban, porque había recibido a través de milenios una purificación mayor que la de sus coexistentes. Esto, si se toma en cuanto a su sentido literal, como una creencia adquirida por superstición, podrá ser interpretado fácilmente como charlatanería, como ignorancia producto del desconocimiento científico. Molina no lo sentía así. Había desarrollado su tesis después de estudiar y meditar sobre todas las religiones, desde los burdos pases hipnóticos del chamán rudimentario hasta los más profundos cálculos teológicos de las religiones modernas, desde las enseñanzas de los Budas a la de los Apóstoles. Su ideología, su cosmovisión, es un código abierto a la recepción de valores nuevos, en los que dejan su más fresca huella aquellos principios que lo ubiquen en el tiempo y el espacio. Extrañamente, es a la vez admirador de Kant, de quien exigía la física y la matemática—la ciencia—como única fuente de saber racional. De los tres estados en que el primer Positivismo ordena la ley fundamental de la naturaleza (teológico o ficticio; metafísico o abstracto; positivo o científico) Molina parece quedarse, a conciencia, en el segundo.

Sólo que (y éste es el punto donde cabe su visión personal) entiende este estado metafísico como un acto evolutivo siempre sincrónico, no diacrónico. Al tenor del Positivismo, Molina concibe a las sociedades —y a su propia alma— como un organismo dinámico, inagotable, inextinguible. Lógicamente, estos son principios de la época. No se debe descontar, al estudiar la personalidad polifacética de este hombre, el influjo que sobre el ejercieron el Naturalismo y el evolucionismo spenceriano.

Podía creerse, sin embargo, que debido a esta cosmovisión Molina era un hombre religioso, apegado al escapulario y el misal. Todo lo contrario: es agudamente crítico de las religiones y en combate con la idea de Dios.

Si bien lo guían a través del mundo tanto Kant como Spinoza (y su concepto aplastante: "los milagros se oponen a la naturaleza"), su líder espiritual es, definitivamente, Nietzsche (ver prosa de Molina con este mismo título) en el estremecimiento rebelde del espíritu perfeccionado por los fuegos meditativos de la soledad y por los filtros de la selección natural. Sólo que—insistimos—Molina lleva al plano metafísico incluso la aplicación de la selección natural. Así, en "Metempsicosis" uno de los poemas que mejor clarifica su posición vital, después de describir sus fases de pez, víbora, pájaro, águila fiera y león, agrega:

"Hoy (convertido en hombre por órdenes oscuras)
siento en mi ser los gérmenes de existencias futuras.
Vidas que ban de encumbrarse a mayores alturas
o que han de convertirse en génesis impuras",
(estrofa 6a.)

Similares progresiones surgen en muchos otros de sus poemas ("Después que muera", "Para un apóstol", "Vino tinto", "Sursum", "Mariposa Nocturna", "En el Golfo de Fonseca").

En su crítica mordaz a Mencos, Molina lo califica sintéticamente como "una inteligencia mediocre—que vagaba en el tránsito de una vida inferior a otra superior", o, ante la tumba de Adolfo Zúñiga (periodista, político hondureño) expresará: "hoy (...) guardado en angosto ataúd (...) en espera de esparcir por la atmósfera las moléculas de su carne y los átomos de sus huesos, hasta que quizás un día, a través de centenas de años y de infinitos tanteos, de metamorfosis en metamorfosis, de transformaciones en transformaciones, vuelvan otra vez", y más adelante, "esos espíritus superiores son rarísimos (...) no se producen más que después de lentas y difíciles gestaciones, después que la naturaleza hace muchas tentativas de alumbramiento".

Llevando este determinismo más allá de la escala Positiva, Molina frecuentemente se desliza en la oscuridad de un fatalismo inevitable, trágico. En "Juan Coronel", por ejemplo, no cree "que esté bien gobernada la naturaleza terrestre, y pienso que los hombres estamos sujetos a fatalismos implacables, a fuerzas hostiles y desconocidas", y en una de sus "Cartas", la del 6 de abril de 19066, la revelación de su creencia surge más fuerte que nunca: "Libres ya de las creencias antropomórficas y antropocéntricas de la niñez, sabemos que somos la forma superior de una selección zoológica", y, unido al conocimiento de las leyes de la herencia, en "El Sultán Rojo", al describir a este (Abdul—Hamid) como "una víctima de la ley de la herencia regresiva o mediata, o sea del atavismo. Con efecto, casi todos sus antecesores han sido locos, idiotas o degenerados, que han transmitido a los hijos de sus odaliscas y esclavas las anomalías sicológicas de que estaban enfermos".

La concepción del mundo enfrenta, inevitablemente, con la concepción de Dios. Resuelto este problema en aceptación o rechazo, la razón del ser, el objetivo de la existencia, el entendimiento de la vida como un acto insustancial o trascendente se clarifica, se comprende. En la obra de Juan Ramón Molina está dispersa la imagen que tenía de sí mismo. Uno de sus poemas de mayor aliento, "Al Río Grande", extiende, en su recurrente metáfora, un autoretrato:

"soberbio y apacible, terrífico o sereno,
resplandeciente de astros o túrbido de cieno,
con rápidos y honduras y vórtices. Tal fui".

Y posiblemente ninguno de sus biógrafos han pintado con mayor objetividad lo que era el espíritu del poeta. En constante duelo consigo mismo, en una lucha abierta por vencer sus poderosas inclinaciones de hombre, en favor de una pureza que iba perdiendo a marcha galopada su "yo, compuesto extraño de azúcar, sal y hiel". ("Al Río Grande"), Molina refleja en su poesía las oscilaciones periódicas del más puro lirismo inocente junto a los más oscuros vapores del vicio. Es una personalidad en progresión constante. Su cambio de rumbo puede dar ocasionalmente idea de desequilibrio en su ubicación terrenal. Más bien, debe entenderse como un sólido afincamiento bajo la gravedad de un sistema de valores perfectamente definido, desde el cual se lanza, ansioso, sediento, en un viaje de exploración cósmica por las literaturas, la filosofía y la realidad. Su debilidad verdadera se encuentra en su indecisión sobre si combatir a muerte al ambiente o encerrarse en una concha protectora. Opta por lo segundo, y desde la posición elevada de una soberbia rayana en lo pedante, criticó, anatematizó, ofició en los periódicos como censor de prejuicios, como conciencia viva de una sociedad que terminó por aislarlo para acallar su voz.

Y así, obligado a convivir en ese medio y a atacarlo por amor, a odiarlo por devoción, en él se hizo cuerpo sólido, pústula, situación, ánimo, vivencia diaria, aquel sentimiento desquiciador que en la profundidad de sus elucubraciones y en su previsión de la Historia desconocieron los poetas antiguos la incertidumbre. Dislocado, sin base de apoyo, perteneciendo por historia y accidente a una comunidad de la que deseaba alejarse en búsqueda del paraíso ilusorio—París, España, Argentina, el que fuere—cada día abre una posibilidad de partida pero también de encierro y afincamiento. Desesperado, en asfixia cultural (ver la descripción de la Tegucigalpa finisecular, en "Cartas"), el último recurso es la alienación, la desconexión y despreocupación de lo intelectual, el abandono temporal de los ideales, de la lucha, para sumirse brevemente en la inconsciencia demónica y anónima del alcohol. Molina no supo, no descubrió nunca, que ese, precisamente, era el más efectivo artificio de absorción en las sociedades centroamericanas de entonces (y de hoy).

No lo supo de conciencia, a pesar de haberlo vislumbrado en su "Prefacio a Annabel Lee" (1906), cuando asegura que la tristeza de esta novela de Froylán Turcios no es la de "ninguno de esos grandes poetas malditos que, renegando de la vida, o emborrachándose de tinta o de alcohol, se entregan a una muda desesperación que los consume como una fiebre, o se escapan de la vida por la puerta falsa del suicidio". Era su propio epitafio, la descripción exacta de su misma situación social. "Cuando lo conocí"—relata otro gran prosista hondureño, Salatiel Rosales—"lo recuerdo bien, sus borracheras cotidianas eran el escándalo de su parroquia. El alcohol, este hermano de los grandes poetas malditos, fue su ángel bueno. (...) Él no bebió absintio en las mesas de los cafés ilustres, como Paul Verlaine; bebió en sospechosos fondines, un néctar blanco, más terrible todavía que el de las negras ilusiones poeneanas. Pero el 'aguardiente' aquel alcohol de vergüenza y de infamia (...) fue para él como un seno mágico que le nutrió las más acerbas y hermosas canciones. Murió con dignidad de gran poeta maldito".

Sobre este campo el anecdotario de Molina es variadísimo. En Tegucigalpa se le vio muchas veces encendido el brillo de los ojos —como los fuegos fatuos—por el excitante temporal de los alcoholes. Su natural prestancia y distinción de porte, su carácter huraño y hosco, desaparecían, y en vez de buscar la compañía afín del hombre culto cedía su brazo al carpintero de barrio, el albañil de obra, al sepulturero de villa, en el festín modesto de los sábados de pago. Voces de leyenda aseguran haberlo visto llevar por las asoleadas calles su cama y su ropero rumbo al préstamo fácil de montepío usurero, con el fin de poder invitar a los amigos. Había en él un afán irresistible de descenso, cercano a la autodestrucción. Apuraba la caída, en los más sórdidos ambientes, hacia una forma de castigo físico y repugnancia de sí mismo que más tarde, pasado el instante de las risas, lo atormentaría. Y entonces, saciado en sus más instintivos apetitos, hastiado de las caricias innobles, vuelto del infierno crepuscular de las tabernas, surgía el otro Molina, el grande, robustecido y limpio en cuerpo y alma, dejadas atrás las vascas ácidas de la borrasca moral, del arrepentimiento. Días después de exceso aparecía en las calles, soberbio y desdeñoso, altivo, enfundado exactamente en su uniforme militar de Coronel de la revolución, o impoluto bajo la perfección del corte de su traje. Así lo retrató Enrique González Martínez: "erguido el busto, la cabeza con aires de reto, la frente despejada, los bigotes espesos y de alacranadas guías, una flor en el ojal de la levita, un alarde inconfundible de ostentosa elegancia personal. En todo ello una deliberada actitud fotográfica", y Salatiel Rosales agrega: "Era un poeta desaforadamente dionisíaco".

Desaparecía el poeta bohemio de provincia para dar paso a su cosmopolitismo de escritor universal, renaciendo, como el ave mitológica, no de las cenizas, sino del cieno comarcano de la transgresión ética. Su transformación originaba los más disímiles comentarios, y aquellos que en el concilio trasnochado de la mesa compartida habían familiarizado el trato volvían, obligados, a reconocer que aquel hombre, si bien les revelaba ocasionalmente la madera burda de sus defectos, también llevaba una inalcanzable luz que lo iluminaba interiormente y que les impedía comprender la hondura de sus más sólidos pensamientos.

Contradictorio, impredecible, porque "no he sido un hombre bueno. Ni tampoco/malo. Hay en mí una dualidad extraña:/ tengo mucho de cuerdo, algo de loco, / mucho de abismo y algo de montaña. /Para unos soy monstruosamente vano;/ para otros muy humilde y muy sincero: ("Autobiografía", estrofas 12a.y 13a.). Y en "Excélsior"—esa prosa viril que los hondureños conocen desde infantes—: "Bebe luz a torrentes (...) Pon el oído a los rumores de la muchedumbre, a las palabras del abismo, a las voces de los espíritus.(...) Hazte olímpico. Endiósate si puedes. Depura tu miserable barro. Porque en verdad te digo que el que quiere ser superior, el que aspira a subir a las encumbradas regiones del arte, el que siente que tiene alas en los hombros, debe olvidarse de las infinitas miserias humanas, de las injusticias, de la suerte, de las burlas del destino".

Y Molina se endiosaba, no sólo porque su valor intrínseco y orgullo se lo aconsejaban (se dolía de no ser unos cuantos centímetros más alto y personificar en belleza al Apolo, como Darío se atormentaba por la "absurda vergüenza de/ser mestizo"13) sino porque los hombres de extrema sensibilidad, débiles ante el acoso del medio, sólo pueden enfrentarse a éste adoptando una posición permanente de ostensible superioridad, incluso con poses de endiosamiento, que no son sino una dura y rígida coraza en contra de los ataques a su más pura esencia de hombres pacíficos. Esto provoca una constante actitud de "enfant terrible" ante una sociedad en que los postulados de Nietzsche se convierten en la más cruda descripción de la ley de la selva, y porque para los escritores centroamericanos de entonces la lucha entre civilización y barbarie no es una simple pose teórica que defender sino un desafío diario sostenido desde las páginas de periódicos y revistas, las que se convierten en el foro de Cicerón para los modernistas. No es vano desde Montalvo estos titulan como Cicerón sus discursos, artículos y ensayos de juego en la palestra.

La lucha es contra prejuicios e injusticias. Anticlerical por efecto del reciente Positivismo y de la implantación de la Reforma Liberal'6,el medio ambiente debe ser vencido... o vence. Molina lo señala en su artículo "Por qué se mató Domínguez", viva relación de cómo en el istmo las posibilidades de elección están fuertemente reducidas y polarizadas: "En un ambiente como el nuestro, de sorda agresión o de indiferencia, el intelectual de veras tiene dos escapatorias para librarse de la muerte por asfixia: o se aísla soberbiamente en su cima, envuelto en su nube, de tal modo que no se digne ver a los genios municipales, acaparadores de gloria barata y al por menor; o les degüella—como si fueran carneros de un holocausto propiciatorio al arte— sobre su altar de ripios, pacientemente acumulados", y en "La Gira de Julio Flórez": "El poeta moderno no debe ser una especie de juglar sino un gran silencio y un gran desdeñoso, para quien el arte sea una cosa hierática y la poesía una religión suprema".

En su obra (que apenas si cubre dos mil páginas) Molina la emprende contra tres niveles de la conciencia centroamericana y americana de su momento: el clericalismo (actitud heredada del liberalismo del héroe Francisco Morazán) y el problema insondable de Dios; la mala literatura y los malos literatos; los Estados Unidos.

En su artículo sobre "Ramón Verea" dirá: "así como sonreía ante el paganismo griego, a pesar de que admiraba la plástica belleza de sus dioses y la fábrica maravillosa de su Olimpo, sonreía también ante el paganismo católico, disgustándome su imitación servil de las liturgias asiáticas y de las humanas deidades de Atenas y de Roma"; es, además, "poco inclinado a la abdicación del yo, a la mansedumbre y a la quietud individual y colectiva, puntos principales del nazarenismo" (Carta del 6 de abril de 1906)18, o sobre el mismo: "Hoy la gente ilustrada (...) no ignora a que manipulaciones se debe el imperio de los cuatro evangelios canónicos, escogidos entre un montón de manuscritos contradictorios y falsificados que databan de los primeros siglos".

Su irreligiosidad proviene del estudio de la Apologética y de su hastío y melancolía por la vida (o, zacaso es la irreligiosidad provocadora de la melancolía?). Tres poemas marcarán hitos en su progresivo debate con Dios: "El Águila", formidable composición, vigorosa, descriptiva, da la imagen de una divinidad soberbia y fuerte, disciplinante, que envía la espada de su rayo a decapitar el águila blasfema. "El Águila", que pertenece a sus primeros años de estudio en Guatemala (1896; 21 años de edad) revela un Dios al que se teme y admira.

"A Una Muerta" (Tegucigalpa, 1905) conlleva un Dios al que se suplica, al que se pide piedad, bálsamo para la herida, cauterio para la llaga. Un Dios humano, no imperial, recibe la voz del poeta. Uno de sus últimos poemas, "En la alta noche", escrito en la pobreza, la soledad y el exilio de San Salvador (1908) significa la negación total, la pesadumbre, el inmenso vado espiritual, el yermo teológico. He aquí al hombre en el ocaso, aun siendo temprana la edad, al ser humano agobiado por la diaria exigencia insatisfecha, por la imposibilidad del retorno a la patria y por la desubicación y desajuste de un ambiente extraño y hostil20. En 33 años de vida (y 12 de creación literaria) no ha habido respuesta a su reclamo místico, y con la muerte llegará el conocimiento último o el desvanecimiento eterno. Dios no ha respondido jamás. Lo ha golpeado incesantemente y lo ha hecho su juguete móvil en la torturante ansiedad de las postrimerías; le ha dado la espalda. Y en la soberbia de Molina, aún caldeada por las brasas de su sospechada capacidad para mayores obras, el también vuelve la espalda y se encamina, solo, envuelto en la soledad de un mundo árido, hacia el trascendental momento de la muerte. Piensa, entonces...

"En el amor que me lanzó en los brazos
del pesimismo atroz,
que pensar me hizo que la vida humana
no era más que dolor,
no era más que una pena continuada,
una horrenda expiación,
una terrible burla del destino,

un engaño de Dios.
Han venido después a mi memoria
los sarcasmos de Heine,
las amargas blasfemias de Lord Byron,
en medio del placer;
la infinita tristeza y los dolores
del pálido Musset;
las penas de Leopardi y los sombríos
versos de Baudelaire.
Entonces he querido anonadarme sin saber lo que fui,
morirme lentamente, lentamente, sin gozar ni sufrir:
sin saber cómo vine a este planeta, como me voy al fin,
sin saber si tuve alma o no la tuve,
si viví o no viví".

"Leyó mucho" —dice Anderson Imbert—: "literatura, filosofía, aun ciencias. Y su visión de la vida fue compleja. Era un egoísta, un amargado, hastiado de la vida (...). Era un torturado—su pesimismo lo llevaría al suicidio—".

Murió en ausencia de Dios y como lo había deseado: dormido, lentamente y sin dolor ni gozo, abrazado por los sopores de una dosis excesiva de morfina que jamás se sabrá fue intencional o inadvertida. Chocano le dedicaría, al anuncio de su muerte, un poema póstumo: "El Soneto Roto". Darío, desde su olímpico sitial parisino, recordando su encuentro con Molina en Brasil, sentenciaría: "Buen poeta, fuerte poeta; pereció víctima de aquel medio matador de todo anhelo intelectual que apaga el alma de Centro América. Lo poco que pudo hacer, lo fue con el machete en la mano en guerras de su tierra. Apenas una vez logró ver un mundo propio para su talento, cuando lo enviaron como Secretario de la Delegación de Honduras, a la Conferencia Panamericana de Río de Janeiro. Volvió a su país, y a pesar de que a ruego suyo logré que La Nación lo nombrase corresponsal en Centro América, se encontró allá de nuevo aplastado moralmente, no envió ninguna correspondencia, y a poco se suicidó".

El segundo nivel de conciencia centroamericana que Molina combate es el de la mala literatura. En la Apología de Jesús Castro (que es una recopilación de textos sobre el poeta hondureño) un anónimo—o anónima, con mayores posibilidades—crítico, declara de Molina una de sus más polémicas facetas: "fue el verdadero demoledor del Romanticismo pedestre, vacuo y femenil, que reinaba en nuestra literatura cuando regresó de Guatemala, en 1897. Sostuvo entonces polémicas incendiarias contra las huestes del Romanticismo llorón".

En el artículo periodístico Molina fue cáustico, devastador, implacable. (Ocasionalmente su seudónimo era "Don Diniz"). Quetzaltenango (Guatemala), que para Flavio Guillén fue "la patria intelectual de Molina" le afinó, en las enseñanzas de viejos profesores españoles, en el ejemplo de sus iniciales lecturas y en el juego dialéctico de la discusión académica, los tilos de sus sables críticos, temidos por poetastros e improvisadores, particularmente seguidores del Romanticismo decadente de fines de siglo. En su prosa "El Tiempo Viejo", por ejemplo, arremete con fuego personalista aunque con sólido conocimiento en contra de la reacción conservadora de Guatemala: "Y los nietos de aquellos benditos ultramontanos, que se espantaban de Renán, no querían (risum teneatis) aceptar el Romanticismo, creían en las tres unidades de Boileau y tenían a Shakespeare como un salvaje, preferían la carreta de bueyes al ferrocarril, bebían lechita caliente y grandes jícaras de chocolate, y cuando se encontraban a solas, empolvábanse las cabezas, vestiánse de arlequines con los viejos trajes de los Oidores y bailaban a hurtadillas el minuet, son los que hoy, pasada la tormenta revolucionaria, sacan con timidez la cabeza del charco (...) y claman (...) en las revistas clericales y en los diarios ultramontanos contra la enseñanza laica, la Filosofía Positiva, la libertad de cultos, las teorías de Darwin, la impiedad actual, la ciencia atea, el divorcio, la escuela realista, la novela experimental".

Al poeta colombiano Julio Flórez, que visitó Centroamérica en 1906, le llama "poeta intuitivo, de versos efectistas, con escasa cultura mental, que desconoce el sabio mecanismo de la lírica contemporánea", y luego, "no es un clásico, ni un romántico absoluto, ni menos un modernista", "Parece completamente extraviado de la literatura hispanoamericana actual".

Molina derrochó así gran parte de su talento en este inconsecuente combate de prensa. Era su forma de imponerse al medio, dictando criterios de los que pocos osaban discutirle, y el instrumento para divulgar la estética modernista en Honduras, de la que era adalid. Las resonancias francesas en su poesía lo convertían, además, en uno de los escritores mejor informados de las nuevas corrientes; (el otro era Froylán Turcios, y, aún muy joven, Luis Andrés Zúñiga).Ello avalaba sus criterios analíticos.

El poder creciente de los Estados Unidos (que establecen su punta de lanza económica con solidez en Honduras, en 1906, a través de las compañías bananeras) no escapó a la perspicacia política del autor de Tierras, Mares y Cielos. Si bien Molina no dejó opiniones

extensas al respecto, es obvia su posición anticolonialista en varios de sus poemas y prosas. De "Águilas y Cóndores" trataremos en la segunda parte de este estudio, al hablar de Darío y Molina. Valga ahora citar al hombre como un político local, que participó directamente en la revolución de 1903, formó parte, como Vice—Ministro del Gabinete de Estado y adoptó una política acorde con su época y geografía. No es pues Molina un "torre marfilista" ajeno al palpitar social que comenzaba a estremecer América en los años previos a la Primera Guerra Mundial. "No era el poeta blando y acomodaticio que con el pretexto de no entender la política cierra los ojos ante la realidad de su país", aclara Miguel Ángel Asturias28.Muy temprano en su vida reconoce—en "Adiós a Honduras" (1892), con cierto aliento profético de 70 años en el futuro, el valor regenerativo de las juventudes lanzadas a la lucha armada:

"Y tú también, perdóname, oh robusta
juventud que a la justa
ira cediendo, entre el común asombro,
llevaste a cabo insólitas hazanas
luchando en las montanas
muerta de hambre y el fusil al hombro"

El mismo poema revela—en su estrofa 27a.—la indignación de Molina por la injusticia a que ve sometida su patria, sin perder, por el mensaje, el alto contenido poético.

"A los malvados que a su pueblo oprimen
con el crimen, el crimen
ha de poner a sus infamias coto,
o volarán, odiados y vencidos,
del solio conmovidos
por un social y breve terremoto".

Para él la justicia del mundo adquiría los valores de una verdadera y humanista religión. En sus "Cartas" de 1906, al referirse a la Semana Santa advierte con firmeza: "El cristianismo (...) o se adapta a las necesidades de la civilización contemporánea, producto de la ciencia, la razón y el trabajo, o sucumbe fatalmente, cediendo su lugar a la religión del porvenir—que es la del deber, de la justicia y de la verdad—y que cuenta como adeptos a los espíritus más nobles y cultivados del mundo".

Después, lentamente, asciende del plano local al internacional. Así, en las mismas "Cartas", al reseñar la circulación monetaria amplia que llevan al país las recientes compañías bananeras, reconoce el progreso que debe sobrevenir a las naciones caribeñas, gracias al comercio. Pero, viendo más allá, manifiesta inquieto: "queda por saber si ese mar, ceñido de una costa ubérrima y lujuriante y esmaltado de islas edénicas, está destinado a ser un gran golfo internacional o simplemente un lago norteamericano (...) Todo parece indicar, hasta hoy, lo segundo".

En el "Prefacio a Annabel Lee" (IIa. Sección) describe la situación de la América de entonces, utilizando el ambiente de la obra narrativa que prologa para lanzar la crítica cada vez más espontánea: "Este libro os llevará a uno de los más paradisiacos rincones de la América, donde apenas se inicia la invasión de la horda rubia, ávida de oro y de conquista". Y en el final de su "Tríptico" dedicado a Rubén Darío, vuelve sobre el tema, ahora con preocupaciones de visionario. Dice al nicaragüense:

"la gloria te reserva su más ilustre lauro:
humillar la soberbia del rubio minotauro
como el divino Jorge la testa del dragón".

Esta toma de conciencia histórica en Molina puede atribuirse —además de su natural inteligencia y observación del evolutivo poder de Norteamérica—al influjo político de Froylán Turcios, quien fuera más tarde uno de los más aguerridos anticolonialistas del continente, que lanzó una gran ofensiva publicitaria en contra de los "marines" norteamericanos que invadieron Honduras en 1924y que sirvió como portavoz internacional de Augusto César Sandino por largos años (del que se separó por estrictas razones de orden ideológico: nunca aceptó de Sandino haber hecho alianza con los partidos políticos de Nicaragua).

La denuncia, la crítica, el combate, son parte innegable de las tendencias periodísticas de Molina. Si bien escribió poemas de alta categoría estética en su breve vida, también es cierto que pudo —de ser disciplinado—conformar una obra de mayor solidez y extensión. En los periódicos que dirigió existe gran cantidad de sueltos, artículos y notas en los que el tema provocador de su génesis no alcanzó mayor vigencia que la de pocas semanas. Participó—voluntariamente—del folklorismo periodístico de las tierras istmeñas, dado al personalismo infecundo, al ataque sin caballerosidad, al mordisco innoble. Trémulo de poder, abusó del poder que le otorgaba el periódico, muchas veces ridiculizando sin gracia, apostrofando, con ventaja, a sus enemigos literarios y no literarios. No faltó quien remendara el escape de su insolencia con un bastonazo en la frente, o quien le retara a duelo de pistola. Dos veces estuvo en prisión: una por motivos políticos absolutamente injustos, otra por haber disparado sobre un borracho ofensivo. Había en él—Molina—una concentración extraordinaria de energía creativa, la que muchas veces se consumía por caminos errados.

Odiaba y amaba a su medio. Sin él jamás hubiera sido lo que fue; con él jamás fue lo que hubiera sido: un escritor continental, en su momento. Todo aquello lo amargó mucho, aunque su carácter ya le señalaba propensión temprana a la melancolía y al pesimismo (lo dice en su "Autobiografía", estrofa 9a.). Los estudiosos de la Caracterología, que imperaba entonces, pudieron haberlo catalogado como (un Emotivo no Activo Secundario—Enas—) un hombre extremadamente sensible a lo que lo rodeaba, poco persistente en sus proyectos, incapaz de mantener la paciencia de una disciplina continua, sutilmente rencoroso y envuelta su alma en un vago crepúsculo de tristeza, que jamás lo abandonaría.

La vida sin embargo, no fue con él absolutamente adversa. Le dio oportunidades que repetidamente desaprovechó. Parecía renunciar a la toma de decisiones que pudieran comprometer excesivamente su futuro. Por ello añoraba tanto los días lejanos de la infancia. Múltiples citas mostrarían la permanencia del recuerdo florido de antaño y el lamento por la pérdida. Vive, pues, del pasado, en el pasado, rememorando siempre la luz brillante e inocente con que las cosas y los seres estaban alumbrados en su niñez. "Ah, he visto llover después en otros tiempos y en otros países, viendo caer, presa de un tedio horrible, el llanto de las nubes, Y entonces, soñando en un tiempo feliz que no volverá nunca, porque no volverán tus veinte años ni los míos, de súbito me ha parecido escuchar la música

de un organillo callejero, que arrulló un día nuestro amor". Y en "Anhelo Nocturno", la estrofa 19a.:

"Ab, mi primera juventud! La cierta,
la única juventud, la que es divina!",

y en la última estrofa

"Para que mi mañana florezca como rosa
de mayo, exuberante de vida y de fragancia,
y la tierra contemple, jocunda y luminosa,
con los ojos tranquilos con que la vi en la infancia"

Molina es un hombre físicamente joven cuando muere aunque infinitamente viejo en espíritu. Deseaba haber nacido en los albores de la civilización. En el soneto "Para un Anciano" ofrece un tema recurrente: su vejez en juventud, su otoño en abril. En Tostal" (breve poema circunstancial), dirá a Enrique Borja, tras una rítmica combinación de octosílabos, pentasílabos y bisílabos:

"Joven, goza de tu abril
fragante; y no lo derroches,
que son muy cortas las mil
y una noches.
Este consejo de bien
te lo da—en sus desengaños—
quien al cumplir los treinta anos
ha vivido más de cien"

Quizas esa misma dualidad émula de Fausto le hacía ser, a la vez, sencillo y ceremonioso. Sencillo, un manojo de debilidad y angustia frágil en el seno íntimo de una amistad segura. Pero también, inclinado al protocolo ceremonial. No a la ceremonia como mecanismo o proceso sino en su esencia; no como regulación sino como representación, es decir, la ceremonia como rito, como arquitectura propia y perteneciente sólo a los iniciados, a quienes dominan las claves de un código exclusivo. Individualista, inquieto, inestable, únicamente en el círculo orbital de la ceremonia encontraba fijos los elementos del mundo en su orden armónico. Y una vez instalado gratamente en su engranaje, acoplado a él, lo abandonaba y procuraba con su deserción destruirlo.

Es el caso de su prosa, donde el lenguaje mesurado y el aliento poético se rompen, de pronto, con una expresión fuerte o ruda. O en el mundo majestuoso de su poesía, levantado paso a paso, a pie de verso, para ser inevitablemente aniquilado. (En "El Águila", por ejemplo, cada vez más altiva, que se engrandece ante nuestros ojos, poderosa, imperial. De pronto un rayo veloz e incendiario que inaugura nuevamente el silencio y la extensa soledad). En su vida diaria: obtenido el grado de Coronel en una revolución local, le atrae no por el título, más por el vuelo arrogante del uniforme azul y áureo, la marcialidad unánime, la perfecta sincronización formal. En síntesis: la vida en constante acto ceremonial. Cuando lo deja, ha roto un círculo de perfección (porque para él y su ambición vital nada es perfecto), e inicia otro, y otro. El último, el de su muerte, jamás podrá ser sabido si significa la apertura de un ciclo o el cierre de un estado de apetencia de futuro: "fue en verdad una de esas almas escogidas que se adelantan a su tiempo muchos años y sobresalen de su medio muchos codos".

EL OTRO MOLINA

Las páginas anteriores, destinadas a desnudar la personalidad conflictiva de Juan Ramón Molina, podrán haber originado la sensación de que el autor de Tierras, Mares y Cielos fue siempre un abandonado, un hombre permanentemente ligado al frasco de licor, huidizo por tenebrosos pasillos de vicio y miseria. Lo fue solamente en algunos períodos de su vida, lastimosamente aquellos en que debió tomar grandes decisiones.

Pero también fue la suya existencia de honores, públicos en pocos casos, privados e intensamente gozosos en otros, principalmente cuando logró colocarse por uno o dos poemas a la altura de la talla de Darío, a quien había conocido en temprana edad en Guatemala, a quien admiraba profundamente y de quien recibió un poderoso influjo, esencialmente en 1905, a través de Cantos de Vida y Esperanza. Sin embargo, advierte Enrique González Martínez: "no hay en los poemas de Molina imitación verbal sino resonancia espiritual del nicaragüense; pero es imposible desconocer que el canto de Darío los ha fecundado", y Felipe Molina Larios, Profesor universitario de Estados Unidos, señala: "aunque no es tan prolífico y universal como Darío, es, como éste, clásico y moderno, hondo y exquisito, demoledor y creador".

Confrontando observaciones ligeramente sugeridas por Chaney y por Asturias38, es posible observar la intensa similitud creativa que guardaron Molina y Darío. Así como el ser humano aspira siempre a superar aquello que admira, Molina pretendía sobrepasar a Darío. Literariamente ese fue el gran reto de su vida como escritor, llegando a satisfacerlo por lo menos una vez, públicamente. Ello no significa, en forma alguna, que el corpus poético de Molina sea mejor que el de Darío, sino que prueba cómo, de ser adecuadamente dirigidos, la inteligencia y el talento de Juan Ramón Molina pudieron haber concebido originales y extraordinarios frutos. Molina y Darío se reencuentran en las reuniones de la Conferencia Panamericana de Río de Janeiro, celebradas entre el 23 de julio y el 23 de agosto de 1906. Ambos asistían como delegados—secretarios por sus respectivos países, además de Froylán Turcios, Román Mayorga Rivas, Guillermo Valencia y otros. Eran más importantes, internacionalmente, los secretarios que los Jefes de Delegación.

Navegando de Panamá a Río de Janeiro, Rubén Darío propuso a Juan Ramón Molina y a Román Mayorga Rivas "hacer cada uno, en verso, una Salutación a los poetas brasileños", pero al leer Molina la suya "Rubén rompe el papel en que ha escrito sus versos y da un abrazo al inspirado hondureño". El hecho, relatado por varios críticos, señaló, aparentemente, una sólida amistad entre Darío y Molina, junto a Mayorga Rivas. El poema casi no fue retocado por Molina. "En esa composición están amalgamados muchos recursos de la técnica del Modernismo y no pocos elementos de su temática", afirma Max Henríquez Ureña. Escrito en alejandrinos, muestra la sonoridad y fastuosidad del estilo de Molina, algo que Julio Cejador y Frauca reafirmaría más tarde. El poema señala, definitivamente, que Molina no es innovador pero que maneja con perfección los moldes formales del Modernismo.

Un enfrentamiento mucho más trascendental—por cuanto implicaba posición ideológica y concepción de la situación americana—ocurrió en Río de Janeiro. Darío dio a conocer entonces su famosa "Salutación al Águila", poema en 15 estrofas dedicado a los Estados Unidos. En las ediciones expurgadas, dicha composición lleva la fecha "Río de Janeiro, 1906"43. Las repercusiones críticas del poema, en el resto del continente, son ampliamente conocidas, así como la famosa e ingeniosa respuesta de Darío: "lo cortés no quita lo cóndor". Sin embargo, en Río el asunto había originado un suceso menor que se relaciona con Molina.

Este, al observar la simpatía excesiva de Darío por los norteamericanos, escribe una composición que titula, con visible intención polémica, "Águilas y Cóndores". Confrontando ambos, escritos en el mismo lugar y fecha, se percibe como el eco de un diálogo, de una discusión valiente en la que Molina—el alumno—riposta al Maestro.

Darío es pro—yanki en "Salutación al Águila". Su ave imperial es la norteamericana, y aunque menciona al cóndor, este ocupa un espacio menor. Esta águila recibe—en el poema—tratamiento de destino inevitable. Dominará sobre toda América a través de la guerra, la que es "necesaria". No es que Darío desprecie la paz, sino que la ve como un producto de la guerra, como fruto impuesto por la batalla que se avecina.

Darío, en la estrofa tercia de "Salutación al Águila" dice:

"Así tus alas abiertas la visión de la paz perpetúan, en tu pico y tus unas está la necesaria guerra".

Y en la estrofa 5a.:

"No es humana la paz con que suenan ilusos profetas;
la actividad eterna hace precisa la lucha.

A lo que Molina contesta en "Águilas y Cóndores" (curiosamente también en la estrofa 5a.): América es un lugar

"donde el Pan del futuro ensayará su flauta
ajustando sus sones a una divina pauta de paz".
y en la estrofa 7 a.:
"Que la discordia buya de esta fragante tierra;
cerremos las dos puertas del templo de la guerra".

Darío da la sensación de creer en el triunfo del imperialismo norteamericano como un hecho fatal e inviolable del destino americano:

"Es incidencia la Historia. Nuestro destino supremo
está más allá del rumbo que marcan fugaces las épocas"
(Estr. 6a.)

Y más adelante:

"Tráenos los secretos de las labores del Norte,
y que los hijos nuestros dejen de ser los rétores latinos,
y aprendan de los yankis la constancia, el vigor, el carácter".
(Estr. 8a.)

Molina responde no sin cierta exaltación de ofendido:

"Quién habla de conquistas fatales?
El destino
nos lleva a grandes pasos de luz por el camino
que se hunde en las abruptas gargantas de la historia"
(Estr. 3a.)
"Salutación al Águila" indica que águilas y cóndores están
separados, e invita al conocimiento:

"Águila, existe el Cóndor. Es tu hermano en las
grandes alturas
(..)
Pueden ambos juntarse, en plenitud, concordia
y esfuerzo"
(Estr. 10a.)

Molina, en la estrofa 10a., de "Águilas y Cóndores" realiza, en
cambio, una fusión universal, cósmica, incluso mística en la grandeza
del espectáculo imaginado:

"un gran tropel de pájaros de gritos resonantes: una bandada de
águilas y cóndores gigantes, unánimes, encima de los más altos
montes".

Asturias, en su ensayo sobre ambos poetas, relata:

"y siguiéndole en sus temas, ante que la "Salutación al Águila" de
Dario, Juan Ramón Molina comnpuso "Águilas y Cóndores", poemas
que son el alerta de dos grandes visionarios, pero Molina esta vez
supera a Rubén".

Más tarde, en El Canto Errante (1907) Darío ofrece un poema titulado "Metempsicosis". No se sabe si antes o después de él Molina compone uno similar. Mientras Darío circunscribe la experiencia a un espacio monotemático y reducido, refiriendo la metempsicosis de Rufo Galo, amante de Cleopatra, Molina muestra una ambición progresiva e universal, más abierta, trasladada a la experiencia del orbe a través de la evolución. Darío compone un poema breve, ligero; Molina uno más extenso, escrito en tetrástrofo monorrimo cuaderna vía.

La experiencia común en el viaje desde Río despierta en los dos escritores similares proyecciones poéticas, motivadas por la visión del mar, el cielo franco, la comunión itinerante y la observación de la raza humana. Así, "La Niña de la Patata", relato breve en que Molina describe su visión de los pasajeros del barco, registra vibraciones confluentes en una olvidada prosa de Darío: "Músicas Nocturnas". A su vez, "Los Bohemios" de Darío, presenta elementos similares con "Las Olas" de Molina. Los alemanes del barco, escribe Darío en "Músicas Nocturnas", "no se sabría decir adonde dirigen el ímpetu armonioso, si a la tierra antigua que dejaron, o a la tierra nueva en donde ven surgir una esperanza". Y Molina, en "La Niña de la Patata", luego de describir a los pasajeros de tercera (entre ellos "alemanes de barbas incultas"), retrata a "aquella amable y dulce pequeñuela (...) a bordo de aquel transatlántico que la llevaba hacia las costas de América, inconsciente de su destino, feliz con su grosera patata, bajo el bóreas hostil y sobre los vórtices del océano (...) ¿Cuál sería el mañana de esa deliciosa criatura?".

Y al separarse Darío y Molina, el primero escribe un breve poema circunstancial dedicado a Román Mayorga Rivas, en el que se destaca una clara alusión al hondureño:

"Román: ya te vas al pensil
de Centro América, al edén
que yo, desde aquí, del Brasil,
contemplo cual perdido bien.

Te llevas de mi corazón
un gran pedazo. Es la verdad.
Qué baria yo sin Juan Ramón,
parte de nuestra trinidad?"

Y más adelante, en estrofa 8a.:

"Pensativo digome: ¿Acaso
A questos dos varones fieles
dormirán en su eterno ocaso
allá, bajo patrios laureles?"

Al respecto protesta un autor salvadoreño actual: "¿Por qué no figura Gavidia (Francisco) entre los portaliras ilustres de nuestro continente—segun Juan Ramón en sus "Águilas y Cóndores"—y miran al futuro con ojos de vidente'? Recuérdese la trilogía amistosa de Río de Janeiro: Darío (oropelesco según Max Aub y goticida para Salomón de la Selva) Molina y Mayorga Rivas".

Al contemplar en la distancia la presencia paralela, hasta la bifurcación que llevará uno a la gloria, otro al derrumbamiento, Asturias resalta el nítido espíritu cosmopolita de ambos: "para ellos, gemelos de la luz, era más vistoso hablar de Zeus que de Quetzalcoatl, de Marte que de Huitzilopochtli, de Venus que de Smucané. No se había iniciado en América todavía la reivindicación de los temas americanos" (aunque Gavidia, valga recordarlo, ya proponía desde entonces al quetzal como ave heráldica), "fueron gemelos de las formas verbales", y agrega al comparar "Lo Fatal" (de Cantos de Vida y Esperanza, Madrid, 1905) y "Anhelo Nocturno", de Molina (s.f.): "¿Conoció Juan Ramón Molina "Lo Fatal" antes de escribir su poema "Anhelo Nocturno", o se trata de una simple coincidencia?" No hay respuesta definitiva, aunque el efecto no parece provenir de una simple coincidencia sino de imitación o de semejante emoción espiritual:

Darío:

"Dichoso el árbol que es apenas sensitivo
y más la piedra dura porque esa ya no siente,
pues no hay mayor dolor que el dolor de ser vivo,
ni mayor pesadumbre que la vida consciente."

Molina:

"Ser del todo insensible como la dura piedra,
y no tallado en uno doliente carne viva
de nervios y de músculos. O ser como la hiedra que
extiende sus tentáculos por manera instintiva."

Inviniendo el proceso, sería posible que Darío copiara a Molina alguna vez? Esto, que sonará cual sacrilegio a los estudiosos de Darío, aparenta haber sucedido. Molina concluyó su vida y obra en 1908, al morir a las cinco en punto de la tarde el 2 de noviembre. Darío publicó en Canto a la Argentina y otros poemas (Madrid,1914) un pequeño relato en verso ("La Rosa Niña"), que había escrito en 1910, según sus editores. Diez Canedo51 señala, además, que Darío reprodujo el poema en Mundial Magazine (como en efecto aparece en el Vol. III, No. 13, de mayo 1912; página 28), y que en el folleto Alfonso XIII y sus primeras notas (el que no he podido comprobar por lo poco asequible del texto), Darío asegura haber escrito

"La Rosa Niña" a los 14 años, esto es, en 1881 (Molina tenía entonces 6 años de edad). Era imposible, pues, que el hondureño hubiera leído jamás el poema, pues nunca había sido publicado antes de 1912 (y Molina, recordémoslo, había muerto cuatro años antes).

Extrañamente, ambos autores trataron un mismo tema en forma tan similar, que favorece más a la duda que a la certeza sobre la afirmación de Darío. "La Rosa Niña"(:1881?;1910?) y "Tréboles de Navidad" del hondureño, refieren el nacimiento del niño—Dios y la cabalgata de los Reyes Magos hacia Belén. En la obra de Darío surge una niña que para regalar a Jesús—niño se convierte en flor. En el de Molina es el mismo poeta quien desprende de su corazón una flor para otorgarla.

Confrontando ambos textos encontramos que "La Rosa Niña" (Darío) está escrito en 17 serventesios y 1 sexteto, predominando los dodecasílabos y tridecasílabos. "Tréboles de Navidad" prefiere, para acercarse al villancico navideño, el octosílabo armado sobre 12estrofas irregulares. Dado que ambos parten de la leyenda bíblica, la serie de elementos poéticos que estructuran las composiciones es la misma.

Darío (estrofa la.):

"flor de infancia llena de una luz divina
que humaniza y dora la mula y el buey".
Molina (estrofa 3a.):

que sonries, a la mula
o que lloras junto al buey"

Pero, posteriormente, esos mismos materiales temáticos no sólo guardan semejanza por sí mismos sino por el enfoque y utilización narrativa que se les da. Molina dirá en la estrofa 7a.:
"¿Tienes frio? Te calientas
con el vabo de ese buey",

y Darío, en la estrofa 13a.:

"La madre miraba su Nino—lucero;
las dos bestias buenas daban su calor."

De la misma manera, sorprende la igualdad de disposiciones de la estructura global de los dos poemas. El desarrollo y consecución gradual logran ubicaciones perfectamente paralelas. Darío escribe en la estrofa 3a.:

"Frio matinal refresca belfos de camellos",
y en la 4a.:

"los ágiles trotes de potros de Arabia".

Molina, también en estrofa 4a., describirá:

"del corcel de Baltazar,
del camello de Melchor
y el onagro de Gaspar".
Lo mismo en la 6a.:

purpuras, mirras, inciensos, perfumes, diamantes y oros" (Molina,
"Tréboles de Navidad").

Darío, en "La Rosa Niña", estrofa 6a.:

"por tanto el incienso, la mirra y el oro".

Si antes la semejanza se da en el piano sustantival, ahora, hacia el
final de ambos poemas, lo será en el verbal (Darío) y el de sustantivo
verbal (Molina), en las estrofas 12a., y 11a., respectivamente:

"La Rosa Niña":

La niña "se quedó pasmada, pálido el semblante,
porque no tenía nada que ofrecer".

"Tréboles de Navidad":

"Ni una ofrenda, ni una cosa
fabulosa
te he de dar."

Molina concluye con un efecto mucho más humano y personal,
subjetivo: regalará al niño una parte de sí mismo, su parte aún
conservada de inocencia y pureza, en forma de flor que el dolor no ha
marchitado. Darío es más imaginativo pero impersonal, más narrativo

que espiritual: la niña sufre metamorfosis en flor, mientras atrás, con cierto sabor pagano, "la sonrisa lejana de Ovidio aplaudía."

Esta paralela creación ha sido vista, ocasionalmente, bajo parroquiales criterios provincianos que han servido para atacar, con poca elegancia polémica, a Juan Ramón Molina. Nadie puede negar la fecundidad poética de Rubén Darío ni disputarle su merecido sitio privilegiado en la literatura del mundo. Molina se encontró innumerables veces bajo el sano influjo estético del nicaragüense. No alcanzó más por falta de oportunidades y por indisciplina típicamente tropical. Su obra quedó dispersa en periódicos y revistas, y, fuera de un par de opúsculos, jamás editó un texto completo ni depuró su obra para darla al Público. Él mismo reconoció noblemente la superioridad del Maestro, en su "Tríptico" de sonetos dedicado a Darío, y si bien pretendía alcanzar el dominio y genialidad de este le sobraba talento y dominio... pero le faltó genio y persistencia. Careció, además, del don de la publicidad y el cultivo de la relación humana. Fue un león que nunca desarrolló toda la velocidad de sus músculos, un águila que sobrevoló en círculos.

Cierto autor nicaragüense llegó, incluso, a acusarlo de plagio, asegurando ser "Ananke", de Azul, mejor que "El Águila".

"En el Salón de Retratos", de Molina, imitación de José Asunción Silva; "Prefacio Annabel Lee", plagio de Poe (claramente una irreflexiva confusión de títulos), y "Pesca de Sirenas", excelente soneto de Molina, un remedo de la prosa de Darío titulada "Los Pescadores de Sirenas", la que—según Cabrales—comienza "Péscame una, oh egipán pescador, que tenga en sus escamas radiantes"...en tanto que el soneto de Molina, en su primer verso: "Péscame una sirena, pescador sin fortuna", sin mayor similitud posterior. Negación de la negación. Crítica más audaz que sobria.

Darío, a pesar de su escueta opinión manifestada al desaparecer Molina, pareció guardarle estima especial. Rafael Cardona asegura que "Darío tuvo para él cierta profunda admiración y casi receloso respeto". El hondureño, agrega, "como hombre fue enérgico, amargo y tierno; su melancolía es casi una acritud, la negra "bilis" de los latinos, y por eso es creadora. Pero su dulzura, su poder de maravillar, son únicos. Hay tanto sol en él que su poesía no admite noche."

Max Henríquez Ureña tuvo el feliz atisbo de la personalidad total de Molina, esto es, la del característico escritor latinoamericano de entonces, hacedor supremo, combatiendo a la vida, conquistándola palmo a palmo, reposando para cantarla en versos finos. En Breve Historia del Modernismo sintetiza: "Juan Ramón Molina fue, ante todo, poeta. Se incorporó a la corriente modernista, pero a lo largo de toda su obra perdura el recuerdo de Bécquer, y, a veces, el de Díaz Mirón en su primera época. Actuó en la vida pública, fue hombre de gobierno, estuvo preso por causas políticas y hubo un día en que se echó el fusil al hombro como revolucionario."

Fue, pues, un hombre sumamente polifacético. Hay en su vida tonos tan tristes de tragedia como oro de gloria, y en su obra gestos tan desesperados de necesidad de solidaridad humana como excelsa soberbia de una inteligencia brillante, harto segura de sí misma.

Tradicionalmente se culpa al ambiente pobre en lo intelectual, en la Centroamérica de ayer y hoy, como causa de su agotamiento y de la oscuridad en que se le ha tenido por más de sesenta años. Algo hay de cierto en ello, pero una explicación tan simple —y naturalista—no satisface plenamente. Asturias sostiene esta teoría a lo Nietzsche (que Molina proclamaría gustosamente suya) cuando afirma: murió "del corazón, decía el parte médico, debido a los excesos de alcohol y morfina. Pero cuanto más justo sería decir que el poeta moría en el desaliento, en el abandono, en el olvido que ya lo acompañaba como su sombra de exiliado, en aquella sociedad materialista en la que los seres que consagran la vida al espíritu, no valen nada, sino después de muertos".

Ante la imposibilidad de una explicación más luminosa, viendo morir hombres de numen y valor elevado, año tras año, en las condiciones misérrimas del istmo, vale preguntarse, en este sencillo colofón, si no es tiempo ya de transformar radicalmente a

Centroamérica, y que de una vez, final, estremecedora, en la conjunción de los pueblos y los hombres de luces, "saludemos la gloria futura de la América, que todas las espigas se junten en un haz. Unamos nuestras liras y nuestros corazones, que ha llegado el crepúsculo de las anunciaciones, para que baje el ángel de la celeste paz".   *San José de Costa Rica, 1977.*

CONTENIDO